Francesco Filippi

Mussolini hat Gutes getan?

Abrechnung mit einem Mythos

Vorwort von Carlo Greppi

Übersetzung von Winfried Roth

Verlag Edition AV

Francesco Filippi

Mussolini hat Gutes getan?

Abrechnung mit einem Mythos

CIP-Titelaufnahme der Deutschen Nationalbibliothek:
Francesco Filippi - Mussolini hat Gutes getan? Abrechnung mit einem Mythos.
Vorwort von Carlo Greppi - Übersetzung von Winfried Roth
Auflage 1. Tsd., Bodenburg
ISBN 978-3-86841-278-9

Die Übersetzung dieses Buches ist dank einer Förderung des italienischen Ministeriums für Auswärtige Angelegenheiten und Internationale Kooperation entstanden.
Questo libro è stato tradotto grazie ad un contributo del Ministero degli Affari Esteri e della Cooperazione Internazionale italiano.

und

Die Arbeit des Übersetzers wurde im Rahmen „Neustart Kultur" aus Mitteln der Beauftragen der Bundesregierung für Kultur und Medien vom Deutschen Übersetzerfonds gefördert.

Original title:
Francesco Filippi - Mussolini ha fatto anche cose buone. *Le idiozie che continuano a circolare sul fascismo*

Der Verlag unterstützt die Arbeit der Kurt-Wolff-Stiftung.

Umschlag: Jürgen Mümken
Satz: Andreas W. Hohmann
Lektorat: Sulamith Sparre
Druck: Druckerei Kleb GmbH, Wangen
Printed in Germany

ISBN 978-3-86841-278-9

Inhalt

Die *„kursiv“* gesetzten Aussagen sind aktuelle Mythen über Mussolini in Italien.
Die Bilder stammen von der Künstlerin E. A. Homburg und sind mit frei verfügbaren Bildern gestaltet worden.

Carlo Greppi
Die Rache der Wirklichkeit

Der Historiker und Schriftsteller Carlo Greppi (geb. 1982 in Turin) war Mitarbeiter von Rai Storia[1], er organisiert „Reisen der Erinnerung“ mit der Vereinigung Deina[2] und ist Mitglied des Wissenschaftlichen Komitees des Istituto nazionale Ferruccio Parri[3], das das Netzwerk der Istituti per la storia della Resistenza e dell'età contemporanea in Italia koordiniert. Seine letzten Bücher sind „25 aprile 1945 / 25. April 1945“ (2018) und „L'età dei muri. Breve storia del nostro tempo / Das Zeitalter der Mauern. Eine kurze Geschichte unserer Zeit“ (2019). Er hat (mit D. Bidussa) das Buch von Ferruccio Parri „Come farla finita con il fascismo / Wie man mit dem Faschismus Schluss macht“ herausgegeben (2019). Für den Verlag Bollati Boringhieri hat er das Buch von Piotr M. A. Cywiński „Non c'è una fine. Trasmettere le memorie di Auschwitz / Es gibt kein Ende. Die Erinnerungen an Auschwitz überliefern“ herausgegeben und übersetzt (2017).

Als *Er* da war

65 Jahre nach dem Fall des Nazismus, 2010, eröffnete das Museum für Deutsche Geschichte in Berlin die Ausstellung „Hitler und die Deutschen. Volksgemeinschaft und Verbrechen“. Der Nazismus war zusammengebrochen, zwischen den Trümmern eines Europa, das angesichts Dutzender Millionen Toter auf die Knie sank. Es war eine niederschmetternde Ausstellung, die mit Dokumenten verschiedenster Art den Zusammenhang zwischen den verführerischen Fähigkeiten des „Führers“ und seiner tödlichen Macht über die deutsche Gesellschaft der dreißiger und vierziger Jahre erhellte. Zu den irritierendsten Entdeckungen, die der Be-

[1] Rai Storia / Rai Geschichte: Kanal des öffentlichen italienischen Fernsehens (Rai) für Geschichtsthemen [Anm. d. Übers.]

[2] Associazione Deina / Vereinigung Deina: italienische Vereinigung für (antifaschistische) Studienreisen junger Menschen [Anm. d. Übers.]

[3] Istituto nazionale Ferruccio Parri / Nationales Institut Ferruccio Parri: in Mailand, bildet mit den Istituti per la storia della Resistenza e dell'età contemporanea in Italia / Institute für die Geschichte des Widerstands und der heutigen Zeit in Italien ein Netzwerk antifaschistischer Studienzentren (https://www.reteparri.it). Ferruccio Parri war eine führende Persönlichkeit der Widerstandsbewegung gegen den Faschismus und von Juni bis Dezember 1945 italienischer Ministerpräsident [Anm. d. Übers.]

sucher machen konnte, gehörte die Dokumentation der Verbreitung, die „Mein Kampf" – erschienen 1925 und ständig neu aufgelegt – damals fand.[4] „Mein Kampf" war ein Versuch, Deutschland und das „Tausendjährige Reich" unter das Weltbild seines Anführers zu zwingen.

Nach dem Zweiten Weltkrieg wurden solche Ideen eliminiert – in einer bemerkenswerten Anstrengung, mit dem Nazismus „abzurechnen". Der Faschismus wurde auf seine historische Verantwortung festgenagelt, auf die unbestreitbaren Tatsachen, die nacheinander ans Licht kamen. Am Anfang standen die Nürnberger Prozesse. Solche „großen Erzählungen" nahmen den Nostalgikern Argumente aus der Hand und zeigten die Brutalität auf, die „Sein" Aufstieg über Deutschland, Europa und die Welt brachte. Besonders viele Anregungen hatte Hitler bei Benito Mussolini – also bei unserem „Er" – gefunden.

Das exzessive Gestikulieren, das beiden Diktatoren gemeinsam war, kann auf den Mann und die Frau des 21. Jahrhunderts befremdlich wirken – genauso wie die brüllende, wütende und aufdringliche Rhetorik. Aber das macht ihre Rückkehr nicht weniger gefährlich. Das bewies auch der Publikumserfolg des schrillen satirischen Romans „Er ist wieder da" von Timur Vermes von 2012. Zwei Jahre nach der Ausstellung „Hitler und die Deutschen" stellte Vermes einen in Fleisch und Blut wiederauferstandenen „Führer" im Berlin unserer Zeit vor – einen „Führer", der rasch begreift, wie leicht sich die Parolen der vergangenen Faschismen erneut – sogar wörtlich – nutzen lassen und wie man mit ihnen das Bewusstsein unserer Zeitgenossen gewinnen kann.

Noch 2013 fiel überall das Helldunkel von Hitlers Schnurrbart auf den „Bestsellertischen" der Buchhandlungen auf. Natürlich begünstigte der Erfolg von Vermes' Buch Nachahmungen. Der deutsche Film „Er ist wieder da", 2015 gedreht, erlebte ein Remake in Italien mit „Sono tornato / Ich bin zurückgekommen" (2018). In der öffentlichen Debatte über den Faschismus war dieser Film nur ein Strohfeuer. Und doch erwiesen sich die Jahre seit 2000 als ertragreich, wenn es darum ging, aufs Neue „mit dem Faschismus abzurechnen". Von Politikern und Medien beschworen und angesichts ständiger Polemiken über seine Monumente und seine symbolischen Orte scheint der Faschismus immer in unseren Gedanken gegenwärtig.[5]

[4] Vgl. den Ausstellungskatalog: Hans-Ulrich Thamer, Simone Erpel (Hgg.), „Hitler und die Deutschen. Volksgemeinschaft und Verbrechen", Dresden 2010, besonders S. 55 f.

[5] Hier ist nicht der Ort, um auf die Debatte über Mussolinis Geburtsort Predappio

Eines der frappierendsten Beispiele, das in der Buchhandlung auf dem selben Tisch wie „Er ist wieder da" liegen sollte, das aber respektloser und entlarvender ausfällt, ist das grandiose Werk von Daniele Fabbri, Stefano Antonucci und Mario Perrotta „Quando c'era LVI[6]/ Als *ER* da war" von 2017, das zuerst als Comicfolge erschien. Diese Comics verbreiteten sich anfangs vor allem im Underground. „Quando c'era LVI" erinnert in mancher Hinsicht an die TV-Sketche von „Fascisti su Marte / Faschisten auf dem Mars" von Corrado Guzzanti und an den dazugehörigen Film aus dem Jahr 2006, die auch im vorliegenden Buch zitiert werden. Es ist eine äußerst gelungene Parodie, in der Mussolini noch einmal unter uns auftaucht: „Aber – er ist schwarz"[7]. Und auf dem Umschlag von Heft Nr. 1 des Comics ist Mussolini auf dem Kopf stehend gezeichnet, während der den „römischen Gruß"[8] zeigt.

„Quando c'era LVI" und die Bezüge auf Piazzale Loreto[9] wurden sofort als „Provokationen" bezeichnet, die eine Strafexpedition rechtfertigten, die möglichst auch für die sozialen Medien geeignet sein sollte. Die erste Vorstellung der neuen Zeichnungen auf der Messe Romics in Rom 2016 löste eine dreiste Reaktion von Davide Di Stefano (Führungspersönlichkeit von Casapound[10]) aus. Er filmte

einzugehen. Dazu: „Osservatorio Predappio. Per discutere del progetto di un museo sul fascismo" (E-Review. Rivista degli Istituti Storici dell'Emilia Romagna in Rete) und Mirco Carrattieri, „Predappio sì, Predappio no... Il dibattito sulla ex casa del fascio e dell'ospitalità di Predappio dal 2014 al 2017". In: ebd. (Link zuletzt aufgerufen am 4. 2. 2019). Nur ein weiteres Beispiel von vielen – und fast einhellig als besonders gelungen bezeichnet – ist der neu konzipierte Ausstellungsrundgang beim Monumento alla Vittoria in Bozen/Bolzano [einer in den 1920er Jahren errichteten Gedenkstätte für den italienischen Sieg über Österreich-Ungarn im Ersten Weltkrieg - Anm. d. Übers.] (vgl. „BZ '18-'45. Un monumento, una città, due dittature", Wien,Bozen,Mailand 2016).

[6] „Quando c'era LVI / Als ER da war": der Mussolini-Faschismus benutzte gern – abweichend von der gängigen Rechtschreibung – „altrömische" Schreibweisen wie „LVI" statt „LUI" [Anm. d. Übers.]

[7] „Aber – er ist schwarz": in dem Comic lassen Neofaschisten durch ein biologisches Experiment Mussolini auferstehen – aus Versehen mit dunkler Hautfarbe [Anm. d. Übers.]

[8] „Römischer Gruß": mit ausgestrecktem Arm wie angeblich in der Antike, von der NSDAP als „Deutscher Gruß" übernommen [Anm. d. Übers.]

[9] Piazzale Loreto: Platz in Mailand, wo 1945 die Leichen Mussolinis und anderer an den Füßen aufgehängt wurden. Im Vorjahr hatten Faschisten dort Partisanen hingerichtet und die Leichen zur Schau gestellt. [Anm. d. Übers.]

[10] Casapound: neofaschistische Gruppierung in Italien, benannt nach dem Schriftsteller Ezra Pound [Anm. d. Übers.]

sich selbst – vergnügt und selbstgefällig -, er tat so, als würde er stolpern und kippte einen Becher Coca Cola über den Stand des Verlags, der für die Veröffentlichung „jenes beschissenen Comics" verantwortlich war.[11]

Il primato nazionale – „die souveränistische (sic!) Tageszeitung"[12] – kam zu Hilfe, beschönigte das Geschehene und stellte klar, dass „es sich nur um einen Scherz gehandelt hat, um einen Streich" (so heißt es oft, wenn Taten von Neofaschisten gerechtfertigt werden sollen). Aber Kommentare von „Kameraden" fielen auch anders aus. Ein gewisser „Antonio" etwa schrieb: „Es war richtig von ihm, ich selbst habe schon auf die Bücher der antifaschistischen Schweine gepisst".[13]

Also, liebe Neofaschisten des dritten Jahrtausends und liebe Nationalisten, die ihr mit Nostalgie auf eine der dunkelsten Epochen der Zeitgeschichte schaut: Das hier ist ein Buch, über das ihr sicher alle Formen von Flüssigem kippen möchtet, weil diese Seiten vieles ausgraben, enthüllen oder aus den Angeln heben – und weil sie ins Schwarze treffen. Dieses Buch kommt ohne Zögern zur Sache.

Fast hundert Jahre nach seinem Aufstieg muss die Zeit eines Faschismus enden, „der nach Rosenwasser duftete", wie es hieß, und der von einem Führer gelenkt wurde, „dem das eigene Volk und die ganze Menschheit am Herzen lagen", „der Glück und Wohlstand schenkte".

Eine gute Sache

Das Buch, das ihr in der Hand habt – beschwingt, manchmal zu Recht höhnisch, aber völlig seriös -, gehört zu den wichtigen Arbeiten, denen es im letzten Vierteljahrhundert gelungen ist, eine ganze Reihe von „Mythen" zu dekonstruieren, mit denen Italien sich schon seit den letzten zwanziger Jahren herumschlägt und die nichts mit der geschichtlichen Wirklichkeit zu tun haben. Diese Bücher zeigen die grundlegenden Strukturen jener Mythen auf. „Man muss dem Fluss zum Ursprung folgen", wie es die großen Historiker taten.

[11] Dazu: „Video: Roma, blitz a stand Shockdom: autori di Quando c'era LVI – fumetto satirico su Mussolini", von Alessandro Trevisani, in: „Il fatto quotidiano", 11. April 2016.

[12] Il primato nazionale / Das nationale Primat: Rechtsaußen-Onlinepublikation [Anm. d. Übers.]

[13] „Roma: ecco cos'è successo davvero allo stand Shockdom", in: „Il primato nazionale", 11. April 2016.

Hier sollen nur drei schon zu Klassikern gewordene Werke genannt werden: „Il mito del bravo italiano / Der Mythos vom guten Italiener" von David Bidussa (1994), die hervorragende Arbeit „Italiani, brava gente? / Die Italiener sind gute Leute?" von Angelo Del Boca (2005) und das Werk mit dem provozierend manichäischen Titel „Il cattivo tedesco e il bravo italiano / Der schlechte Deutsche und der gute Italiener" von Filippo Focardi (2013). Sein Buch zeigt uns, wie schon während der Konflikte 1940-45, die Welt der Kultur und die der Politik zu einer gemeinsamen Anstrengung fanden: sie nahmen sich vor, Italien auf der internationalen Bühne zu rehabilitieren – im Wesentlichen aber rehabilitierten sie den Faschismus, der in den zwei Jahrzehnten zuvor das Land „mit eiserner Faust" geführt hatte.

Um noch ein Mosaiksteinchen zu diesem unvollständigen Überblick hinzuzufügen: der Verlag, dem das Verdienst zukommt, „Mussolini hat auch Gutes getan?" in Druck zu geben, hat bereits 2003 ein wegweisendes Buch zur Frage der Verantwortung für den „faschistischen Krieg" veröffentlicht, nämlich „Il nuovo ordine mediterraneo. Le politiche di occupazione dell'Italia fascista, 1940-1943 / Die neue Ordnung im Mittelmeerraum. Die Besatzungspolitik des faschistischen Italien 1940-43" von Davide Rodogno. Das war eine Arbeit, die auf alles rechtfertigende Gerede über den faschistischen Aggressionskrieg verzichtete.[14]

Viele der Bücher, die in letzter Zeit dazu beigetragen haben, die Lügen aus zwanzig Jahren Faschismus (und die späteren Lügen über diese Jahre) aufzudecken, findet ihr hier in der Bibliografie und in den detaillierten Quellenangaben: von „La macchina imperfetta. Immagine e realtà dello Stato fascista / Die unvollkommene Maschine. Image und Wirklichkeit des faschistischen Staates" von Guido Melis (2018) bis zu „Il fascismo dalle mani sporche. Dittatura corruzione affarismo / Der Faschismus mit den schmutzigen Händen. Diktatur – Korruption – Geschäftemacherei" (herausgegeben von Paolo Giovannini und Marco Palla, 2019), von „Il massacro di Addis Abeba. Una vergogna italiana / Das Massaker von Addis Abeba. Eine Schande für Italien" von Ian Campbell (2018), bis zu einigen der letzten Werke von Emilio Gentile. Das Buch von Campbell wollte der Autor des vorliegenden Bandes unbedingt auch in Italien veröffentlicht sehen. All die Historiker, auf die in diesem Buch verwiesen wird, haben eine kompromisslose Arbeit der Zerstörung des „Mythos eines guten Faschismus" geleistet.

[14] Hingewiesen sei auch auf die beunruhigende Affäre um die wichtige BBC-Dokumentation von Ken Kirby „Fascist Legacy" von 1989.

Aber, wie man so sagt, niemand ist tauber als der, der nichts hören will. Als vor einiger Zeit Francesco Filippi seine „kurze Sammlung faschistischer Lügen" an die Gründungsmitglieder der Vereinigung Deina schickte, handelte es sich um eine praktische Broschüre von 35 Seiten für die Tutoren, die mit uns jedes Jahr tausende Jugendliche an Erinnerungsorte in Europa begleiten. Das war Bildungsmaterial – griffig, zugespitzt -, das in wenigen Worten, ohne Umschweife unserem Team von Dozenten Wissen zur Verfügung stellte, um anhand historischer Quellen den Schwachsinn demontieren zu können, der über das ventennio[15] in Umlauf ist.

Wie Francesco in seiner Danksagung am Ende dieses Buchs schreibt, hatte einer von ihnen die Anregung gegeben – nämlich Giosuè. Die Idee, ein Buch zu schreiben – zu dem wir ja schon eine „Matrix" besaßen -, entwickelte sich parallel zu der Debatte, die zwei andere Arbeiten auslösten: der dokumentarische Roman „M. Il figlio del secolo / M. Der Sohn des Jahrhunderts" von Antonio Scurati und das heftig kritisierte Buch „Istruzioni per diventare fascisti / Faschist werden: eine Anleitung" von Michela Murgia. Scuratis Roman rief in unserem Land – wieder einmal – Reaktionen wie Fassungslosigkeit, Lob, Enthusiasmus und Hysterie hervor. Dabei ging es weniger um das Buch selbst (das das erste einer Trilogie sein sollte). Es ging vor allem um den „Großen Chef", um seine ungeklärte Stellung in der Geschichte Italiens, um sein nach wie vor hohes Prestige und seine statuenhafte Präsenz, um seine Daseinsberechtigung in einem Land, das sich heute erneut von der verführerischen Macht eines „starken Mannes" betrügen lässt und das „Lügen" und „Legenden" (um Francescos Worte aufzugreifen) folgt, die Mussolini und sein Werk rehabilitieren. Denn, so warnt uns Francesco: „Sich eine hypothetische positive Vergangenheit vorzustellen, schenkt denen, die mit der Gegenwart unzufrieden sind, Hoffnung."

„Viele Märchen über den Faschismus", so schreibt Francesco, „produzierte der Faschismus selbst". Und das ist, so glaube ich, der „rote Faden" für die Kapitel des Buches. Die Befürchtungen wegen einer autoritären Drift in der Gegenwart sind berechtigt. Problematisch ist auch die Vorstellung, dass der Faschismus – jenes „Objekt mit besonderen Charakterzügen"[16], die nicht einfach kopiert werden können – eine abgeschlossene historische Erfahrung sein soll. Wie aber ein

[15] ventennio: italienisches Wort für „zwei Jahrzehnte", oft als Bezeichnung für die faschistische Ära (1922-1943) gebraucht [Anm. d. Übers.]

[16] „Il fascismo immaginario di Pasolini, Bobbio, Eco eccetera...", von Alessandra Tarquini, „La Lettura – Corriere della Sera", 4. November 2018.

Artikel in „Linkiesta", der sich mit den ersten Vorführungen des filmischen Remakes „Sono tornato / Ich bin zurückgekommen" befasst, zutreffend hervorhebt, ist das Entscheidende, dass Mussolini in Wirklichkeit „nie weggegangen ist".[17]

Die stärkste Waffe

Natürlich hat der Faschismus alles getan, um seine Entlarvung zu verhindern. Zum Beispiel führte er 1925 das Delikt „Beleidigung des Duce" ein – eine Wunde, die heute wieder aufreißt[18]. Die Schuldigen wurden zuerst mit Haft und Geldbuße bestraft. Danach formulierte man das Delikt im Strafgesetzbuch neu – die Strafen wurden erhöht, die Haftstrafe betrug jetzt ein bis fünf Jahre. Schließlich fand das Delikt auch in den Codice militare di pace[19] Eingang, der die Strafe sogar auf drei bis zwölf Jahre heraufsetzte. Von den etwa fünftausend zwischen 1926 und 1943 wegen dieses Delikts Angezeigten wurde über ein Drittel in die Verbannung geschickt (das waren 15 Prozent der verbannten Antifaschisten), etwa 300 wurden vom Tribunale speciale[20] zu Haftstrafen verurteilt, die übrigen wurden gerügt oder „zu Unterlassung verpflichtet".

So „gelang es Mussolini über Jahre zwar, die auszuschalten, die den Mythos um seine Person entweihten, aber wirklich besiegen konnte er sie nicht."[21] Von Unterhaltungen in einer Trattoria oder am Telefon bis zu privatem Briefwechsel, von Flugblättern bis zu Wandaufschriften blieben die Beleidigungen des Duce im ventennio eine unabstreitbare Begleitmelodie. Das Regime fürchtete ihre Verbreitung. Es war eine andere Epoche, es gab kein Internet. Aber es gab einen Antifaschismus mit mehreren Dimensionen, der – von den Osterie bis zu den „Zuchthäusern des Vaterlands", von illegalen Flugblättern bis zu Schulräumen – es jener Zeit und uns heute ermöglichte, den Faschismus in seiner Brutalität und seinen übelsten Erscheinungsformen zu begreifen.

[17] „Il problema di ‚Sono tornato' è che non se n'è mai andato", „Linkiesta", 6. Februar 2018.

[18] „Alessandra Mussolini – ‚Denuncio chi insulta in rete mio nonno Benito'", von Claudio Del Frate, „Corriere della Sera", 17. Oktober 2018.

[19] Codice militare di pace: 1941 eingeführtes Strafgesetzbuch für Militärangehörige in Friedenszeiten [Anm. d. Übers.]

[20] Tribunale speciale: Sondergerichtshof des faschistischen Italien für „Staatssicherheitsdelikte" [Anm. d. Übers.]

[21] Alberto Vacca, „Duce truce. Insulti, barzellette, caricature: l'opposizione popolare al fascismo nei rapporti segreti dei prefetti (1930-1945)". Rom 2011, S. 12f, 20, 37.

In seinem Buch greift Francesco unter anderem zurück auf Arbeiten von Angelo Tasca[22], Giacomo Matteotti und anderen Ikonen des Antifaschismus – wie Emilio Lussu (der von einer Zeit träumte, in der eine objektive Sicht auf die Jahre des Regimes sich durchgesetzt hätte) und Ferruccio Parri (Vizekommandeur des Corpo volontari della libertà[23] und erster Ministerpräsident des freien Italien). Parri schrieb 1964, dass „es diese propagandistischen Fähigkeiten sind, die uns ängstigen, diese periodische Rückkehr zu Systemen und Ideologien der Gewalt, die wir nicht wollen und nicht wollen dürfen".

Acht Jahre später, in einem Klima besorgniserregender politischer Gewalt, bekräftigte Parri: „Wenn ich auf das Getane und das noch zu Tuende blickte, schien es mir, als sähe ich aus dem Hintergrund des Saals das gewaltige spöttische, verächtliche parafaschistische Heer näherkommen – der schwere Bauch der Geschichte Italiens. Und dieses Heer hatte gesiegt, es hatte mich besiegt". Nichts Neues also: „die moralische Verschmutzung" – um noch einmal Worte von Parri aufzugreifen[24] – des politischen Lebens in Italien ist sicher nicht allein typisch für heute. Das gleiche gilt für die Bemühungen, ein geschöntes Bild des historischen Faschismus zu zeichnen. Neu und unerwartet ist, so glaube ich, die verblüffende Verbreitung dieses Bildes in den sozialen Medien, während gleichzeitig die Opposition – auch die kulturelle Opposition – zersplittert ist.

Christian Raimo[25] bemerkte kürzlich, dass „die faschistischen und neofaschistischen Ideen bis heute überlebt haben und heute sogar weniger clownesk, abgestanden, in sich widersprüchlich und gewalttätig wirken als in all den Jahrzehnten, wo der Antifaschismus die Zivil-

[22] Angelo Tasca: in den 1920er und 30er Jahren einflussreicher sozialistischer bzw. kommunistischer Politiker, Autor des Buchs „Nascita e avvento del fascismo" (deutsche Ausgabe: „Glauben, gehorchen, kämpfen. Aufstieg des Faschismus") / Giacomo Matteotti: führender sozialistischer Politiker, 1924 von Faschisten ermordet / Emilio Lussu: bekannter Vertreter der italienischen Widerstandsbewegung [Anm. d. Übers.]

[23] Corpo volontari della libertà: 1944 geschaffene Militärorganisation der italienischen Widerstandsbewegung [Anm. d. Übers.]

[24] Ich erlaube mir, auf das von David Bidussa und mir herausgegebene Buch von Ferruccio Parri „Come farla finita con il fascismo" (Rom-Bari 2019) hinzuweisen (S. XIV, 53 e 92). Vgl. insbesondere Luigi Arbizzani und Alberto Caltabiano (Hg.), „Storia dell'antifascismo italiano", Bd. I, Rom 1964, S. 214; sowie Ferruccio Parri, „Scritti 1915/1975", hg. von Enzo Collotti, Giorgio Rochat, Gabriella Solaro Pelazza und Paolo Speziale. Mailand 1976, S. 566 ff und 576 ff.

[25] Christian Raimo: italienischer Schriftsteller und Übersetzer [Anm. d. Übers.]

religion der italienischen Republik war."[26] Und das stimmt, glaube ich. Der Grund ist vielleicht, dass heute Waffen fehlen wie diese hier, die frontal den neueren Varianten einer unbeirrbaren faschistischen Rhetorik entgegengehalten werden können, die vehement alle Räume unserer Existenz zwischen dem Realen – der Bar, der Tram – und dem Virtuellen besetzt.

Ein Antifaschist wie Giovanni Amendola[27] (der das Adjektiv „totalitär" – vom Autor dieses Buches ohne Zögern übernommen – sechs Monate nach Mussolinis Machtergreifung geprägt hatte) sprach mit Blick auf die Feierlichkeiten anlässlich des Marschs auf Rom[28] von „totalitärem Geist". Er meinte damit „die Praxis der Gewalttätigkeit und der Demagogie, mit der der Faschismus sich des Machtmonopols bemächtigte und den Italienern seine Identifikation mit Nation und Staat aufzwang."[29]

Es war ein Geist, der in den politischen Organisationsformen fortlebte, die nach Auflösung der Pnf[30] entstanden – von der Repubblica sociale italiana[31] bis zum Movimento sociale italiano[32], von der Alleanza nazionale[33] bis zu den erklärtermaßen neofaschistischen Parteien, die heute an Wahlen teilnehmen. Vor allem aber blieb dieser Geist in beachtlichen Teilen der öffentlichen Meinung Italiens lebendig.

Die Größe dieser Bereiche unserer Gesellschaft lässt sich nur schwer einschätzen. Auf jeden Fall geht es um Hunderttausende von Likes und Shares. Häufig trifft man auf Opfer eines faulen Zaubers,

[26] „Cosa serve oggi per capire e combattere il fascismo", von Christian Raimo, „Internazionale", 6. November 2018.

[27] Giovanni Amendola: linksliberaler italienischer Politiker Anfang des 20. Jahrhunderts [Anm. d. Übers.]

[28] Marsch auf Rom: Massenaktion italienischer Faschisten im Herbst 1922. Dank der Unterstützung von Konservativen und Liberalen wurde Mussolini Ministerpräsident [Anm. d. Übers.]

[29] „Celebrazioni subito", von Emilio Gentile, „Domenica – Il Sole24ore", 27. Oktober 2013.

[30] Pnf – Partito nazionale fascista: Mussolinis Nationale Faschistische Partei [Anm. d. Übers.]

[31] Repubblica sociale italiana / Italienische Soziale Republik: von Deutschland abhängiges Regime Mussolinis (in Nord- und Mittelitalien) 1943-45 [Anm. d. Übers.]

[32] Movimento sociale italiano / Italienische Soziale Bewegung: neofaschistische Partei der Nachkriegszeit [Anm. d. Übers.]

[33] Alleanza nazionale: italienische Rechtsaußenpartei 1994-2009, wiederholt an der Regierung beteiligt [Anm. d. Übers.]

der faschistische Propaganda endlos „in neuem Gewand" zeigt: in funkelnden Memes, aggressiven Tweets, erschreckenden Fotomontagen mit schreienden Parolen, geschrieben mit der FESTSTELLTASTE [34]. Letztlich entsteht das Bild Mussolinis, wie Antonio Scurati es überzeugend gezeichnet hat und wie wir alle es kennen: ein Mann, der „zustimmend zu dem nickt, was er selbst gesagt hat".[35]

Im Italien von heute – es ist bestürzend, das zugeben zu müssen – finden sich Hunderttausende, die Bewunderung für den Faschismus ausdrücken und die wie besessen die drastischen Lügen teilen, die er in der ersten Hälfte des vergangenen Jahrhunderts in Umlauf brachte: Er schrieb sich die Leistungen anderer zu oder hübschte einfach die Realität zu seinen Gunsten auf. Gerade heute ist ein „Handbuch der Selbstverteidigung" nützlich – und dieses Handbuch ist jetzt da. Ihr haltet es in der Hand.

Hier ist nicht der Ort, die Entstehungsgeschichte all der Lügen, die Francesco im Internet geduldig ermittelt hat – wobei er sich die Nase zuhielt -, durch die Geschichte der öffentlichen Erinnerung an das ventennio hindurch zu verfolgen. Aber der Off-Kommentar in einem Dokumentarfilm, der bei den Italienern in besonderem Maß Argwohn gegen die Idee eines „guten" Faschismus geweckt hat, kann uns in Francescos Buch einführen. Es sind eindeutige, verstörende Bemerkungen:

> „Der Duce hatte sich eine Vorstellung davon gemacht, was die Geschichte ist, was die Bestimmung der Völker ist. Dass so viele sich über Frieden freuen, scheint ihm geradezu ein Zeichen von Schwäche, ein Anflug von Feigheit zu sein. Im dunklen Hintergrund seines Fühlens steckt in Wirklichkeit ein tiefer Pessimismus: um groß zu sein, müsse ein Volk zu großer Willkür bereit sein, zu großen Grausamkeiten".[36]

Ich lasse euch Lesern das Vergnügen – denn der Prosa und den Argumenten Francescos zu folgen ist reines Vergnügen -, euch in das debunking der heutigen Lügen über den Faschismus und in die schritt-

[34] Dabei handelt es sich, glaube ich, nicht immer um einen absichtlichen Bezug auf eine der bevorzugten Strategien des Regimes: vgl. Antonella Russo, „Il fascismo in mostra", Rom 1999, S. 31 (ein Band der unter Leitung von Giovanni De Luna und Diego Mormorio herausgegebenen „Storia fotografica della società italiana").

[35] Antonio Scurati, „M. Il figlio del secolo". Mailand 2018.

[36] Aus dem Dokumentarfilm „Il coraggio e la pietà: gli ebrei e l'Italia durante la guerra" von Nicola Caracciolo (Italien 1986).

weise Aufdeckung ihrer Ursprünge (im Faschismus selbst, wo sonst) zu stürzen. Dabei bin ich mir bewusst, dass „Mussolini hat auch Gutes getan?" inzwischen schon ein „Klassiker" geworden ist, ein Leitfaden. Das Buch ist Resultat einer seltenen Fähigkeit, „Hochkultur", ausgehend von konkreten Erfahrungen, zu produzieren – in Forschung, Studium oder Schreiben, in der Konfrontation mit dem Realen.

Es ist ein Buch, das aus einer erzieherischen „Matrix" entstanden ist und von dem ich mir wünsche, dass es zum Ausgangspunkt für eine gründliche Beschäftigung mit den Katastrophen wird, die der Faschismus – gleichsam in konzentrischen Kreisen – auf dem ganzen Planeten verursacht hat. Andererseits – so hob der Historiker Renzo De Felice hervor, als er sich gegen die Anschuldigung eines „Rechtfertigungsdenkens" verteidigte – „sind die Tatsachen viel beredter und überzeugender als die Philippiken eines gewissen ‚Kundgebungs-Antifaschismus' und als Schematisierungen, die sich an vielen Stellen als brüchig erweisen".[37]

Auf den folgenden Seiten werdet ihr in den „Fakten" untergehen, die Francesco Filippi mit unangreifbarer und geradezu manischer Genauigkeit rekonstruiert hat. Sicher muss man feststellen, dass der Faschismus auch „Gutes" getan hat – selbst nach unseren Maßstäben, um ein wenig zu übertreiben. Es wäre abstrus, wenn ihm das in zwanzig Jahren nicht gelungen wäre, oder? Auch eine kaputte Uhr, heißt es, zeigt zweimal am Tag die richtige Zeit.

Zum Schluss noch ein letztes, aber keinesfalls zweitrangiges Detail: Während ich diese Zeilen schreibe, ist Francesco in Auschwitz. Ganz wörtlich zu verstehen. Mit Dutzenden Menschen under 40 – wie ihm – und under 30 ist er dort unterwegs, um fast 800 Schülern der höheren Schulen zu zeigen, wozu die europäischen Faschismen geführt haben. Damit wir – noch einmal ein Hinweis auf die vielen „Fakten", die ihr in diesem Buch finden werdet – uns immer daran erinnern, woraus Geschichte besteht. In diesem Moment geht Francesco auch über die Asche von tausenden italienischen und ausländischen Juden, die auf der italienischen Halbinsel von faschistischen Eiferern[38] gefangengenommen wurden, die die Ausgeschlossenen ihrer Zeit mit Wut und Engagement jagten und sich damit ihres Duce würdig erwiesen.

Turin, Februar 2019

[37] Renzo De Felice, „Intervista sul fascismo" (hg. von Michael A. Ledeen). Rom-Bari 1975, S. 112.

[38] Ein Überblick findet sich bei Simon Levis Sullam, „I carnefici italiani. Scene dal genocidio degli ebrei, 1943-1945". Mailand 2015.

Bibliografische Hinweise

BZ '18-'45. Un monumento, una città, due dittature. Wien-Bozen-Mailand 2016.

L. Arbizzani, A. Caltabiano (Hgg.), Storia dell'antifascismo italiano, vol. I. Rom 1964.

A. Del Boca, Italiani brava gente? Un mito duro a morire. Vicenza 2014 (Erstveröffentlichung 2005).

D. Bidussa, Il mito del bravo italiano. Persistenze, caratteri e vizi di un paese antico/moderno, dalle leggi razziali all'Italiano del Duemila. Mailand 1994.

I. Campbell, Il massacro di Addis Abeba. Una vergogna italiana. Milano 2018 (Originalausgabe: The Addis Ababa Massacre: Italy's National Shame, Oxford 2017).

R. De Felice, Intervista sul fascismo (hg. von Michael A. Ledeen). Rom, Bari 1975.

H.-U. Thamer, Simone Erpel (Hg.), Hitler und die Deutschen: Volksgemeinschaft und Verbrechen. Dresden 2010.

D. Fabbri, S. Antonucci e M. Perrotta, Quando c'era LVI. Brescia 2017 (Druck – Soveria Mannelli).

F. Focardi, Il cattivo tedesco e il bravo italiano. La rimozione delle colpe della seconda guerra mondiale. Rom, Bari 2013.

G. Melis, La macchina imperfetta. Immagine e realtà dello Stato fascista. Bologna 2018.

P. Giovannini e M. Palla (Hg.), Il fascismo dalle mani sporche. Dittatura corruzione affarismo. Rom, Bari 2019.

A. Hitler, La mia battaglia. Milano 1934 (Originalausgabe: Mein Kampf, München 1925).

S. Levis Sullam, I carnefici italiani. Scene dal genocidio degli ebrei, 1943-1945. Mailand 2015.

E. Lussu, Marcia su Roma e dintorni. Turin 1945 (Erstausgabe 1933).

M. Murgia, Istruzioni per diventare fascisti. Turin 2018 (deutsche Ausgabe: Faschist werden. Eine Anleitung, Berlin 2019).

F. Parri, Come farla finita con il fascismo (hg. von D. Bidussa und C. Greppi). Rom, Bari 2019.

F. Parri, Scritti 1915/1975 (hg. von E. Collotti, G. Rochat, G. Solaro Pelazza, P. Speziale). Mailand 1976.

D. Rodogno, Il nuovo ordine mediterraneo. Le politiche di occupazione dell'Italia fascista. 1940-1943, Turin 2003.

A. Russo, Il fascismo in mostra. Rom 1999.

A. Scurati, M. Il figlio del secolo. Mailand 2018 (deutsche Ausgabe: M. Der Sohn des Jahrhunderts, Stuttgart 2020).
A. Vacca, Duce truce. Insulti, barzellette, caricature: l'opposizione popolare al fascismo nei rapporti segreti dei prefetti (1930-1945). Rom 2011.
T. Vermes, Lui è tornato. Mailand 2013 (Originalausgabe: Er ist wieder da. Der Roman, Köln 2012).

Filme

Fascist Legacy von Ken Kirby (Großbritannien 1989).
Fascisti su Marte von Corrado Guzzanti (Italien 2006).
Il coraggio e la pietà: gli ebrei e l'Italia durante la guerra von Nicola Caracciolo (Italien 1986).
Er ist wieder da von David Wnendt (Deutschland 2015).
Sono tornato von Luca Miniero (Italien 2018).

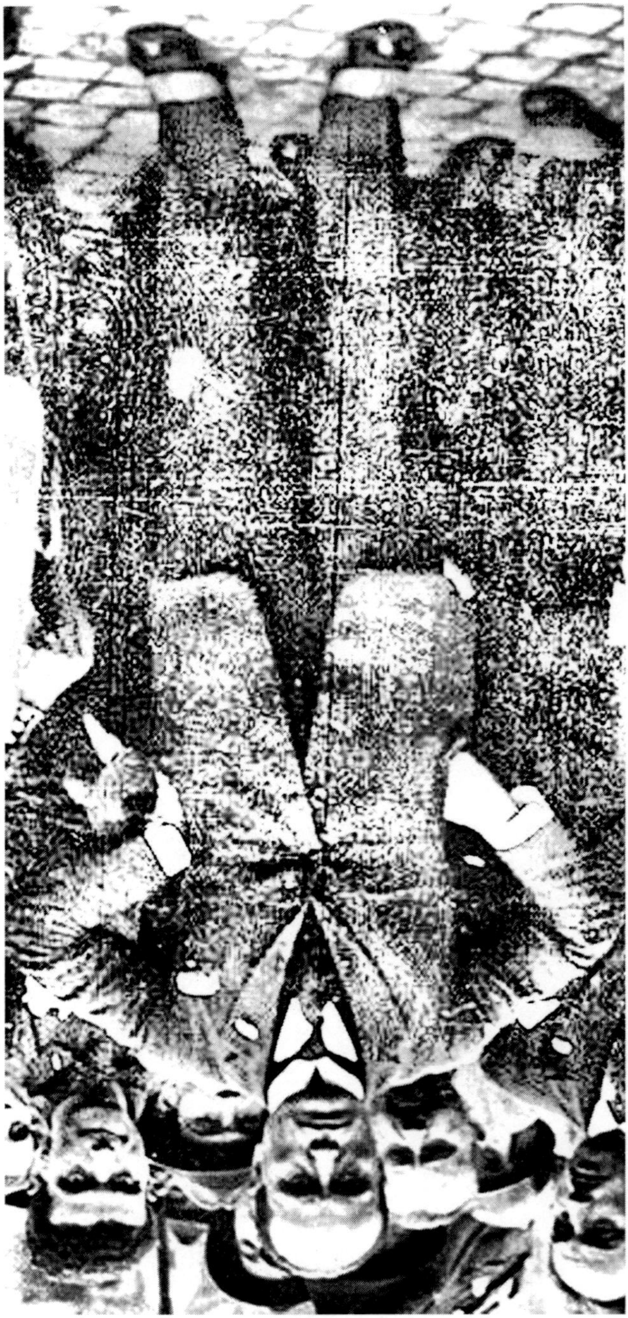

Francesco Filippi

Mussolini hat auch Gutes getan?

Für meine Frau Cristina,
die dieses Buch länger erwartet hat
als ich

Vorbemerkung – Hat er auch Gutes getan?

Warum dieses Buch?

„Wiederholt eine Lüge hundert, tausend, eine Million Mal – und sie wird zur Wahrheit werden", soll Propagandaminister Joseph Goebbels[39] gesagt haben, als er – gewissermaßen Koch eines eigenen Rezepts – die Liste der Zutaten für effiziente totalitäre Propaganda erläuterte.

Dieses Rezept ließe sich auch heute verwenden, um so mehr, als eine – wahre oder falsche – Nachricht sich heute unendlich schneller verbreiten kann als zu Zeiten des Reichspropagandaministers. Sie kann sich so schnell verbreiten, dass eine Recherche oder ein Dementi nutzlos wird – überholt von der raschen Anlieferung immer neuer Lügen für das System. Den einen Schwindel zu demontieren, während die Leute schon über den nächsten sprechen, ist sinnlos: Es ist ein Kampf, der schon verloren ist oder noch verlorengehen wird.

Auch wenn man heute in diesem Zusammenhang gezwungen ist, eine Art Stellungskrieg zu führen, gibt es mit Blick auf die Vergangenheit mehr Möglichkeiten. Denn historische fake news weisen den Nachteil auf, an ein spezifisches Thema gebunden zu sein. Das Dementi einer historischen Lüge hat die selbe Ausbreitungsgeschwindigkeit wie der Schwindel, dem es widerspricht.

Warum ist es wichtig, diesen besonderen Typ von fake news hervorzuheben? Es ist wichtig, weil die Geschichte – und die Erinnerung, die aus ihr folgt – besondere Bedeutung für die ständige Konstruktion der Erinnerung der Einzelnen hat. Fake news zur Gegenwart prägen Meinungen, die sich auf bestimmte Impulse hin ändern können – historische fake news vergiften die Welt der Erfahrungen, Werte und Gefühle, in der das Bild der Vergangenheit entsteht.

Was ist das Ziel, wenn Lügen über die Geschichte erzählt werden? Marc Bloch[40] – einer der größten Historiker des 20. Jahrhunderts und Partisan – bemerkte zur Entstehung falscher Nachrichten, dass „sie wahrscheinlich oft aus ungenauen individuellen Beobachtungen entstehen oder aus ungenauen oder unbestimmten Aussagen. Aber die-

[39] Zweifelhaftes Zitat, in verschiedenen Versionen in Umlauf – vgl. https://de.wikiquote.org/wiki/Diskussion:Joseph_Goebbels#Zitat_%22Eine_L%C3%BCge_muss_nur_oft_genug_wiederholt_werden._Dann_wird_sie_geglaubt.%22 [Anm. d. Übers.]

[40] Marc Bloch: französischer Historiker, 1944 als Partisan von der Gestapo hingerichtet [Anm. d. Übers.]

ser Hintergrund für sich allein erklärt nichts. Ein Irrglaube wird propagiert, weitet sich aus – schließlich geht es nur noch darum, weitere Entwicklungsmöglichkeiten für ihn in der Gesellschaft zu finden. Dabei drücken die Menschen unbewusst ihre Vorurteile aus, ihren Hass, ihre Ängste, ihre starken Emotionen. [...] Nur außergewöhnliche kollektive Stimmungen haben die Macht, eine fragwürdige Wahrnehmung in eine Legende zu verwandeln".[41]

Bei den fake news über die Gegenwart geht es also darum, die Meinung des Publikums neu zu orientieren. Die falschen Nachrichten über die Geschichte dagegen haben einen tieferen Zweck – sie sollen schon vorhandene Gefühle und Affekte der Empfänger verstärken. Eine Lüge über die Vergangenheit schafft Gewissheit, bestätigt Gefühle, derer man sich sonst schämen würde. Sie bietet beruhigende Bezugspunkte – gleich, ob sie zuverlässig oder unzuverlässig sind.

Eine historische Lüge zu entlarven hat zwei Effekte. Erstens wird so die Gesamtheit der Informationen korrigiert, die verwendet werden, um individuelle und kollektive Erinnerung zu konstruieren. Eine solche Verwendung würden wir „neutral" oder auch „stabilisierend" nennen.

Der zweite Effekt, der schwieriger zu erzielen ist, besteht darin, beim Publikum Gewissheiten und als sicher angenommene Fakten zu zerstören. Das ist eine gefährliche Sache, die eine „Mauer der Unerreichbarkeit" entstehen lassen kann: Man zerstört nicht straflos eine Gewissheit.

Daher erweist sich leider die mühsame Demontage historischer Fehlinformationen oft als ungeeignet, die Multiplikatoren dieser Nachrichten zu einer Änderung ihrer Einstellungen zu veranlassen. Aber es ist eine Arbeit, die fortgesetzt werden sollte, um das Ausmaß der Verbreitung von Informationen zu klären, die die Erinnerung – und damit auch die Wahrnehmung der Gegenwart – vergiften können.

Eine Lüge, die im Internet zirkuliert, zu demontieren, reicht oft nicht aus, um die Gedanken von Menschen zu ändern, die Dummheiten verbreiten. Aber es nützt anderen, die im Web Informationen suchen und es lässt Quellen falscher Nachrichten verschwinden.

Mehr Wissen über die Vergangenheit ermöglicht, ihre Mechanismen zu verstehen und so eine bessere Vorstellung von der Gegenwart zu gewinnen. Ebenso macht das Wissen über historische Lügen – und erst recht ihre Demontage – Gefahren deutlich, die sich aus einem

[41] M. Bloch, „La guerra e le false notizie, ricordi (1914-1915) e riflessioni (1921)". Rom 2004, S. 82.

falschen Geschichtsbild ergeben, es hilft, daraus folgende Probleme zu vermeiden.

In diesem Zusammenhang ist es bezeichnend, dass eine der Figuren, über die in Italien am häufigsten Lügen erzählt werden, Benito Mussolini ist. Er war eine Persönlichkeit, die zwanzig Jahre lang die europäische Geschichte mit bestimmte, er erscheint eindeutig als historische Persönlichkeit. Und es sind über ihn nach wie vor Legenden und Lügengeschichten im Umlauf – vor allem positive.

Viele der Märchen über den Faschismus hat der Faschismus selbst produziert. Andere sind in Momenten entstanden, wo man angesichts einer negativ bewerteten Gegenwart verzweifelt nach einer „guten" Vergangenheit als Gegenbild suchte – wie heute. Umberto Eco erinnerte daran: „Mussolini besaß keine Philosophie – er besaß nur eine Rhetorik."[42] Es ist daher normal, dass der Faschismus – gerade heute – über den Charakter einer historischen Ideologie hinaus den einer öffentlichen Erzählung annimmt. Es geht nicht um eine Aufeinanderfolge von Ideen, sondern um einen Mythos vom verlorenen Glück.

Positive Erinnerungen an jemanden zu verbreiten, der, wie wir sehen werden, in Wirklichkeit der größte Massenmörder von Italienern in der Geschichte war, ist natürlich kein Beitrag zur Geschichtsschreibung. Die Experten dieses Bereichs wittern schon aus der Ferne die Lügengeschichten über den Duce. Diese erweisen sich aber als äußerst nützlich, um Emotionen zu erzeugen: schöne Geschichten, Märchen, die erzählt werden, um Gefühle von Sicherheit oder aber von Argwohn entstehen zu lassen.

An eine vermutete positive Vergangenheit zu denken, lässt in der Gefühlswelt von Menschen, die mit der Gegenwart unzufrieden sind, eine Hoffnung entstehen. In einer Zeit von Unruhe und zerfließenden Werten einen sicheren Ort zu finden, zu dem man flüchten kann, ist erfreulich, auch wenn dieser Ort nur eine Erinnerung ist – oder sogar eine falsche Erinnerung.

Lügengeschichten über die Vergangenheit zu erfinden, dient auch – im Fall Mussolinis – dazu, eine einfache und effiziente Erzählung über das Heute entstehen zu lassen: eine neue Perspektive. Die berühmte Phrase „Als ER noch da war!" ist gleichzeitig eine Bestätigung der Vergangenheit und eine verschleierte Drohung für die Gegenwart: „Wenn ER wiederkommen würde ..." – oder, noch klarer, „Wenn ER wiederkommt – oder einer, der IHM gleicht ...".

Grundlage einer totalitären Zukunft kann auch die Rehabilitie-

[42] U. Eco, „Il Fascismo eterno, la nave di Teseo". Mailand 2017, S. 22.

rung einer totalitären Vergangenheit werden. Das wirkliche Gesicht jener Vergangenheit zu zeigen ist ein erster Schritt, um zu verhindern, das aus jener Vergangenheit Zukunft wird.

Der weitblickende und fürsorgliche Duce – Mussolini hat doch den Italienern höhere Renten, das dreizehnte Monatsgehalt und das Kurzarbeitergeld gegeben?

Die Rente ist eines der Hauptthemen der Nostalgiker auf den realen und virtuellen Marktplätzen. Eine immer noch verbreitete Vorstellung lautet, Mussolini habe – einmal an der Macht – das italienische Sozialversicherungssystem aufgebaut, er habe allen die Möglichkeit geschenkt, dank eines modernen Beitragssystems in Ruhe das Alter zu genießen.

Neben dem Rentensystem habe der faschistische Staat für die wichtigsten Formen sozialer Sicherung und für eine Regelung der Arbeitsbedingungen gesorgt. Es sei ein differenziertes System gewesen, würdig eines Regimes, das auf die Bedürfnisse seiner Bürger achtete. Es habe den Italienern das Recht auf eine ehrenvolle Ruhezeit im Alter sowie komfortable und überwachte Arbeitsbedingungen verschafft.

„Er hat allen Italienern eine kostenlose Versicherung gegeben!“

Die Rente – oder genauer gesagt, das Versicherungssystem für Alter und Krankheit – war eigentlich eine deutsche Erfindung, zu verdanken dem Kanzler Otto von Bismarck. 1888 wurde im Deutschen Reich ein Gesetz zur Alters- und Invaliditätsversicherung[43] erlassen. Es entstand ein System, das dem Staat – gestützt auf die Zahlung von Versicherungsbeiträgen – die wirtschaftliche Sorge für die Arbeiter anvertraute, die aufgrund von Alter oder Krankheit arbeitsunfähig wurden. Das bedeutete eine wirkliche soziale Revolution, die sich danach auch im Rest des industrialisierten Europa ausbreitete.

Die Entstehung des Rentensystems in Italien 1895 bis 1919

Die Regierung Crispi[44] schuf 1895 in Italien ein erstes System von Rentengarantien, 27 Jahre vor der Machtergreifung des Faschismus. Mit

[43] „Alters- und Invaliditätsversicherung“, vgl. G. Corni, „Storia della Germania: da Bismarck alla Merkel“. Mailand 2017, S. 68.

[44] Francesco Crispi: führender italienischer Politiker in der zweiten Hälfte des 19. Jahrhunderts, u. a. Ministerpräsident, Liberaler [Anm. d. Übers.]

dem Königlichen Dekret[45] Nr. 70[46] vom 21. Februar 1895 erhielten die Beschäftigten des Öffentlichen Dienstes und des Militärs das Recht auf Unterstützungszahlungen bei ihrer Pensionierung wegen Alters oder wegen einer Erkrankung, die zu Arbeitsunfähigkeit führte.

In den Ausführungsbestimmungen war auch die Möglichkeit vorgesehen, Hinterbliebenenrenten für Witwen und Waisen einzuführen. Drei Jahre später beschloss die Regierung Pelloux[47] das Gesetz Nr. 350[48], das Unterstützungszahlungen für Beschäftigte verschiedener Branchen einführte. In diesem Zusammenhang wurde die Cassa nazionale di Previdenza per l'invalidità e la vecchiaia degli operai[49] gegründet, die in der Folge für die Verwaltung von Beitrags- und Unterstützungszahlungen zuständig war. Anfangs handelte es sich um eine freiwillige Versicherung, für die der Staat den beteiligten Unternehmen Zuschüsse zahlte.

Vor allem dank der gewerkschaftlichen Kämpfe der italienischen Arbeiter verbreitete diese Versicherungsform sich in kurzer Zeit in den wichtigsten Industriebranchen des Landes. Beim Ausbruch des Ersten Weltkriegs galten also schon eine Reihe von Sozialversicherungsregelungen für den Öffentlichen Dienst, das Militär und Industriebeschäftigte.

Der Krieg – mit Arbeiterunruhen und dem Risiko eines revolutionären Umschwungs im Land – zwang die Regierung zur Ankündigung weiterer Reformen, um den sozialen Frieden zu erhalten und die Kriegsanstrengungen zu unterstützen. So kam es nach Kriegsende, 1919, zu einer Serie von Sozialreformen mit zusätzlichen Leistungen

[45] Regio decreto-legge / Königliches Gesetzesdekret: Rechtsverordnung, von der Regierung beschlossen und vom König bestätigt [Anm. d. Übers.]

[46] Das Königliche Dekret Nr. 70 vom 21. Februar 1895 billigte den konsolidierten Gesetzestext zu den zivilen und militärischen Pensionen. In: Gazzetta Ufficiale Nr. 70 vom 23. 3. 1895. [Gazzetta Ufficiale (abgekürzt G.U.): offizielles Gesetzblatt - Anm. d. Übers.]

[47] Luigi Pelloux: italienischer General und Politiker (Ende des 19. Jahrhunderts), Liberaler [Anm. d. Übers.]

[48] Das Gesetz Nr. 350 vom 17. Juli 1898 schuf eine Cassa Nazionale di previdenza per la invalidità e per la vecchiaia degli operai. In: Gazzetta Ufficiale Nr. 186 vom 11. 8. 1898.

[49] Cassa nazionale di Previdenza per l'invalidità e la vecchiaia degli operai / Nationale Vorsorgekasse für Invalidität und Alter: Vorläufer der heutigen italienischen Sozialversicherung (Istituto nazionale della previdenza sociale – INPS) [Anm. d. Übers.]

der Sozialversicherung.[50] Das Rentensystem wurde radikal reformiert: die Cassa di Previdenza wurde zur Cassa Nazionale per le Assicurazioni Sociali, die Zahlung von Beiträgen wurde für die Unternehmen obligatorisch. Im Verwaltungsrat dieser Institution wurden Vertreter der Gewerkschaften zugelassen. Der Namenswechsel der Kasse machte deutlich, dass das soziale Sicherungssystem nicht mehr eine Vergünstigung für bestimmte Beschäftigte sein, sondern auf die ganze Gesellschaft ausgedehnt werden sollte.

Seit 1919 besaßen alle Beschäftigten in Italien einen gesetzlichen Anspruch auf eine Rente. Die Kernelemente sozialer Sicherung – zuerst in Angriff genommen mit den Reformen der „Historischen Linken"[51] um Francesco Crispi – wurden dann von der liberalen Regierung Vittorio Emanuele Orlandos[52] zu einem umfassenden Sozialversicherungssystem ausgebaut.

Die faschistischen Projekte (1922 bis 1939)

Schon bald nach der Eroberung der Macht bemühte sich Mussolini, die Kontrolle über einen so wichtigen Teil des Staatsapparats wie die Sozialversicherung zu übernehmen. Die erste „systemische" Veränderung hatte symbolische und zugleich substantielle Bedeutung. Das Königliche Dekret vom 27. April 1923 löste das Ministerium für Arbeit und soziale Sicherung auf.[53]

Damit wurde sofort klar gemacht, dass Arbeit und soziale Sicherung keinen eigenständigen Wert besaßen, sondern nur ein Stück des zentralistischen Systems waren, in das sich die Regierung verwandelte. Die Aufgaben und damit die Kommandostellen der Sozialversicherung wurden bei Ministerien – wie dem Finanz-

[50] Decreto Legge Luogotenenziale concernente l'assicurazione obbligatoria contro l'invalidità e la vecchiaia per le persone di ambo i sessi che prestano l'opera loro alle dipendenze di altri (Nr. 603, 21. April 1919). In: G. U. Nr. 104 vom 1-5-1919. Später in ein Gesetz überführt (Nr., 473, 17. April 1925, in: G. U. vom 5. 5. 1925, Nr. 104. Decreto Legge Luogotenenziale: von zeitweiligen Stellvertretern des italienischen Königs unterzeichnetes decreto legge. [Anm. d. Übers.]

[51] Historische Linke: linksliberale Strömung (im Gegensatz zur rechtsliberalen „Historischen Rechten"), die die italienische Politik zwischen 1876 und 1896 dominierte. Links- und Rechtsliberale vereinigten sich 1912. [Anm. d. Übers.]

[52] Vittorio Emanuele Orlando: liberaler Politiker, Ministerpräsident 1917-19, unterstützte später zeitweise Mussolini [Anm. d. Übers.]

[53] Regio Decreto che sopprime il Ministero del lavoro e della previdenza sociale vom 27. April 1923, Nr. 915, in: G. U. Nr.106 vom 5. 5. 1923.

ministerium – konzentriert, die vollständig in der Hand von fedelissmi[54] waren.

Am 4. Mai 1923 wurde die Leitung der Cassa Nazionale per le Assicurazioni Sociali ausgewechselt, Vertrauensleute Mussolinis und Vertreter faschistenfreundlicher Gewerkschaften wurden eingesetzt.[55] Zu jener Zeit war die Cassa im Wesentlichen noch eine finanzielle Einrichtung. Ihre Hauptaufgaben waren die Einziehung der Beiträge der versicherten Beschäftigten und die Ausstellung der Rentenschecks.

Nachdem Mussolini die Kontrolle übernommen hatte, begann er, bei der Cassa viele Leistungen zu konzentrieren, die bis dahin von Brancheneinrichtungen bereitgestellt wurden – wie Invaliditäts- und Altersversicherungen für bestimmte Berufsgruppen. 1924 übernahm die Cassa die Aufgaben der Arbeitslosenversicherung.[56] 1927 wurde etwa die Tuberkuloseversicherung eingegliedert.[57] So sollten die vielen Formen sozialer Vorsorge und Fürsorge bei einer einzigen Institution konzentriert werden, die direkt von der Exekutive kontrolliert werden konnte.

Die Absicht war offensichtlich, jede Sozialleistung vom Staat – das heißt von der faschistischen Partei – abhängig zu machen. Die Cassa gab ihre ursprüngliche Funktion auf und wurde für fast alle öffentlichen Leistungen zuständig, die wir heute als welfare bezeichnen. Diese Angebote standen aber zu jener Zeit bereits in Italien zur Verfügung, der Faschismus beschränkte sich darauf, sie organisatorisch zu verschmelzen.

Diesen Manövern folgte aber keine angemessene Ausweitung der Strukturen der Cassa, die von Anfang an Probleme hatte, ihre neuen Aufgaben zu erfüllen. Selbst ihr – bereits gezähmter – Verwaltungsrat sah sich gezwungen, gegenüber der Regierung wiederholt auf diese Defizite hinzuweisen.[58]

[54] fedelissimi / „die Treuesten“: Bezeichnung für besonders ergebene Anhänger Mussolinis [Anm. d. Übers.]

[55] G. Melis, “La macchina imperfetta. Immagine e realtà dello Stato fascista”. Bologna 2018, S. 449.

[56] Regio Decreto „Assicurazione obbligatoria contro la disoccupazione involontaria“ vom 30. Dezember 1923, Nr. 3158. In: G. U. Nr. 34 vom 9. 2. 1924.

57 Regio Decreto-Legge „Assicurazione obbligatoria contro la tubercolosi“ vom 27. Oktober 1927, Nr. 2055. In: G. U. Nr. .265 vom 16. 11. 1927, überführt in Gesetz Nr. 1132 vom 20. Mai 1928, in: G. U. Vom 9. Juni 1928 Nr. 134.

[58] INPS, “Verbali del Comitato Esecutivo, seduta del 22 febbraio 1924”, in: G. Melis, “La Macchina imperfetta”, a. a. O., S. 451.

Das Paradox bestand also darin, dass die ersten Maßnahmen des Faschismus zum Thema soziale Sicherung zu einer Aufblähung des Systems und zu seiner zunehmenden Ineffizienz führten. Es waren Reformen, die – statt etwas zu verbessern – nur den Zweck hatten, das Sozialsystem für die politische Führung kontrollierbar zu machen und es ihr direkt unterzuordnen.

„Mussolini hat uns die Rente gegeben!"

Ihren Höhepunkt erreichte diese Strategie zur „Übernahme" der Sozialversicherung im Jahr 1933. Damals beschloss der Faschismus eine Strukturreform für dieses System. Ihr sichtbarster und bedeutendster Effekt war eine Umbenennung: aus der Cassa Nazionale wurde das Istituto Nazionale Fascista della Previdenza Sociale mit der unaussprechlichen Abkürzung INFPS.[59] Die Hinzufügung des Wortes Fascista war ein propagandistischer Versuch, sich das anzueignen, was in Wirklichkeit im Lauf von Jahrzehnten durch Tarifverhandlungen und gewerkschaftliche Kämpfe, durch Reformen liberaler Regierungen und durch Initiativen verschiedener Berufsorganisationen erreicht worden war. Über den Namenswechsel hinaus gab es aber noch einige Veränderungen in der „Sozialversicherungsmaschine".

Die Struktur des Istituto – einer der größten staatlichen Institutionen jener Epoche – wurde gestrafft, in den Händen des Präsidenten konzentrierten sich Zuständigkeiten und Kompetenzen, die zuvor auf verschiedene Gremien wie den Verwaltungsrat verteilt waren. Man kann sich denken, dass die Ernennung des neuen „Superpräsidenten" direkt dem Regierungschef zufiel.

Mit dieser Reform erfand der Faschismus keineswegs die Sozialversicherung in Italien: er nahm sie nur in Besitz. Nachdem ihm das gelungen war, machte das Regime aus dem INFPS einen großen „Gehaltszahler". Direkt beim Istituto beschäftigt waren 1941 8000 Menschen – das machte es zum zweitgrößten „öffentlichen" Arbeitgeber in Italien.[60] Für das INFPS zu arbeiten wurde zum Traum eines großen Teils des kleinbürgerlichen Angestelltenmilieus, des harten Kerns der

[59] Regio Decreto-Legge „Coordinamento degli organi amministrativi della Cassa nazionale per le assicurazioni sociali, che assume la denominazione di ‚Istituto nazionale fascista della previdenza sociale'" vom 27. März 1933, Nr. 371. In: G. U. Nr. 106 vom 6. 5. 1933, überführt in Gesetz vom 3. Januar 1934 Nr. 166, in: G. U. vom 21. 2. 1934 Nr. 43.

[60] G. Melis, "La Macchina imperfetta", a. a. O., S. 463.

Sympathisanten des Faschismus. Um welche Dimension es ging, verdeutlicht die tragikomische Episode mit dem Präsidenten des Istituto, Bruno Biagi, der 1939 eine Mitteilung in den größten italienischen Zeitungen veröffentlichen musste, in der er darum bat, auf die vielen Bewerbungen zu verzichten, „da das Istituto keinen Bedarf an Personal hat".[61]

Neben diese „festen" und gut bezahlten Angestellten trat im Lauf der Zeit eine Masse von Freiberuflern, von prekär oder befristet Beschäftigten, die – auf dem Papier – außerordentliche Aufgaben für die Behörde bewältigen sollten und die zu einem zuverlässigen Gefolge des Regimes wurden. Als für eine Beschäftigung im Öffentlichen Dienst die Mitgliedschaft in der faschistischen Partei obligatorisch wurde, beeilten sich viele Parteimitglieder mit Bewerbungen für einen – und sei es prekären – Arbeitsplatz bei der Sozialversicherung.

Um diesen Ansturm von – tatsächlich oder scheinbar – überzeugten Faschisten auf der Suche nach einem Einkommen zu regeln, verabschiedete man sogar ein eigenes Gesetz – Nr. 782 vom 29. Mai 1939 mit der klangvollen Überschrift „Eingliederung von squadristi[62] als Mitarbeiter bei Staatsverwaltung und anderen öffentlichen Einrichtungen".[63] Mit dieser Regelung wurden die öffentlichen Verwaltungen gezwungen, massenhaft die einzustellen, die sich als "alte" Faschisten ausweisen konnten.

Natürlich konnten Bescheinigungen über frühere Verdienste oder über langjährige Parteimitgliedschaft nur von einigermaßen prominenten Faschisten ausgestellt werden. Die Jagd auf einen solchen „Schein" als squadrista wurde zu einer weiteren Erscheinungsform des Klientelsystems rund um lokale und nationale Potentaten (die sogenannten ras[64] des Faschismus).

Gleichzeitig wurde die Cassa zu einer Art ständigem Fonds, aus dem die Regierung Mittel für unterschiedlichste Zwecke entnehmen konnte – für Meliorationsprojekte, für außergewöhnliche Unternehmungen oder für besondere dem Regime nahestehende Unterstützungseinrichtungen. Das waren nur einige der tausend Kanäle, in die

[61] ebd., S. 464.

[62] squadristi: Mitglieder faschistischer Kampfgruppen (squadre) [Anm. d. Übers.]

[63] Gesetz Nr. 782 vom 29. Mai 1939 "Sistemazione degli avventizi squadristi in servizio presso le Amministrazioni dello Stato ed altri Enti pubblici". In: G. U. Nr. 139 vom 15. 6. 1939.

[64] ras: ursprünglich ein äthiopischer Adelstitel, später für faschistische Hierarchen Italiens übernommen [Anm. d. Übers.]

Beitragszahlungen aller Beschäftigten flossen, um illegale Zwecke zu finanzieren.

Der faschistische Krieg leerte die Kassen des Istituto, das Unterstützungszahlungen und Renten für die Invaliden und die Witwen von Soldaten aufbringen musste. Gleichzeitig wurden seine Büros zu einer Zuflucht für viele, die sich verstecken und dem Ruf zu den Waffen entgehen wollten.

Nach dem Faschismus

Nach dem Sturz des Faschismus strich man sofort das Adjektiv Fascista aus dem Namen des Istituto[65] – es entstand das, was wir als INPS kennen. Nach dem Krieg wurden die Funktionen der Einrichtung überprüft und teilweise rationaler organisiert. Die Ausweitung der Aufgaben dauerte bis 1969 an. Es entstand ein System, das in seinen Grundelementen noch heute besteht. Eine große Rolle spielte das Engagement des sozialistischen Politikers Giacomo Brodolini. Auf seine Initiative hin wurde die große Reform der Sozialversicherung mit dem Gesetz Nr. 153 von 1969 verabschiedet.[66]

Unter anderem wurde die sogenannte pensione sociale geschaffen, eine Rente für alle, die 65 Jahre alt geworden sind – unabhängig von einer Beitragszahlung. Die Rentenversicherung ist nur einer von vielen Mythen, aus denen sich die „revisionistische" Duce-Nostalgie nährt. Aber auch mit Blick auf andere Maßnahmen zur Unterstützung von Arbeitern und Angestellten, die dem Faschismus zugeschrieben werden, scheint es, dass dessen Verdienste nicht besonders groß sind.

Und das dreizehnte Monatsgehalt?

In der Tat erließ der Faschismus einige Dekrete zur Sozialpolitik – für bestimmte Berufsgruppen. Eines dieser Vorhaben, die Ansprüche von Beschäftigten auszuweiten, hat ausgesprochene fake news in den sozialen Medien zur Folge. So finden sich – typischerweise am Jahresende – falsche Informationen zum dreizehnten Monatsgehalt. Nicht wenige sind heute der Auffassung, dass Millionen Italiener diese Vergünstigung dem Duce verdanken. Wenn man die faschistischen Beschlüsse

[65] Regio Decreto-Legge Nr. 704 vom 2. August 1943 „Soppressione del Partito nazionale fascista". In: G. U. Nr. 180 vom 5. 8. 1943, überführt in Gesetz Nr 178 vom 5. Mai 1949. In: G. U. Nr. 105 vom 7. Mai 1949.

[66] Gesetz Nr. 153 vom 30. April 1969 „Revisione degli ordinamenti pensionistici e norme in materia di sicurezza sociale". In: G. U. Nr. 111 vom 30. 4. 1969.

in dieser Sache genauer betrachtet, stellt man fest, dass diese Behauptung nicht nur übertrieben, sondern falsch ist.

Eine „zusätzliche Lohntüte“ für abhängig Beschäftigte war damals in vielen europäischen Ländern (besonders in Frankreich und Deutschland) üblich – freilich ungeregelt. Auch der italienische Faschismus überließ die längste Zeit solche Zahlungen der freien Entscheidung der Arbeitgeber.

Das dreizehnte Monatsgehalt – „Weihnachtsgratifikation“ genannt – wurde dann offiziell am 5. August 1937 von der Camera delle Corporazioni fascista[67] in Artikel 13 des nationalen Tarifvertrags für die Industrieangestellten eingefügt.[68] Keine andere Gruppe galt eines solchen Zuschlags für würdig. Es ging nicht um eine Ausweitung der Rechte der Beschäftigten insgesamt, sondern um eine ad-hoc-Maßnahme für eine Berufsgruppe, in der es hohe Zustimmung für das Regime gab – für die sogenannten „weißen Kragen“, die das italienische Kleinbürgertum bildeten und die von der Sicherheit eines festen Arbeitsverhältnisses träumten, das sie vor der Prekarität bewahrte. Es waren die, die sangen „Se potessi avere mille lire al mese / Wenn ich tausend Lire im Monat hätte“.[69]

Neben dieser Vergünstigung für einen Teil der Beschäftigten setzte der Tarifvertrag von 1937 aber die Grenzen für Überstunden herauf. In Artikel 8 des Tarifvertrags ist zu lesen: „Für das Personal mit diskontinuierlicher Tätigkeit beträgt die normale Höchstarbeitszeit 10 Stunden täglich. Sie kann in bestimmten Fällen auf 12 Stun-

[67] Camera delle Corporazioni fascista / Faschistische Kammer der Korporationen: Organ der vom italienischen Faschismus angestrebten korporativ-autoritären Gesellschaftsordnung (Stato corporativo / Korporativer Staat). Das faschistische „Parlament“ hieß seit 1939 Camera dei Fasci e delle Corporazioni [Anm. d. Übers.]

[68] Vgl. den Eintrag „Tredicesima“, in: Enciclopedia Treccani, www.treccani.it.

[69] Das Lied „Mille lire als mese / Tausend Lire im Monat“ von Gilberto Mazzi (1939) war eines der Erfolgsstücke jener Epoche in Italien. Der Text ist – bezeichnenderweise – eine Hymne auf wirtschaftliche Sicherheit und ein ruhiges Leben. Der Refrain „Wenn ich tausend Lire im Monat hätte: ohne zu übertreiben, ich wäre sicher, alles Glück zu finden. Eine bescheidene Anstellung, ich bin nicht anspruchsvoll, ich will arbeiten, ein ruhiges Leben finden“. Eine feste Stelle zu finden – das war schon 1939 der Traum der Italiener. Übrig blieb der bescheidene Wunsch, auf einigermaßen solide Weise zu überleben, was damals offensichtlich nicht allen möglich war. Andrea Sangiovanni erinnert daran in seinem Buch „Le parole e le figure“: „Es sind Verse, in denen man im Kleinen die Konsequenzen der wirtschaftlichen Krise und der Sanktionen * spürt.“ Vgl. A. Sangiovanni, „Le parole e le figure. Storia dei media italiani dall'età libera alle seconda guerra mondiale“, Rom 2012, S. 200. [Sanktionen: vom Völkerbund wegen des Äthiopienkriegs gegen Italien Mitte der dreißiger Jahre verhängt - Anm. d. Übers.]

den festgelegt werden, soweit das ausdrücklich in den Ergänzungsbestimmungen zum Tarifvertrag erwähnt ist. Kein Angestellter kann sich Überstunden, Nacht- oder Feiertagsarbeit – in den vom Gesetz vorgegebenen Grenzen – verweigern, außer bei besonderen Hinderungsgründen."[70]

Diese Bestimmungen zur Arbeitszeit machten die Rechte der Beschäftigten von den Bedürfnissen der Industrie abhängig und schränkten ihre Freiheit ein. Was das dreizehnte Monatsgehalt angeht, musste die große Mehrheit der Industriebeschäftigten – die angelernten oder Facharbeiter – bis zum Ende des Kriegs darauf warten. Die Vereinbarung zwischen Gewerkschaften und Industriellen vom 27. Oktober 1946 – die erste in der Geschichte des republikanischen Italien – weitete den Anspruch auf ein dreizehntes Monatsgehalt auf ausnahmslos alle Industriebeschäftigten aus. Erst 1960 – während des italienischen „Wirtschaftswunders" – wurde dieser Anspruch auch auf Beschäftigte außerhalb der Industrie übertragen – nicht als Resultat von Tarifverhandlungen, sondern durch das Dekret Nr. 1070 des italienischen Staatspräsidenten.[71]

Und das Kurzarbeitergeld?

Was dagegen die Cassa Integrazione Guadagni (CIG) angeht – also das Kurzarbeitergeld für Beschäftigte von Firmen, die in Schwierigkeiten stecken –, so wird auch diese Leistung manchmal dem Willen des Duce zugeschrieben, gefährdete Unternehmen zu unterstützen. Wenn man die Geschichte der italienischen Arbeitsgesetzgebung betrachtet, scheint es allerdings, als seien die ersten Formen von Kurzarbeitergeld für Beschäftigte von Firmen in Schwierigkeiten erst nach der Gründung der Republik (1946) geschaffen worden. Die Cassa Integrazione entstand 1947 mit dem Dekret Nr. 869 des damaligen provisorischen Staatsoberhaupts[72].[73]

[70] Vgl. Contratto collettivo nazionale di lavoro, in: G. U. Nr. 199 vom 27. 8. 1937.

[71] Dekret des Staatspräsidenten Nr. 1070 vom 28. Juli 1960: Norme per la disciplina del trattamento economico dei lavoratori dipendenti dalle imprese industriali. In: G. U. Nr. 248 vom 10. 10. 1960 (Ergänzungsblatt Nr. 2480).

[72] Capo Provvisorio dello Stato / Provisorisches Staatsoberhaupt: gewählt während der Übergangszeit von der Monarchie zur Republik (bis 1948) [Anm. d. Übers.]

[73] Decreto Legislativo del Capo Provvisorio dello Stato Nr. 869 vom 12. August 1947 Nuove disposizioni sulle integrazioni salariali. In: G. U. Nr. 210 vom 12. 9. 1947.

Maßnahmen, die tatsächlich das Leben der Beschäftigten veränderten

Über das hinaus, was dem Faschismus irrtümlich an Positivem zugeschrieben wurde, könnte man in Erinnerung rufen, was er mit Blick auf die Rechte der Beschäftigten tatsächlich unternahm. Das Gesetz Nr. 563 vom 3. April 1926 ging in die Geschichte ein als eines der sogenannten leggi fascistissime (der „faschistischsten Gesetze"[74]). Diese Serie von Gesetzen veränderte den Charakter des italienischen Staats im totalitären Sinn. Das Gesetz Nr. 563 trug die Überschrift „Rechtliche Regelung der kollektiven Arbeitsverhältnisse".[75]

In ihm stand, dass als gewerkschaftliche Vertretung der Beschäftigten nur vom Staat offiziell anerkannte Organisationen zugelassen waren. Die einzigen offiziell anerkannten Organisationen waren allerdings schon damals die faschistischen. Auf diese Weise sicherte das Regime sich die vollständige Kontrolle über alle Bereiche der Arbeitswelt. Artikel 18 dieses Gesetzes erklärte Streik und Aussperrung für „verboten", Streikenden drohten Geldstrafen oder Gefängnis. Bemerkenswert: während das Verbot von Streiks ein eindeutiger Angriff auf die Handlungsfreiheit von Gewerkschaftern war, bedeutete das Verbot von Aussperrungen Kontrolle auch über die Arbeitgeber. Das war der erste Schritt zu dem, was dann die faschistischen Wirtschaftstheoretiker als Stato corporativo („korporativen Staat") bezeichneten.[76]

Die gesamte Produktion des Landes geriet unter die Kontrolle des Staates. Um dieses Vorgehen abzusichern und um aus der „Verständigung" in der Arbeitswelt ein Element des allgemeinen Konsenses zu machen, wurde im selben Jahr ein Ministerium der Korporationen (Ministero delle Corporazioni) geschaffen.[77]

Diese Aktionen zur Zentralisierung und Kontrolle der Arbeitswelt

[74] leggi fascistissime: Sondergesetze seit 1925 zur Durchsetzung der Diktatur [Anm. d. Übers.]

[75] Gesetz Nr. 563 vom 3. April 1926: Disciplina giuridica dei rapporti collettivi del lavoro. In: G. U. Nr. 87 vom 14. 4. 1926.

[76] Zu den tatsächlichen Auswirkungen der faschistischen „korporativen Theorien" vgl. G. Melis, „La macchina imperfetta. Immagine e realtà dello Stato fascista". Bologna 2018.

[77] Königliches Dekret Nr. 1132 vom 2. Juli 1926: Abrogazione del regolamento industriale vigente nelle nuove Provincie e norme di coordinamento con la legge 3 aprile 1926, n. 563, sulla disciplina giuridica dei rapporti collettivi del lavoro. In: G. U. Nr. 155 vom 7. 7. 1926.

wurden fortgesetzt mit der Schaffung der Camera dei fasci e delle corporazioni (Kammer der fasci und der Korporationen)[78], die an die Stelle des Abgeordnetenhauses trat. Theoretisch sollte sie eine Legislative sein und die Gesamtheit der italienischen „produktiven Gesellschaft" verkörpern. Tatsächlich aber wurde sie nur zu einem Ort der Konflikte zwischen den verschiedenen Strömungen der faschistischen Partei, da in ihr alle wichtigen faschistischen Organisationen vertreten waren.[79]

Das Handeln des Regimes auf dem Gebiet der Sozialversicherung und allgemein in der Arbeitswelt hatte immer ein klares politisches Ziel. Besonders in der Spätzeit der Diktatur, als die Zustimmung nachließ, benutzte Mussolini „soziale" Maßnahmen zu Propagandazwecken. „Das Regime griff die populistischen Themen wieder auf"[80], die die frühe faschistische Programmatik geprägt hatten.

Es war ein Versuch, sich weiter Zustimmung zu sichern. Die faschistische Gesetzgebung zum Thema „soziale Leistungen" hatte zwei Ziele: In erster Linie ging es darum, die Kontrolle der Partei über bestimmte gesellschaftliche Schichten zu sichern, indem das Sozialsystem so verändert wurde, dass es leichter kontrollierbar war und die Rechte der Beschäftigten eingeschränkt wurden. In zweiter Linie wollte man aus dem enormen Verwaltungsapparat der Sozialversicherung eine Maschine im Dienst des Faschismus machen. Die Sozialversicherung sollte sich in eine Art Geldautomat für das Regime und einen Zulieferer von Arbeitsplätzen verwandeln. Es ging eher um die Schaffung von Konsens als um Wohlstand und Sicherheit für die Italiener.

[78] Gesetz Nr. 129 vom 19. Januar 1939: Istituzione della Camera dei Fasci e delle Corporazioni. In: G. U. Nr. 37 vom 14. 2. 1939.

[79] G. Melis, „La macchina imperfetta", a. a. O., S. 304f.

[80] E. Gentile, „Fascismo, Storia e interpretazione". Rom/Bari 2018, S. 27.

Duce und die Trockenlegung der Sumpfgebiete – Mussolini die Malaria ausgerottet?

Dieser scheinbare Erfolg des Faschismus wurde im Lauf der Jahre zu dem Symbol des „Guten", das der Duce für sein Volk tat. Selbst heute – wo alle anderen vorgeblichen Errungenschaften des Regimes in Zweifel gezogen werden – ist die Trockenlegung der Sumpfgebiete zentraler Bestandteil der Erzählung von Menschenfreundlichkeit und Effizienz des Faschismus. Eine genauere Beschäftigung mit dem Thema und eine Analyse des in den zwanzig faschistischen Jahren Erreichten drohen jedoch auch diesen Mythos zu untergraben.

Die Lage vor 1922

Sumpfige Regionen – wie das Po-Delta und die sogenannten Pontinischen Sümpfe in Latium – spielten eine wichtige Rolle in der Geschichte Italiens. Es waren ungesunde, abweisende Orte, einer landwirtschaftlichen Nutzung entzogen und schon immer Zuflucht von Gesetzlosen.

Noch dazu wütete schon seit der Antike die Malaria in diesen Gebieten – das bedeutete eine ernsthafte endemische Gefahr. Diese Krankheit war so weit verbreitet, dass sie als die italienische Krankheit galt. Das italienische Wort malaria wurde in viele europäische Sprachen übernommen. Unsicherheit, Gefahr, Krankheit machten die Sümpfe in der kollektiven Vorstellung zu einem risikoreichen, düsteren und unheilvollen Ort. Der Kampf gegen diese üblen Verhältnisse zog sich in Italien über Jahrhunderte hin. Erste Versuche zu einer Regulierung der Wasser und zur Trockenlegung der sumpfigen Böden in Latium beispielsweise sind schon für die Zeit des alten Rom dokumentiert.

Eine systematische Trockenlegung wurde im 15. Jahrhundert vom Papsttum[81] begonnen, aber ohne nachhaltigen Erfolg. Auch das Königreich Italien[82] entwickelte im 19. Jahrhundert Programme zur Melioration der Sumpfregionen um Rom und in Norditalien.[83] Das erste

[81] Papsttum: bis 1870 verfügten die Päpste über einen eigenen ausgedehnten Staat in Mittelitalien [Anm. d. Übers.]

[82] Regno d'Italia / Königreich Italien: existierte von der staatlichen Vereinigung Italiens 1861 bis zur Gründung der Republik 1946 [Anm. d. Übers.]

[83] Einen Überblick über die Situation der Sumpfgebiete in der zweiten Hälfte des 19. Jahrhunderts in Italien bietet E. Novello, „La bonifica in Italia. Legislazione, credito e lotta alla malaria dall'unità al fascismo". Mailand 2003.

umfassende Gesetz zur Trockenlegung der Sümpfe entstand schon 1878.[84] 1905 erließ man Bestimmungen, die zur Grundlage der gesamten Gesetzgebung zum Thema Malariazonen im 20. Jahrhundert wurden.[85]

Die Erschließung dieser Gebiete für eine Besiedlung wurde zu einem Maßstab für Effizienz oder Ineffizienz der politischen Klasse Italiens. Aber war es wirklich Mussolini, der diese epochale Aufgabe zu Ende brachte? Die Sumpfgebiete waren von Anfang an ein herausragendes Propagandathema. Es war perfekt geeignet für die Erzählung des Regimes: der Faschismus – auf den Spuren der antiken Römer – habe den Malariagebieten neues Leben gegeben, sie fruchtbar, produktiv und sogar behaglich gemacht. Ein Vergleich mit der Unfähigkeit der vorhergehenden Regierungen falle für diese vernichtend aus. In Wirklichkeit – wenn man die Gesetzgebung jener Zeit durchsieht – wird deutlich, dass das Thema, zumindest auf Ebene von Beschlüssen, schon vor dem Aufstieg Mussolinis zur Macht im Zentrum öffentlicher Bemühungen stand. Allein 1922 – noch vor dem Marsch auf Rom – erschienen über zwanzig Königliche Dekrete, die die Zonen staatlicher Intervention in den Sumpfgebieten ausweiteten. Der Staat schuf subventionierte Konsortien für die Meliorationsarbeiten.

Die Bedingungen des Ersten Weltkriegs hatten zu einem Anstieg der Malariafälle und zur Aufgabe von weiten bereits trockengelegten Flächen in Venetien und Friaul geführt. Daher erschien die Frage der Sumpfgebiete in den ersten Jahren nach dem Krieg als dringliches Problem für die öffentliche Gesundheit. Den Untersuchungen der Kommission zur Koordinierung der Meliorationsarbeiten zufolge gab es in den zwanziger Jahren in Italien acht Millionen Hektar Land, die trockengelegt werden konnten.

„Ihr könnt aber nicht bestreiten, dass ER die Trockenlegung der Sümpfe zustande gebracht hat!"

[84] Gesetz Nr. 4642 vom 11. Dezember 1878 zur Melioration des Agro romano. In: G. U. Nr. 301 vom 23. 12. 1878.

[85] Laut Königlichem Dekret Nr. 647 vom 10. November 1905, das den zusammenfassenden Text der Gesetze zur Melioration des Agro romano und zur Erschließung der landwirtschaftlichen Staatsgüter billigte. In: G. U. Nr. 102 vom 1. 5. 1906. Agro romano [ländliche Region um Rom, Anm. d. Übers.]

Die faschistischen Projekte

Nachdem der Faschismus die Führung des Landes übernommen hatte, griff er die Herausforderung mit einer Serie von Gesetzen und präzisen Vorgaben auf. Am 30. Dezember 1923 wurde das Gesetz zur Melioration[86] beschlossen, das die vorhergehende Gesetzgebung neu strukturierte und straffte. Wie auch in andern Fällen entwickelte Mussolini keine neuen Lösungsansätze, sondern fasste schon vorhandene Initiativen zusammen, um sich dann die Verdienste selbst zuzuschreiben.

Mit dem Gesetz wurden Meliorationszonen ersten und zweiten Ranges festgelegt. Für die Zonen ersten Ranges galten Sonderregelungen, die ein direktes Eingreifen des Staates sowie Darlehen oder Subventionen vorsahen. Das blieb aber ohne unmittelbare Wirkung. Vielmehr kam es – vor allem in Süditalien – zu heftigen Protesten von Großgrundbesitzern, denen die Malariagebiete gehörten. Die Enteignungspläne – auch wenn sie großzügige Entschädigungen vorsahen – stellten ihre Kontrolle über die Latifundien in Frage, sie befürchteten auch das Aufkommen kleiner unabhängiger Grundeigentümer.

Die Opposition der Großgrundbesitzer gegen die ersten faschistischen Meliorationsmaßnahmen führte zur Aufgabe der ehrgeizigsten Projekte und in der Folge zum Rückzug des Ökonomen Arrigo Serpieri aus der Regierung, der die Bestimmungen zum Thema „Enteignungen" verfasst hatte. In dem von der faschistischen Propaganda pompös angekündigten „Krieg gegen die Wasser"[87] hatten die Vertreter eines strikten staatlichen Vorgehens – wie Serpieri – ihre erste Schlacht verloren. Der Faschismus musste sich also mit dem schon lange vorhandenen Widerstand gegen Meliorationsprojekte auseinandersetzen und von Anfang an schien es, dass er dabei nicht mehr Erfolg hatte als die früheren liberalen Regierungen.

Das Dekret vom 30. Dezember 1923 sah vor allem vor, dass neben dem direkten Eingreifen des Staates – mit Aufbau und Subventionierung von öffentlichen Konsortien zur Melioration – ein großer Teil der Arbeit der privaten Initiative überlassen blieb. Wenn der Staat die Melioration für die Privaten wirtschaftlich vorteilhaft gestalten könne, so glaubte man, würden diese die meiste Arbeit zur Gewinnung von Agrarland und zur späteren Instandhaltung der Infrastruktur übernehmen.

[86] Königliches Dekret Nr. 3256 vom 30. Dezember 1923, Testo unico delle leggi sulle bonificazioni delle paludi e dei terreni paludosi. In: G. U. Nr. 71 vom 24. 3. 1924.

[87] F. L. Cavallo, „Terre, acque, macchine. Geografia della bonifica in Italia tra Ottocento e Novecento". Parma 2011, S. 100.

So diente ein großer Teil der öffentlichen Ausgaben dazu, Kredite für Melioratoren zu vergünstigen, ihnen verlorene Zuschüsse zu gewähren oder ihnen Boden aus Staatsbesitz zu überlassen. Dabei gelang es dem Regime nicht, den Agrarsektor Italiens zu stabilisieren, der schon massiv vom Krieg und von den Bauernunruhen Anfang der zwanziger Jahre (die zu einem Verlust von Arbeitskräften geführt hatten) getroffen war. Stattdessen verstärkte sich die Krise, als auf dem Markt Agrarprodukte aus Übersee auftauchten, die deutlich wettbewerbsfähiger als die italienischen waren.

Es fehlten nicht nur Menschen und andere Ressourcen, um neues Agrarland zu erschließen. Noch dazu sank die Rentabilität der bereits genutzten Flächen. Die Privaten wollten die Propagandakampagne des Faschismus nicht unterstützen.

Da die Meliorationsprojekte – trotz der Verpflichtungen, die man gegenüber der Öffentlichkeit eingegangen war – nicht die erhofften Resultate brachten, unternahm der Faschismus 1926 einen neuen Anlauf, als er dem Nationalen Hilfswerk für Kriegsteilnehmer / Opera Nazionale Combattenti (ONC) die Aufgabe übertrug, bei der Melioration zurückgebliebener Zonen Italiens aktiv zu werden.[88] Das war ein ausgesprochen geschickter Schachzug Mussolinis. Die ONC war eine mächtige Organisation, die Kriegsteilnehmer des Ersten Weltkriegs und ihre Familien unterstützte.

In der Praxis war die ONC eine riesige Arbeitsvermittlung, über die arbeitslose ehemalige Soldaten eine Stelle suchten. Zugleich organisierte die ONC breite Zustimmung für den Faschismus. Demobilisierten Soldaten Meliorationsprojekte anzuvertrauen hieß, ihnen eine gesellschaftlich nützliche Arbeit zu verschaffen und zugleich Arbeitskräfte für den „Krieg gegen die Wasser" zu finden. Um Zweifel über die neuen Aufgaben des ONC zu zerstreuen, stellte Artikel 2 des entsprechenden Dekrets klar, dass „die ONC direkt über die von der Regierung laut dem Regio decreto Nr. 3139 vom 30. Dezember 1923 bereitgestellten Finanzmittel (auf Grundlage der Darlehenssummen für landwirtschaftliche Melioration) verfügen kann".[89]

Für die Melioration und zugleich für die Einhaltung der Verspre-

[88] Regio decreto-legge Nr. 1606 vom 16. September 1926: Approvazione del regolamento legislativo per l'ordinamento e le funzioni dell'Opera nazionale per i combattenti. In: G. U. Nr. 220 vom 22. 9. 1926, überführt in Gesetz Nr. 1100 vom 6. Juni 1927, in: G. U. Nr. 157 vom 9. 7. 1927.

[89] Vgl. Regio decreto-legge Nr. 1606 vom 16. September 1926, Art. 2. In: G. U. Nr. 220 vom 22. 9. 1926.

chen de Faschismus aktiv zu werden, bedeutete eine Menge wirtschaftlicher Vorteile für die Organisation. Die ursprüngliche Vorstellung des Faschismus, die Meliorationsprojekte ließen sich auch durch eine zeitlich und finanziell begrenzte öffentliche Intervention umsetzen, erwies sich als unhaltbar. Daraufhin wurde das Modell einer Zusammenarbeit von Staat und Privaten durch eine entschlossenere öffentliche Intervention ersetzt. Es ging um Subventionen für ein geradezu „elefantenhaftes" System mit erheblicher Bedeutung für öffentliche Meinung und Politik.

Es war ein plötzlicher Übergang vom Liberalismus zu einer „sozialen" Politik, unter Einschaltung einer befreundeten Organisation. Der Einsatz von Legionen ehemaliger Kriegsteilnehmer veränderte die Lage in den Sumpfgebieten jedoch nicht. Mit Blick auf die enorme Herausforderung, der das Regime sich gestellt hatte, wirkten die „den Wassern entrissenen" Flächen bescheiden. Daher entschied man sich zu Korrekturen. Fünf Jahre nach den ersten Maßnahmen folgten neue Regelungen.

An Heiligabend 1928 beschloss die Regierung das Gesetz zur umfassenden Melioration[90], dem der Duce seinen eigenen Namen verlieh, um deutlich zu machen, wie viel Prestige auf dem Spiel stand. Dieses „Mussolini-Gesetz" („legge Mussolini") rückte auf propagandistischer Ebene wieder den Kampf gegen die Malaria in den Vordergrund. Ad hoc wurde ein Staatssekretariat im Landwirtschaftsministerium geschaffen und der Duce erklärte, der Kampf gegen die Versumpfung könne „ein Volk stolz machen und unvergänglichen Ruhm für das faschistische Regime begründen".[91] Tatsächlich brachte das Gesetz keine großen Neuerungen. Es handelte sich im Wesentlichen um eine lange Liste von vorgezogenen Ausgaben – mit beachtlichen Belastungen für die zukünftigen öffentlichen Finanzen.

Es begann mit Zuweisungen für den Haushaltsplan 1930/31 – den ersten, auf den das neue Gesetz sich auswirkte. Der Plan sah 13,5 Millionen Lire für Trockenlegungs- oder auch Bewässerungsprojekte vor. Die Ausgaben sollten von Jahr zu Jahr steigen – bis zu der schwindelerregenden Summe von 257 Millionen Lire im Haushaltsplan 1943/44. Das „Mussolini-Gesetz" plante Ausgaben bis mindestens 1959/60.[92]

[90] Gesetz Nr. 3134 vom 24. Dezember 1928: Provvedimenti per la bonifica integrale. In: G. U. Nr. 12 vom 15. 1. 1929.

[91] R. De Felice, „Mussolini il duce. Gli anni del consenso (1929-1934)". Turin 1995, S. 144.

[92] „Die Zuweisung von 257 Millionen Lire wird für die Haushalte von 1944 bis 1959/60

Man wollte all denen staatliche Unterstützung garantieren, die Meliorationen unternahmen, man versprach ihnen geradezu Ströme von Geld. Interessant ist aber das Missverhältnis zwischen den sofort bereitgestellten Summen und den erst für die Zukunft zugesagten. Das verriet den propagandistischen Charakter des Gesetzes.

Wenn die Absichten zur einer Intensivierung der Meliorationsprojekte wirklich bestanden hätten, wäre es logischer gewesen, sofort massiv Geld bereitzustellen, um aus dem Stillstand (anders kann man es nicht nennen) herauszukommen, in dem man sich bei den seit 1923 versprochenen Maßnahmen verfangen hatte. Angesichts des Zusammentreffens von Haushaltsproblemen und Krise der Landwirtschaft zog es das Gesetz aber vor, Belastungen auf weit in der Zukunft liegende Haushaltspläne abzuschieben.

Angesichts der Schwierigkeiten, ihre Versprechungen zu halten, schraubte die Regierungspropaganda die Ziele nicht etwa zurück – vielmehr trumpfte sie mit neuen bombastischen Zahlen auf. Über die für die Zukunft versprochene Viertelmilliarde Lire pro Jahr hinaus wollte man sämtliche acht Millionen Hektar Land, die als „ungesund" galten, meliorieren und einer landwirtschaftlichen Nutzung zuführen. Das war eine gewaltige Zahl, wenn man bedenkt, dass damals die gesamte landwirtschaftliche Fläche Italiens sich auf wenig mehr als 27 Millionen Hektar belief, von denen 5,5 Millionen bewaldet waren.[93] Der Faschismus versprach also, die landwirtschaftliche Nutzfläche um ein Drittel zu erweitern. Das war von Anfang an unrealistisch. Der weltweite wirtschaftliche Zusammenbruch 1929 ließ solche Haushaltspläne und Meliorationsziele erst recht abwegig erscheinen.

Weil Geld für die vielen versprochenen oder bereits begonnenen Meliorationsprojekte fehlte, konnten nur wenige zu Ende gebracht werden. Der Historiker Rolf Petri stellte fest: „Viele Meliorationskonsortien hatten den Beginn der Arbeiten angekündigt, oft aber blieb das nur eine Formalität".[94] Manche Projekte wurden ohne gesichertes Budget begonnen, in der Hoffnung, die Regierung werde irgendwann das nötige

unverändert bleiben. In späteren Haushalten wird sie verringert entsprechend dem schrittweisen Auslaufen der für dreißig Jahre vorgesehenen Leistungen". Vgl. Gesetz Nr. 3134 vom 24. Dezember 1928, Art. 2. In: G. U. Nr. 12 vom 15. 1. 1929.

93 Laut den historischen Statistiken des ISTAT handelte es sich 1928 um insgesamt 27.196.000 Hektar landwirtschaftliche und Forstflächen. In: seriestoriche.istat.it. [ISTAT: Statistikbehörde Italiens - Anm. d. Übers.]

94 R. Petri, „Storia economica d'Italia. Dalla Grande Guerra al miracolo economico (1918-1963)". Bologna 2002, S. 252.

Geld finden. Der Geldstrom, den das Regime in den Kampf „gegen die Sümpfe" lenkte, kam in erster Linie großen Entwässerungsprojekten zugute, die – wie gesagt – von der ONC organisiert wurden.

Über Jahre wurden Meliorationsarbeiten mit öffentlichen Geldern vorangetrieben, die einerseits fortlaufende Ausgaben bedeuteten, andererseits aber die gesetzten Ziele nicht erreichten. Die eingegangenen Verpflichtungen und der mögliche Imageschaden erlaubten jedoch keinen Rückzug.

Auch wenn die Melioration nicht gut vorankam, wurde doch geschickt von ihr erzählt. Daher war die zweite Phase des „Kriegs gegen die Wasser", die mit dem Gesetz von 1928 begonnen hatte, charakterisiert von einer umfangreichen propagandistischen Nutzung der Pläne, „Boden zu gewinnen". Und diese Ländereien sollten nicht nur produktiv, sondern auch einladend sein. Die malariaverseuchten Ebenen sollten trockengelegt und „hygienisch" werden. Man wollte sie auch besiedeln – als ständiges Bollwerk im Kampf gegen die Sümpfe.

Auch in diesem Fall handelte es sich um um eine große Reklameaktion. Es gelang sehr gut, den Mythos der „Eroberung des Bodens" an den Mythos der antiken römischen Kolonisierung anzuschließen. Wie vor zweitausend Jahren hätten mutige italische[95] Kolonisten sich allen Widrigkeiten gestellt, um der Zivilisation neuen Boden zu erschließen.[96]

Zu erleben war die Errichtung ganzer Städte aus dem Nichts. Sie sollten die aus dem übrigen Italien deportierten Kolonisten aufnehmen, um „Italiens neue Landwirtschaft" noch bedeutender wirken zu lassen. In einer Nation, in der für sehr viele Menschen die einzige Möglichkeit zu überleben die Emigration war, schien es überaus wichtig zu zeigen, dass es dem Regime gelungen war, neue landwirtschaftliche Flächen zu schaffen.

In die neuen Gebiete umgesiedelt wurden Bauern, die zu den untersten Schichten der ländlichen Gesellschaft gehörten. Im Fall des Agro pontino kamen die Siedler vor allem aus Venetien, der Emilia und Friaul. Der Duce war anfangs skeptisch gegenüber einem Bau von Städten in den neu erschlossenen Gebieten. Er änderte seine Mei-

[95] italico / italisch: archaisierende Bezeichnung im Gegensatz zu „italiano / italienisch" [Anm. d. Übers.]

[96] „... selbst wenn" – so schreibt Emilio Gentile über den Mythos des Römertums – „die Bezüge zwischen dem faschistischen ‚Römertum' und dem historischen ‚Modell Rom' oft willkürlich, imaginär oder einfach inexistent waren". Vgl. E. Gentile, „Fascismo di pietra". Rom, Bari 2007, S. 52.

nung aber rasch, als er den symbolischen Wert einer Gründung neuer Städte auf Geheiß des Faschismus begriff.

Wie die antiken Römer 2000 Jahre zuvor konnte Mussolini also darauf verweisen, dass er neue Städte gegründet hatte. Die größte von ihnen – eingeweiht am 18. Dezember 1932 vom Diktator selbst – wurde zu Ehren der Macht des Faschismus nach dem Symbol der Partei, dem Liktorenbündel[97], benannt: Littoria.

Der große faschistische Mythos von der „Wiedergewinnung des Bodens" war entstanden. Die alte italische Erde sollte physisch sauber und bewohnbar gemacht werden – und das neue Italien sollte eine saubere und auf ungewohnte Weise aktive Regierung bekommen. Das politische Leben sollte gesäubert und von neuen Kräften gestaltet werden. Es war ein geschickt konstruierter Mythos. Von all den Lügen, die über den Faschismus in Umlauf sind, werden die über die Trockenlegung der Sümpfe am beharrlichsten verbreitet und am wenigsten in Zweifel gezogen.

Genau zehn Jahre nach den ersten Maßnahmen des „Krieg gegen die Wasser" erklärte der Faschismus seinen Sieg – unter Berufung auf beeindruckende Symbole wie die neuen pontinischen Städte. Das geschah mit einem weiteren Gesetz, das die Verwaltung der neu erschlossenen Gebiete und der Konsortien zur Melioration erleichtern und das zugleich die Pflichten der Eigentümer der neuen Agrarflächen regeln sollte. Das Gesetz Nr. 215 von 1933[98] sollte eine neue Etappe einleiten. Auf der einen Seite versuchte man das Verwaltungshandeln zu normalisieren, um aus der Pionierzeit herauszukommen, auf der anderen Seite wollte man die Verzerrungen korrigieren, die das Entwicklungsmodell der neuen Gebiete bis dahin aufwies.

Von den 121 Artikeln des Gesetzes befasste sich ein Großteil damit, die Pflichten der Eigentümer festzulegen. Dazu gehörten die Instandhaltung der Entwässerungskanäle – unabdingbar, um die Hygiene zu sichern – und das Verbot, sich allzu große Meliorationsflächen anzueignen oder den eigenen Besitz gewinnbringend zu verpachten. Es gab aber auch Bestimmungen, die Vergünstigungen für die Kolonisten verlängerten – wie die fünfzehnjährige Befreiung von der Grundsteuer.

97 Liktorenbündel: altrömisches Herrschaftssymbol (Rutenbündel mit Beil), vom Faschismus übernommen. Auch in den USA und Frankreich verwendet. [Anm. d. Übers.]

98 Königliches Dekret Nr. 215 vom 13. Februar 1933: Nuove norme per la bonifica integrale. In: G. U. Nr. 79 vom 4. 4. 1933.

Darüber hinaus wurde ein Abschnitt eingefügt, der Aufgabengebiete und Verpflichtungen, vor allem aber steuerliche und andere finanzielle Erleichterungen für die lokalen Meliorationskonsortien neu festlegen sollte. Diese Gesetzesartikel machten die Defizite der Bestimmungen von 1923 und 1928 deutlich. Man kann auch vermuten, dass das Leben der Kolonisten alles andere als leicht war – ungeachtet der zugesicherten Vergünstigungen musste man Maßnahmen ergreifen, um ein Verlassen der Meliorationsgebiete zu verhindern.

Die erste Organisationsform, die der Faschismus vorgesehen hatte – öffentliche Unterstützung für die Privatinitiative nach den Leitlinien von 1923 – war gescheitert. Die zweite Organisationsform von 1928 – massive staatliche Intervention und Einbeziehung der Opera Nazionale Combattenti – schien zu bestätigen, was man schon Mitte der zwanziger Jahre begriffen hatte: selbst wenn die grundlegenden Meliorationsarbeiten zu Lasten der Steuerzahler gingen, war es für die Privaten nicht verlockend, die „den Wassern entrissenen" Flächen zu bewirtschaften.

Die Lösung, die das Gesetz von 1933 vorsah, war daher die einzig mögliche, wenn man einen Gesichtsverlust des Faschismus vermeiden wollte. Man musste die Siedler zwingen, auf ihrem Boden zu bleiben und zugleich die Laufzeit von Steuererleichterungen und vergünstigten Darlehen verlängern.

„Er dachte an Meliorationen, die Politiker von heute denken an ihre Zahlungseingänge[99]."

Abgesehen von den Schwierigkeiten bei der praktischen Umsetzung: wie weit erfüllten die Meliorationsprojekte die Erwartungen, die das Regime geweckt hatten? Schon nach einem kurzen Blick auf die Statistiken müsste der triumphalistische Tonfall jener Zeit deutlich abflauen. Der Faschismus hatte sich die Rückgewinnung von acht Millionen Hektar Land „für die Zivilisation" zugetraut.

Nach zehn Jahren Arbeit und massiven öffentlichen Ausgaben versicherte die Regierung, das selbstgesetzte Ziel erreicht und vier Millionen Hektar Land „unter den Pflug gebracht" zu haben. Das war die Hälfte des zu Anfang des „Kriegs gegen die Wasser" verkündeten Ziels – ein durchaus respektables Ergebnis, wenn man an die große insgesamt betroffene Fläche denkt. Das Problem – wenn man auf die Einzelheiten schaut – war aber, dass von den vier Millionen Hektar

[99] Nicht übersetzbares Wortspiel mit bonifiche/Meliorationen und bonifici/Zahlungseingänge [Anm. d. Übers.]

weniger als zwei Millionen vollständig oder wenigstens weitgehend melioriert waren.

Von diesen zwei Millionen Hektar entfielen anderthalb Millionen auf Meliorationsprojekte, die schon von den Regierungen der Jahre vor 1922 zu Ende geführt worden waren. [100] Von den angekündigten vier Millionen Hektar entfielen also zwei Millionen auf noch laufende oder fiktive Projekte, weitere anderthalb Millionen waren den vorfaschistischen Meliorationsprojekten zu verdanken. Man kann daraus schließen, dass das Ziel von acht Millionen Hektar um siebeneinhalb Millionen verfehlt wurde. Tatsächlich waren wenig mehr als 6% der vorgesehenen Arbeiten abgeschlossen.

Renzo De Felice, einer der wichtigsten italienischen Historiker, die sich mit dem Faschismus beschäftigten, stellte klar, dass „die Bilanz der Meliorationsprojekte nicht nur bescheidener ausfiel als im Plan von Serpieri vorgesehen (der nicht ohne Grund im Januar 1935 als Staatssekretär für Meliorationsprojekte zurücktrat, nachdem er vergeblich stärkere Anstrengungen verlangt hatte). Die Ergebnisse blieben auch hinter den Erwartungen zurück, die die Propaganda im Land geweckt hatte. Schließlich standen sie in einem Missverhältnis zu den aufgewandten wirtschaftlichen Ressourcen."[101]

Das Meliorationsprogramm scheiterte in erster Linie an der Unfähigkeit des Regimes, die Privaten in die laufende Instandhaltung der Entwässerungssysteme einzubeziehen. Diese empfindlichen Systeme erforderten tägliche Reinigungsarbeiten und Funktionskontrollen. Die Kolonisten waren dazu allenfalls mit großem Arbeitsaufwand in der Lage, der zu Lasten der Feldarbeiten ging.

So wie der Faschismus es entworfen hatte, war das Meliorationssystem weder wirtschaftlich noch sozial nachhaltig. Die Lösungsstrategie des Regimes ging von falschen Voraussetzungen aus, korrigierende Eingriffe erwiesen sich als unwirksam, das Projekt blieb unvollendet. Das Problem der Sumpfgebiete wurde von Mussolini nicht gelöst.

Die Malaria

Auch wenn das Regime die Bedeutung der Meliorationsprojekte für die Landwirtschaft hervorhob, blieb eine wichtige Flanke offen: der Kampf gegen die Malaria. Hier ist es schwieriger zu beurteilen, ob der Kampf erfolgreich war. Wenn man in die alten Statistischen Jahrbü-

[100] E. Novello, „La bonifica in Italia", a. a. O., S. 280.

[101] R. De Felice, „Mussolini il duce", a. a. O., S. 146.

cher des ISTAT schaut, kann man ziemlich genau die Geschichte der Malaria in Italien seit Anfang des 20. Jahrhunderts verfolgen.[102]

Es war eine der Infektionskrankheiten, die den Gesundheitsbehörden gemeldet werden mussten. Die Zahlen fallen recht unterschiedlich aus. Dem ersten verfügbaren Bericht (für 1902) zufolge wurden 177 946 Malariafälle gemeldet. Zwischen 1902 und der Machtübernahme des Faschismus schwankten die Zahlen zwischen 332 312 im Jahr 1905 und 129 482 im Jahr 1914.

Der Erste Weltkrieg bedeutete eine Zunahme der Malariafälle. 1922, am Vorabend der faschistischen „Kriegserklärung" an die Sümpfe, wurden 234 656 Fälle gemeldet. 1923 gingen sie auf 188 000 zurück, aber im folgenden Jahr stiegen sie auf über 250 000. Offensichtlich unterlag die Entwicklung der Malaria unterschiedlichsten Einflüssen. In den ersten zehn Jahren faschistischer Herrschaft gab es nur im Jahr 1927 (192 738) weniger als zweihunderttausend Erkrankungen.

1933 sanken die Zahlen schließlich auf 175 000, aber im Jahr darauf stiegen sie wieder massiv (auf 222 171). Erst nach 1935 sank die Zahl der Infizierten deutlich, 1939 waren es nur noch 55 000. Dieser Rückgang ist sicher teilweise der Verkleinerung der Malariagebiete zu verdanken. Bei einer Analyse der Daten scheint es aber, als sei die Sterblichkeit nicht der Kurve gefolgt, die nach den Meliorationsplänen zu erwarten gewesen wäre.

Die Zahl der Toten ging von mehr als 4000 im Jahr 1922 auf 2500 im Jahr 1927 zurück, stieg aber erneut auf mehr als 3000 in den Jahren 1931 und 1932. Diese Diskrepanz lässt sich erklären, wenn man nicht nur auf die meliorierten (oder für melioriert erklärten) Flächen schaut, sondern auch auf die Maßnahmen zur Malariaprophylaxe, die in der Bevölkerung durchgeführt wurden. In Italien profitierte der monopolistische Sektor der Wirtschaft auch von der öffentlichen Verteilung von Chinin, das damals zur Bekämpfung der Malaria angewandt wurde.

Wenn man die Daten der Statistischen Jahrbücher[103] zu den staatlichen Zuschüssen für die Verteilung von Chinin betrachtet, stellt man fest, dass sie stets hoch (um die 15 Millionen Lire jährlich) ausfielen und dass sie in den dreißiger Jahren parallel zum Rückgang der Ma-

[102] Die im folgenden genanten Daten zur Malaria finden sich in: seriestoriche.istat.it, Sanità e Salute, Tavola 4.15 – Casi denunciati di alcune malattie soggette a denuncia obbligatoria – Anni 1925-2009 (valori assoluti e per 100.000 abitanti) / Tavola 4.15.1 – Casi denunciati di alcune malattie soggette a denuncia obbligatoria – Anni 1888-1924 (valori assoluti e per 100.000 abitanti).

[103] Serie storiche ISTAT, in: seriestoriche.istat.it.

laria noch zunahmen. Die Malaria ging in den Endemiegebieten also eher wegen der verbreiteten Prophylaxe zurück als wegen der Meliorationsmaßnahmen.

Es könnte sogar sein, dass die Spitzenwerte für Neuerkrankungen und Todesfälle 1931 und 1932 damit zusammenhingen, dass wegen der imponierenden Ausschachtungsarbeiten, die für die Regulierung der Wasserläufe notwendig waren, besonders viele Menschen – ohne angemessene Schutzmaßnahmen – Ansteckungsrisiken ausgesetzt waren.

Als während des Befreiungskriegs[104] die Front die Meliorationszonen erreichte und Instandhaltungsarbeiten ausfielen, mussten die Deutschen nur einige Abflusskanäle blockieren, um eine Umweltkatastrophe zu verursachen. Die Arbeit von Jahrzehnten wurde zunichte gemacht, die Malaria erreichte wieder ein endemisches Ausmaß. 1944 registrierte man 144 000 Neuerkrankungen.

Erst nach dem Zweiten Weltkrieg gelang es durch weitere beeindruckende Meliorationsprojekte, Italiens Sumpfgebiete drastisch und auf Dauer zu verkleinern. Finanziert wurden diese Projekte vor allem aus Mitteln der Cassa del Mezzogiorno[105] sowie des Marshallplans – dem von den USA finanzierten Unterstützungssystem für die vom Krieg geschwächte europäische Wirtschaft.

Die Ausrottung der Malaria war – abgesehen von der Prophylaxe mit Tabletten – dem massiven Einsatz der Chemikalie DDT auf den Feldern zu verdanken, das aus den USA importiert wurde. Nach dem Krieg vergingen weitere 25 Jahre internationaler Anstrengungen, um Mussolinis Versprechen von 1923 wahrzumachen. Erst 1970 erklärte die Weltgesundheitsorganisation WHO die Malaria in Italien für ausgerottet.[106]

[104] Befreiungskrieg: Krieg italienischer Partisan*innen und Militäreinheiten an der Seite der Alliierten 1943-45 [Anm. d. Übers.]

[105] Cassa del Mezzogiorno / Kasse für Süditalien: wichtige Fördereinrichtung für Süditalien (1950-84) [Anm. d. Übers.]

[106] Ministero della Salute, Profilassi della malaria, introduzione. In: salute.gov.it.

Der Duce als Bauherr – Mussolini hat doch allen Italienern eine Wohnung gegeben und die erste Autobahn gebaut?

Die Italiener sind ein Volk von Wohnungseigentümern.[107] Die Wohnung ist im Leben von vielen der wichtigste Ausgabenposten, sie gilt als zentrales Element für die Verwirklichung des eigenen Lebensentwurfs. Auch die Verfassung der Republik (in Artikel 47) bezeichnet es als eine grundlegende Aufgabe des Staates, seinen Bürgern Wohnungseigentum zu ermöglichen.[108] Das Recht auf eine eigene Wohnung mit dem Faschismus in Verbindung zu bringen, ist eine der wirksamsten und überzeugendsten Propagandaoperationen zur Rehabilitierung der Diktatur. Fragen nach dem Verhältnis des Regimes zur Legalität oder zu den Menschenrechten können zu Protest oder zu Relativierungen führen. Es ist aber ein Imagetrick mit gleichsam garantiertem Effekt, dem Duce das Verdienst zuzuschreiben, „allen Italienern eine Wohnung gegeben" zu haben. Dieser Trick beruht auf unrealistischen Annahmen.

„Er hat Straßen, Schulen, Wohnungen, ganze Städte gebaut – ohne Geld von den Italienern zu verlangen!"

Das Wohnungsproblem im Italien der liberalen Ära

Die italienische Halbinsel erlebte seit der zweiten Hälfte des 19. Jahrhunderts einen beispiellosen demografischen Boom. Das Königreich Italien wuchs von wenig mehr als 22 Millionen Einwohnern in der Zeit seiner Entstehung auf 46 Millionen Einwohner 1946, nach dem Zweiten Weltkrieg.[109] Das war eine gesellschaftliche Revolution, die großen Einfluss auf die Stadtentwicklung hatte: trotz der starken Emi-

[107] 2017 waren 79,9% der italienischen Familien Eigentümer der Wohnung, in der sie lebten. Vgl. "condizioni economiche delle famiglie-condizioni abitative" bei istat.it.

[108] „Art. 47. Die Republik ermutigt und schützt das Sparen in allen seinen Formen; sie regelt, koordiniert und kontrolliert die Kreditvergabe. Sie begünstigt das Sparen der Bevölkerung mit den Zielen Wohnungseigentum, privates landwirtschaftliches Eigentum sowie direktes oder indirektes Aktieninvestment in den großen Produktionseinheiten des Landes". In: quirinale.it, offizielle Seite der Präsidentschaft der Republik.

[109] Serie storiche ISTAT „Popolazione residente e bilancio demografico ai confini dell'epoca (1862-1947)", in: seriestoriche.istat.it.

gration verzeichneten alle italienischen Großstädte einen schwindelerregenden Zuwachs an Einwohnern. Ihre Stadtstruktur – oft noch mittelalterlich geprägt – hielt dieser Bewegung nicht stand. Nach der Einigung Italiens stand daher das Wohnungsproblem im Zentrum der öffentlichen Debatte und die Kommunalverwaltungen versuchten, eine „materielle“ Antwort auf die die Nachfrage nach Wohnungen zu finden.

Die erste Aktion der Zentralregierung zur Verwirklichung des Rechts aller Bürger auf eine Wohnung war das Gesetz über Volkswohnungsbau von 1903.[110] Es war vor allem dem Einsatz des Abgeordneten der „Historischen Rechten“[111] Luigi Luzzatti zu verdanken. Es schuf die Grundlagen für staatliches Handeln in diesem Bereich. Zum ersten Mal vorgesehen wurden „gesetzlich konstituierte genossenschaftliche Gesellschaften, die 1. zum Gegenstand – zugunsten von Genossenschaftsmitgliedern – ausschließlich Bau, Erwerb und Verkauf oder Vermietung von Wohnungen für die breite Bevölkerung haben“.[112] Darüber hinaus sicherte man Finanzierungserleichterungen für solche Institutionen – die in kurzer Zeit zum Zentrum einer “Wohnungsrevolution” in Italien wurden. 1906 billigte man den ersten derartigen Wohnungsbaugenossenschaften den Status von “moralischen Institutionen”[113*] zu. Das bedeutete unter anderem günstigere Steuersätze und die Zuerkennung der Gemeinnützigkeit. So wurde das Wohnungsproblem zu einer Sache direkten öffentlichen Engagements.

Schon vor dem Gesetz 254 von 1903 gab es begrenzte Versuche, das Wohnungsproblem anzugehen. Das Gesetz von 1903 fügte sich in einen Trend der Institutionalisierung nützlicher Erfahrungen und wirkte als Anreiz für neue. Luzzatti besaß glücklicherweise die Intuition, dezentrale Aktivitäten zur Lösung des Wohnungsproblems durch

[110] Gesetz Nr. 254 vom 31. Mai 1903 Sulle case popolari. In: Gazzetta Ufficiale Nr. 159 vom 8. 7.1903.

[111] Zusammenfassende Bezeichnung für liberal-konservative und rechtsliberale Strömungen, die die italienische Politik in der zweiten Hälfte des 19. und zu Anfang des 20. Jahrhunderts weithin bestimmten. [Anm. d. Übers.]

[112] Ebd., Art. 2.

[113] Unter den ersten waren die von Bari (Königliches Dekret vom 7. Juni 1906 Nr. 241, in: G. U. Nr. 172 vom 24.7.1906) und von Bologna (Königliches Dekret vom 8. Juli 1906 Nr. 237, in: G. U. Nr. 169 vom 20.7.1906).
* „Ente morale / moralische Institution“ – damals meist gleichbedeutend mit „persona giuridica / juristische Person“ (ggf. ohne Gewinninteresse). [Anm. d. Übers.]

vereinheitlichende – aber nicht zentralistische – Normen auf nationaler Ebene zu ergänzen. Es ging um ein umfangreiches System von lokalen Initiativen, die an die Bedürfnisse der einzelnen Kommunen angepasst waren, die Zugang zu vergünstigten Krediten bekamen und sich an einem nicht spekulativen Modell des Wohnungsbaus für die breite Bevölkerung orientierten.[114] Wenn jemand den Titel „Vater des sozialen Wohnungsbaus" in Italien verdient, war es Luigi Luzzatti.

Die neuen Institutionen entstanden dort, wo die Wohnungsprobleme am dringlichsten waren. In Rom – einer Stadt, die nach der Einigung Italiens 1861 einen demografischen Boom erlebte – entstanden auf diese Weise in den ersten Jahrzehnten des 20. Jahrhunderts ganze Stadtviertel neu (wie Garbatella). Viele der großen Bauprojekte in den wichtigsten italienischen Städten kamen schon vor dem Sieg des Faschismus in Gang. 1907 wurde das Istituto case popolari („Institut für Volkswohnungsbau") in Turin[115] gegründet, im Jahr darauf geschah Ähnliches in Neapel[116] und Mailand[117]. Im selben Jahr wurde ein allgemeines Reglement[118] angenommen, das rechtliche und wirtschaftliche Leitlinien für den Bau neuer Wohnungen enthielt.

Die faschistischen Projekte

Das Modell des sozialen Wohnungsbaus war also schon vor dem Auftauchen des Faschismus bekannt, es existierten Normen. Die faschistische Politik brauchte mit Blick auf das Wohnungsproblem nicht in-

[114] Die Institutionen werden verpflichtet, Normen einzuführen, die „in den Statuten sichern, dass die jährliche Dividende der Aktionäre nicht vier Prozent des effektiv eingezahlten Kapitals übersteigt und dass im Fall von Rückzahlung oder Liquidation den Aktionären für keinerlei Ansprüche eine Summe ausgezahlt werden kann, die den Betrag des eingezahlten Kapitals um mehr als ein Fünftel übersteigt, wobei der Restbetrag aus der Geschäftstätigkeit der Cassa nazionale di previdenza per la invaliditá e per la vecchiaia degli operai zuzuführen ist." In: G. U. Nr. 159 vom 8. 7. 2903, Art. 2.

[115] Königliches Dekret vom 8. Dezember 1907 Nr. 516, Erezione in ente morale. In: G. U.Nr. 304 vom 26.12.1907.

[116] Königliches Dekret vom 17. Juli 1908 Nr. 356, Riflettente approvazione di statuto. In: G. U. Nr. 225 vom 26.9.1908.

[117] Königliches Dekret vom 12. August 1908 Nr. 360, Riflettente erezione in ente morale. In: G. U.Nr. 227 vom 29.9.1908.

[118] Königliches Dekret vom 12. August 1908 Nr. 528 Che approva il regolamento per la esecuzione dellalegge (testo unico) 27 febbraio 1908, n. 89, sulle case popolari o economiche. In: G. U. Nr. 222 vom 23.9.1908.

novativ zu sein. Sie förderte die Initiativen der Kommunen, sie sorgte in manchen Städten für mehr Bauflächen. Vor allem unterstützte sie bereits bestehende Institutionen. Die Wohnungspolitik blieb im Wesentlichen der lokalen Initiative überlassen.

Eine Veränderung brachte das Gesetz von 1935, das eine Steuerung des sozialen Wohnungsbaus auf Provinzebene[119] und die Einrichtung eines gesamtstaatlichen Konsortiums vorsah.[120] Faktisch bedeutete das neue Gesetz einen Namenswechsel für die autonomen lokalen Einrichtungen, die schon seit Jahrzehnten bestanden – und es brachte eine Zentralisierung der Aufsicht. Die Wohnungsbaugesellschaften der großen Kommunen wurden auf Provinzebene zusammengefasst und die Ernennung ihrer Präsidenten durch Königliches Dekret festgelegt. Die Nominierungen besorgte das Ministerium für Öffentliche Arbeiten. Zugleich brachte die Gründung des nationalen Konsortiums – das diese neuen Institutionen vereinte und direkt mit dem Regimes verknüpft war – die faschistische „Übernahme" des sozialen Wohnungsbaus zum Abschluss.

Diese „Vertikalisierung" führte nicht zu zusätzlichen Investitionen im Bausektor, sondern nur zum Aufbau einer weiteren Kommandostruktur für Aktivitäten, die bis dahin vor allem lokal geprägt waren. Im Gesetz wurden keinerlei neue Investitionsformen genannt. Es erwies sich letztlich nur als Neuordnung eines bereits bestehenden Systems. Zwischen 1935 und 1939 stellte das nationale Konsortium nicht mehr als 13 700 Wohnungen fertig, die zum großen Teil schon vor Gründung der Behörde projektiert waren. 75 000 Personen erhielten so eine Unterkunft. 1940 berechnete das Ministerium der Korporationen[121] für Italien allerdings einen Bedarf an jährlich mindestens 600 000 Wohnräumen.[122] Wie in anderen Bereichen des öffentlichen Lebens beschränkte sich der Faschismus auch im sozialen

[119] provincia / Provinz: entspricht (in der staatlichen Verwaltung) ungefähr dem deutschen „Regierungsbezirk" [Anm. d. Übers.]

[120] Gesetz vom 6. Juni 1935 Nr. 1129, Norme per la riforma degli Istituti per le case popolari e per la costituzione di un Consorzio nazionale fra gli Istituti predetti. Gazzetta Ufficiale Nr. 156 vom 6.7.1935.

[121] Ministero delle Corporazioni – „Corporazioni / Korporationen" hießen von der faschistischen Partei gelenkte gemeinsame Organisationen von Unternehmern und Beschäftigten – ähnlich der „Deutschen Arbeitsfront" im „Dritten Reich". [Anm. d. Übers.]

[122] di Biagi, P. (Hg.): „La grande ricostruzione. Il piano Ina-Casa e l'Italia degli anni cinquanta". Mailand 2001, S. 40.

Wohnungsbau darauf, bereits im Italien der liberalen Ära entstandene Verwaltungsstrukturen unter die eigene Kontrolle zu bringen und sie „umzutaufen".

Auf dem Gebiet der Stadtentwicklung war der Faschismus am ehesten an Projekten mit propagandistischer Wirkung interessiert. Öffentliche Bauten dienten vor allem symbolischen und zeremoniellen Zwecken. Das Regime verfügte über einen eigenen Architekturstil und eigene Vorstellungen vom städtischen Raum, die es mit seinen Plänen für Modernisierung und Monumentalisierung weiterentwickelte. Symbol dieser Arbeit an der Errichtung eines „faschistischen Raums" war das gewaltige Werk der Neuordnung ganzer Stadtviertel von Rom.[123] Dazu gehörten radikale und umstrittene Projekte wie die „Entkernung" des Viertels Borgo.[124] Dabei ging es mehr um das „Sichtbarwerden" des Regimes als um die Bedürfnisse der Bevölkerung. Der Wohnungsnotstand in Italien blieb auch in den letzten Jahren des Faschismus bestehen, als staatliche Mittel vor allem Großprojekten zugute kamen wie dem neuen Stadtteil Roms namens EUR (Esposizione Universale di Roma / „Weltausstellung von Rom"), der die Weltausstellung von 1942 aufnehmen sollte.

Das war ein kostspieliges „Schaufenster" des Faschismus, das aber erst in den fünfziger Jahren fertiggestellt wurde. Wie der Historiker Guido Melis zusammenfasst, „stellte das Viertel EUR – entstanden für den zwanzigsten Jahrestag des Regimes – den Höhepunkt dieses gezielten Aufbaus von Kulissen dar".[125] Es war kein Ort öffentlichen Lebens, sondern ein theatralisches Bühnenbild, in dem das Regime und seine Erzählung vorgestellt werden sollten.

In diese Perspektive einer politischen Nutzung von Stadtplanung sind auch die Vorhaben für den Bau neuer Städte in den Sumpfregionen einzuordnen, die trockengelegt werden sollten. Auch in diesem Fall war der Bau neuer Wohnhäuser Mittel einer „Überzeugungspolitik", ohne dass das viel für die Wohnungsversorgung brachte.

Schon damals gab es zahlreiche Kritik am fragwürdigen Umgang des Faschismus mit der Wohnungsfrage. Unvergessen blieben Vorwürfe von Giuseppe Pagano, einem der bekanntesten rationalis-

[123] Zum Verhältnis von Stadtplanung in der Hauptstadt und Regime vgl. Gentile, E.: „Il fascismo di pietra". Rom, Bari 2010.

[124] Zu diesem besonderen Fall vgl. Benevolo, L.: „Roma dal 1870 al 1990". Rom, Bari 1992.

[125] Melis (2018), S. 238.

tischen Architekten seiner Zeit, der anfangs dem Regime nahestand. Er beschuldigte den Faschismus, Geld nur für „die Errichtung protziger Marmorgebirge" auszugeben.[126]

Diese für die staatlichen Kassen sehr kostspieligen Projekte befriedigten nicht die Nachfrage von Millionen Italienern nach Wohnungen. Sie lebten auch während der zwanzig Jahre Faschismus unter prekären Bedingungen – oder sie wanderten aus. Damals schrieb ein junger Ökonomieprofessor, Amintore Fanfani[127], einen Text über die Armut und ihre Ursachen in Italien. 1942 wies er auf die beschämend schlechten Lebensverhältnisse in vielen Teilen des Landes hin. Von Armut zeugten auch die schreckliche Verschmutzung und Überbelegung von Wohnungen – Bedingungen, unter denen damals viele zu leben gezwungen waren.[128]

Der Wohnungsmangel blieb bis zum Ausbruch des Zweiten Weltkriegs ein chronisches Problem. Während die Bauvorhaben des Duce auf Grund der Feindseligkeiten abgebrochen wurden, beraubten die Bombardements der Alliierten jene einer Wohnung, die schon eine hatten. Am Ende des Krieges wurde berechnet, dass aufgrund des kriegerischen Konflikts zwei Millionen Wohnräume in Italien zerstört und eine weitere Million schwer beschädigt waren.[129]

Der Wohnungsmangel – verschärft durch die Konsequenzen von Mussolinis Aggressionspolitik – wurde nach dem Ende des Zweiten Weltkriegs erneut von der Politik angegangen. Mit der fortschreitenden Wiederherstellung des Staatsapparats wurde klar, dass eines der ersten Probleme, die gelöst werden mussten, die verzweifelte Lage auf dem Wohnungsmarkt war. 1949 führte eine Reihe von Initiativen – zusammengefasst im Gesetz Nr. 43[130] – endlich zu einem differenzierten und umfassenden nationalen Plan für den Wohnungsbau. Das Gesetz brachte die Gründung eines neu-

[126] Zit. in di Biagi (2001), S. 37.

[127] Amintore Fanfani – in der Nachkriegszeit jahrzehntelang einer der führenden italienischen Christdemokraten. [Anm. d. Übers.]

[128] „Sicher sind auch die arm, die eine Wohnung haben, die aber überbelegt ist und aus einem Raum für Küche, Vorräte, Aufenthalt und Mahlzeiten und einem zweiten als gemeinsamem Schlafraum und Garderobe besteht." Fanfani, A.: „Colloqui sui poveri". Mailand 1942, S. 27.

[129] di Biagi (2001), S. 18, Anm..

[130] Gesetz vom 28. Februar 1949 Nr. 43: Provvedimenti per incrementare l'occupazione operaia, agevolando la costruzione di case per lavoratori. In: G. U. Nr. 54 vom 7.3.1949.

en Instituts im Rahmen des Istituto Nazionale delle Assicurazioni (I.N.A.) / Nationales Versicherungsinstitut. Es sollte einen Investitionsplan umsetzen, der zuerst auf sieben Jahre angelegt war und dann bis 1963 verlängert wurde – Antwort auf die Nachfrage nach preisgünstigen Wohnungen einerseits und nach Arbeitsplätzen in der Bauwirtschaft andererseits.

So entstand I.N.A.-Casa – ein komplexer Plan für öffentliche Investitionen auf dem gesamten Territorium Italiens. Ziele waren die Schaffung von Arbeitsplätzen in der Bauwirtschaft und die Errichtung von Wohnungen für die breite Bevölkerung, um endlich das Wohnungsproblem zu lösen. In seiner Geltungszeit (von 1950 bis 1962) führte der Plan zur Einrichtung von zwanzigtausend Baustellen für Wohngebäude und zur Unterbringung von 350 000 Familien in akzeptablen Wohnungen. Das Projekt sicherte außerdem jährlich 40 000 Menschen Beschäftigung.[131] Initiator dieses Vorhabens war kein anderer als Amintore Fanfani, der nach dem Krieg zu einem der Spitzenpolitiker der DC[132] geworden war. Er setzte die Lehren aus seiner Analyse der vernachlässigten Wohnungswirtschaft in Italien unter dem Faschismus in die Praxis um. Die in dieser Nachkriegsperiode errichteten Gebäude sind noch heute als case Fanfani bekannt. Nachdem die Dringlichkeitsmaßnahmen in den Jahren des Wirtschaftsbooms abgeschlossen wurden, ging die Organisation des Wohnungsbaus für die breite Bevölkerung wieder auf den lokalen Sektor über.

Mussolini und die Katastrophen

Mussolini und der Faschismus versagten beim Bauen – beim Wiederaufbau brachten sie auch nicht mehr zustande. In Zusammenhang mit aktuellen Polemiken über das öffentliche Eingreifen nach den Erdbeben, die das Land in den letzten Jahren getroffen haben, tauchen in den sozialen Medien regelmäßig Bilder und Mitteilungen auf, die die Reaktion der Regierungen von heute der angeblichen Reaktion Mussolinis gegenüberstellen. Dieser revisionistische Vergleich fällt gnadenlos aus: in der Zeit des „Regimes" seien bei Katastrophen die organisatorische Kompetenz und erst recht die erzielten Ergebnisse unvergleichlich besser gewesen als in der Zeit der republikanischen Regierungen.

[131] P. di Biagi (Hg.), La grande ricostruzione, a. a. O., S. 17.

[132] Democrazia Cristiana / „Christliche Demokatie" – christdemokratische Partei Italiens (1943-1994). [Anm. d. Übers.]

Auch der Faschismus bekam es mit einer Naturkatastrophe zu tun, die schreckliche Auswirkungen auf die Bevölkerung hatte. Am 23. Juli 1930 wurden die Gebiete Irpinia und Vulture (in Kampanien und der Basilikata) von einem Erdbeben getroffen. Die Gewalt des Bebens und die geringe Qualität der Wohnbauten in der Gegend ließen die Zahl der Opfer auf 1404 steigen.

Die Geschichte dieses Bebens und der Reaktionen der Regierung wird in den historischen Darstellungen des Istituto Nazionale di Geofisica e Vulcanologia / Nationales Institut für Geophysik und Vulkanologie nachgezeichnet.[133] Dort werden nicht nur die geophysikalischen Daten des Bebens aufgeführt, sondern auch Stellungnahmen der Institutionen zur Katastrophe und zum Wiederaufbau. Die erste legislative Maßnahme nach dem Geschehen war das Königliche Dekret vom 3. August 1930.[134] In ihm wurde die von der Regierung geplante systematische Bewältigung der Katastrophe dargestellt: die Aufhebung der lokalen Wohnungssteuern, ein Moratorium auf die Grundsteuern und ein Zuschuss von 40% zum Wiederaufbau (Art. 1-10). Darüber hinaus vorgesehen waren ein Budget von 100 Millionen Lire für die Katastrophenhilfe (Art. 11), die Übertragung der Koordinierungsarbeiten für den Wiederaufbau an den genio civile[135] (Art. 12-17) sowie die Bereitstellung vergünstigter Kredite für die Geschädigten (Art. 18). Es folgten Bestimmungen zur Rolle der verschiedenen Ministerien in der Katastrophenhilfe.

Dieses Dekret wurde von den Präfekten[136] sofort als unzureichend angesehen. Wie Experten sagten, "gehört dieses Beben, was Zerstörungskraft und geografische Ausdehnung betrifft, zu den größten seismischen Ereignissen des 20. Jahrhunderts in Italien."[137] Mussolini wandte sich sofort – aus Gründen der Propaganda – gegen den Bau von Baracken für die Obdachlosen: „Es ist hinzuzufügen, dass – auch

[133] Auf der Seite des Instituts (storing.ingv.it) findet sich eine Übersicht über alle großen Erdbeben in Italien in historischen Zeiten. Von dort stammen die oben angeführten Daten. Vgl. storing.ingv.it/cfti.

[134] Königliches Gesetzesdekret vom 3. August 1930 Nr. 1065: Provvedimenti in dipendenza del terremoto del 23 luglio 1930. In: G. U. Nr. 187 vom 11.8.1930, übergegangen in das Gesetz vom 29. Dezember 1930 Nr. 1906, in: G. U. 17.2.1931 Nr. 39.

[135] u. a. für Infrastrukturarbeiten zuständige Behörde [Anm. d. Übers.]

[136] Prefetto / Präfekt – in der faschistischen Ära Vertreter der Zentralregierung mit weitreichenden Befugnissen in den Provinzen [Anm. d. Übers.]

[137] Zit. in: storing.ingv.it/cfti „terremoto dell'Irpinia e del Vulture 1930".

wenn dem unmittelbaren Bedarf entsprochen wird – das Wohnungsproblem ungelöst bleibt, das die Regierung mit neuen Finanzmitteln endgültig lösen wollte".[138]

Man dachte daran, diese Krisensituation durch den Bau tausender vorgefertigter kleiner Häuser zu bewältigen, die eine solidere und angemessenere Lösung für die Erdbebengeschädigten gewesen wären. Das Vorgehen der Regierung wurde von zwei Notwendigkeiten bestimmt. Einerseits ging es darum, die öffentlichen Finanzen im Griff zu behalten – es war ein Jahr seit dem Ausbruch der Krise von 1929 vergangen. Andererseits sollten die oft besungenen organisatorischen Fähigkeiten des Regimes bewiesen werden. Der Öffentlichkeit war noch deutlich die Unangemessenheit des öffentlichen Eingreifens nach dem ersten großen Erdbeben des Jahrhunderts – 1908 in Messina – in Erinnerung. Es gab also keine Baracken – auch wenn diese Entscheidung die betroffene Bevölkerung für Monate in Zelte zwang -, sondern ein gründlicheres Herangehen an das Wohnungsproblem.

Der Bau der kleinen neuen Häuser endete jedoch in einem organisatorischen Desaster – wegen der Kosten und wegen der Schwierigkeiten beim Transport der vorgefertigten Bauelemente. Nach den ersten Kälteeinbrüchen des Winters war Mussolini – auf Druck der Präfekten – gezwungen, den Bau von tausend Holzbaracken zu billigen. Mit den 961 Baracken, die damals noch entstanden, kam man schließlich auf insgesamt 3746 Wohnungen. Die Kosten waren enorm – 68 Millionen Lire, d. h. etwa 70% aller Mittel, die das Notfalldekret vorsah. Die bewilligten Mittel reichten nicht aus und die bürokratischen Verzögerungen waren verstörend. Die Banco di Napoli, die beauftragt war, zinsgünstige Darlehen für den Wiederaufbau zu vergeben und die dabei Unterstützung vom Staat bekam, hatte ein Jahr nach dem Erdbeben erst wenige Darlehensverträge geschlossen. Zu den 100 im August 1930 bewilligten Millionen Lire kamen 1931 noch 35 Millionen hinzu[139] – Bürgschaften für die zinsverbilligten Darlehen, die die Banco di Napoli – mit Mühe – vergeben hatte.

Das finanzielle Engagement belief sich insgesamt auf etwa 160 Millionen Lire. Das faschistische Ministerium für öffentliche Arbeiten selbst bezeichnete in seinem Rechenschaftsbericht für Mussolini diese Sum-

[138] Ebd.

[139] Gesetz vom 28. Dezember 1931 Nr. 1733, Conversione in legge dei Regi decretilegge 12 giugno 1931, n. 841, e 17 luglio 1931, n. 1003, che autorizzano ulteriori spese per provvedimenti a favore dei danneggiati dal terremoto del 23 luglio 1930. In: G. U. Nr. 22 vom 28.1.1932.

me als auf dramatische Weise unzureichend. Insgesamt registrierte man 7000 neue vorgefertigte Wohnungen. Das war eine lächerliche Zahl mit Blick auf die Gebiete, in denen 35 bis 40 Prozent der Wohngebäude so beschädigt waren, dass sie nicht mehr bewohnt werden konnten. In einigen Zonen waren es sogar 70 Prozent. Allein die Provinz Avellino berichtete von 100 000 Obdachlosen.[140] Die wirkliche Lösung für die Probleme, die das Erdbeben verursacht hatte – nach dem Abbruch der Zeltstädte wenige Monate nach der Katastrophe – war vor allem die Emigration. Ein beträchtlicher Teil der Bevölkerung von Irpinia und Vulture kehrte nicht an die ursprünglichen Wohnorte zurück, ging ins Ausland oder in die entwickelteren Regionen des eigenen Landes.

„Also war er ein großer Städtebauer!"

Der Duce als Straßenbauer?

Um die Leistungen des Faschismus in der Welt des Bauens hervorzuheben, sagen manche, der Faschismus habe „Italien ein modernes Straßennetz geschenkt".

Die italienischen Infrastrukturprobleme waren bekannt und zogen sich seit der Vereinigung des Landes 1861 hin. Das Straßennetz war in sehr schlechtem Zustand, ein erster Plan zur Infrastrukturerneuerung wurde in der Regierungszeit Giovanni Giolittis[141] und seines Nachfolgers Ivanoe Bonomi[142] (1921) entworfen. Es war ein kostspieliger, aber notwendiger Plan, der auf die heftige Opposition von Teilen der politischen Rechten jener Zeit stieß, die von nutzlosen Ausgaben sprachen, die noch dazu genossenschaftlich organisierten Baufirmen zugute kämen. Es folgten Boykott und Sabotage von Baustellen. Als verbissenste Opposition erwies sich Mussolinis Faschistische Partei. Letzten Endes blieb der Ausbau eines effizienten Verkehrs- und Kommunikationssystems der privaten Initiative überlassen.

Vordenker der Autobahnidee in Italien war der Ingenieur Piero Puricelli, der als erster ein Schnellstraßennetz skizzierte, das durch Maut-

[140] Vgl. storing.ingv.it/cfti.

[141] Giovanni Giolitti: führender liberaler Politiker Italiens zu Beginn des 20. Jahrhunderts, wiederholt Ministerpräsident. In den zwanziger Jahren zeitweise Unterstützer Mussolinis. [Anm. d. Übers.]

[142] Ivanoe Bonomi: linksliberaler Politiker, 1921/22 und 1944/45 Ministerpräsident. In den zwanziger Jahren vorübergehend Unterstützer Mussolinis. [Anm. d. Übers.]

zahlungen finanziert würde.[143] 1921 konnte er die Planung einer Straße durchsetzen, die Mailand mit Varese und dem norditalienischen Seengebiet verbinden sollte. Sie wäre für Motorfahrzeuge reserviert gewesen. Zunächst handelte es sich um ein unternehmerisches Experiment, Puricelli erreichte dann aber, dass die Schnellstraße als „Projekt im öffentlichen Interesse" akzeptiert wurde. Der erste Abschnitt dieser neuen autostrada wurde am 23. September 1923 eingeweiht, ein Jahr nach dem Regierungsantritt Mussolinis.

Nachdem er an die Macht gelangt war, übernahm der Faschismus die Infrastrukturplanung Giolittis. Gleichzeitig griff er die Ideen Puricellis auf und gab ihm die Möglichkeit, mit öffentlicher Förderung ein privates Unternehmen zu gründen, das das neue Autobahnnetz planen sollte. Der Plan war ehrgeizig, die Finanzierung unzureichend. Auf die ersten Autobahnabschnitte wie Bergamo – Mailand und Neapel – Pompeji folgten weniger einträgliche, aber mehr am öffentlichen Interesse orientierte Strecken. Das schadete den Bilanzen der Autobahnfirmen und verlangsamte die faschistische „Revolution auf Autoreifen".

Diese Autobahnabschnitte – zwischen 1924 und 1935 wurden weniger als ein Dutzend eingeweiht – waren durchschnittlich 70 Kilometer lang und dienten eher dem Prestige des Regimes als dem öffentlichem Interesse. Man braucht sich nur daran zu erinnern, dass zur Zeit der Einweihung des ersten Abschnitts der Autobahn von Mailand zu den nördlichen Seen nicht mehr als 78 262 Motorfahrzeuge in ganz Italien unterwegs waren.[144]

Die Zeit der großen Autobahnbaustellen (von denen die meisten ohnehin nur auf dem Papier existierten) endete 1935, als die faschistische Aggression gegen Äthiopien den Benzinpreis ins Astronomische trieb. Dadurch wurde für jene Epoche der Traum von einer Massenautomobilisierung, den der Faschismus und einige seiner großen privaten Sponsoren (wie Giovanni Agnellis FIAT) verbreitet hatten, unrealistisch.

Das bis dahin von Puricelli geschaffene Autobahnnetz bedeutete – obwohl es mit öffentlichen Geldern unterstützt wurde – auf Dauer

[143] Eine kurze Biografie Piero Puricellis findet sich bei treccani.it/enciclopedia/pieropuricelli_(Dizionario-Biografico), ein vollständiges Verzeichnis seiner öffentlichen Ämter und seiner parlamentarischen Aktivitäten bei senato.it, "senatori dell'Italia fascista".

[144] Vgl. seriestoriche.istat.it, trasporti e incidenti stradali, Tavola 17.5 – Veicoli a motore per i quali è stata pagata la tassa automobilistica per categoria Anni 1914-2015.

ein Verlustgeschäft. Puricellis Unternehmen musste vom neuentstandenen Istituto per la Ricostruzione Industriale / Institut für Industriellen Aufbau[145] aufgekauft und gerettet werden. Das war ein gutes Geschäft für Puricelli, an den 500 Millionen Lire für die Firma gingen – plus 42 Millionen für seine persönlichen Schulden.[146]

Diese öffentlichen Gelder wurden vor allem ausgegeben, um die Autobahnen als "leuchtendes Beispiel für den italischen Genius" zu retten. Letztlich ging das zu Lasten von weniger spektakulären, aber sicher nützlicheren Investitionen (etwa für die Instandhaltung der gewöhnlichen staatlichen Straßen, die die „tragende Achse" des Güterverkehrs im Land blieben).

Wie andere Probleme auch, wurde das der Verkehrsinfrastruktur erst nach dem blutigen Ende des Faschismus und dem wirtschaftlichen Neubeginn im republikanischen Italien gelöst. Die fünfziger Jahre brachten eine wirkliche „Revolution des Transports" in Italien. Man beschloss damals, ein das ganze Land umfassendes Netz von Mautautobahnen zu bauen. Zugleich förderte man die Autoindustrie und den Straßengüterverkehr, die zum „Rückgrat" des italienischen Wirtschaftswunders wurden.[147]

[145] Das IRI war seit 1933 ein Dreivierteljahrhundert lang die zentrale Schaltstelle der italienischen Staatsindustrie, mit zeitweise über einer halben Million Beschäftigten in unterschiedlichsten Branchen. [Anm. d. Übers.]

[146] Vgl. treccani.it/enciclopedia/piero-puricelli_(Dizionario-Biografico).

[147] Paul Ginsborg, „Storia dell'Italia dal Dopoguerra a oggi". Turin 1989, S. 290f.

Der Duce der Legalität – Mussolini war ein äußerst integrer Verteidiger der Gerechtigkeit und hat die Mafia besiegt?

Eines der großen Märchen, die über den Faschismus im Umlauf sind, lautet: trotz der für ein totalitäres Regime typischen Fehlgriffe und Täuschungen bedeuteten der Faschismus und insbesondere Mussolini eine Zeit der Ehrlichkeit und der moralischen Geradlinigkeit im politischen Leben des Landes.

Es geht offensichtlich um einen Vergleich mit der politischen Klasse des republikanischen Italien. Den Dieben und Strolchen, die angeblich heute die Szene beherrschen, stellt der Duce-Nostalgiker die Figur eines aufgeklärten und nicht korrumpierbaren Staatsmanns entgegen, dessen einziger Fehler es vielleicht war, die, die etwas falsch machten, zu streng zu bestrafen. Für eine solche äußerst integre, geradezu schroffe Haltung Mussolinis gibt es allerdings keine historischen Belege.

Bei diesem weitläufigen und komplexen Thema müsste man zunächst den begrifflichen Unterschied zwischen Legalität und Gerechtigkeit klären. Wenn es bei Gerechtigkeit um Werte und Prinzipien geht, die über die einfache Sphäre der Gesetze hinausgehen und die mit Moral zu tun haben, dann bedeutet Legalität nichts weiter als die Respektierung der jeweils geltenden Normen. Unter diesem Aspekt ist es offensichtlich, dass der Faschismus als totalitäre, auf die Zerstörung der individuellen Freiheiten zielende Bewegung „per Definition" ungerecht ist.

Es hat wenig Sinn, über das Verhältnis eines Regimes, das die Freiheit zerstören will und sich mit Gewalt an der Macht hält, zur Gerechtigkeit zu diskutieren. Stattdessen soll hier über das Verhältnis zwischen dem Faschismus und dem System der Gesetze gesprochen werden, die damals für das Land galten und die der Faschismus zum Teil selbst geschrieben hatte.

Das Verhältnis des Faschismus zur Legalität war ziemlich unübersichtlich und veränderte sich im Lauf der Zeit. Der Verdacht einer unmoralischen Grundhaltung lastete von Anfang an auf Mussolini und befleckte sein öffentliches Ansehen. Die erste verdächtige Episode in der politischen Karriere des Duce fiel noch in die Zeit vor dem Eintritt Italiens in den Ersten Weltkrieg (1915).

Als Mussolini 1914 – damals war er Chefredakteur der sozialistischen Tageszeitung L'Avanti! / Vorwärts! – in kaum mehr als einem Monat vom Neutralismus zum Interventionismus überging, also von der Ablehnung zur Befürwortung eines italienischen Kriegseintritts, da verblüfften Größenordnung und Geschwindigkeit dieses Schritts viele. Der italienische Schriftsteller und Historiker Angelo Tasca schrieb schon 1938 – im französischen Exil – in seinem Buch „Nascita e avvento del fascismo" / „Glauben, gehorchen, kämpfen. Aufstieg des Faschismus": „Diese Verwandlung wurde von den Militanten und den Arbeitern, die ihm mit blindem Vertrauen gefolgt waren, als Verrat empfunden. Im ‚Land Machiavellis' riss das eine unüberwindbare Kluft zwischen Mussolini und der Arbeiterklasse auf."[148]

Seine Kritiker beschuldigten Mussolini, sich für Geld an die Befürworter des Kriegseintritts verkauft zu haben. Er bestritt das immer empört. Wenig später gründete er mit einem schönen Startkapital eine Zeitung, „Il Popolo d'Italia" / „Das Volk Italiens". Wie der Historiker Spencer Di Scala in Erinnerung ruft, „hatte Mussolini bei seiner Unternehmung [der Gründung der Zeitung] Erfolg, aber die unklare Herkunft seiner Finanzmittel – ein Teil stammte von Industriellen, die auf Kriegsprofite hofften – führte zu einer feindseligen Haltung seiner Genossen."[149] Den Vorwurf, ein Verräter und korrupt zu sein, richteten seine früheren Gefährten aus der sozialistischen Linken immer wieder gegen ihn.[150]

Bei Kriegsende – als Mussolini versuchte, die Massen der Demobilisierten zu gewinnen, die von den Ergebnissen des Konflikts enttäuscht waren – setzte die faschistische Bewegung sich unvermittelt für eine radikale Wende in der italienischen Politik ein. Im sogenannten Programm von San Sepolcro[151] von 1919 stellte der Faschismus sich dar als „eine Antipartei, die die Kriegsheimkehrer außerhalb der traditionellen Parteien mobilisiert. [...] Die Faschisten haben das Parlament und die liberale Mentalität missbilligt, sie haben den Aktivismus der Minderheiten gutgeheißen und die Gewalt und die ‚Politik der Straße' praktiziert, um die territorialen Forderungen Italiens zu

[148] A. Tasca, „Nascita e avvento del fascismo", Florenz 2002, S. 65 (Erstveröffentlichung 1938). Deutsche Ausgabe: „Glauben, gehorchen, kämpfen. Aufstieg des Faschismus". Wien 1969.

[149] E. Gentile, S.M. Di Scala, "Mussolini socialista". Rom, Bari 2015, S. 129.

[150] Zu Mussolini vor dem Ersten Weltkrieg allgemein: E. Gentile, S.M. Di Scala, "Mussolini socialista", a. a. O., außerdem R. De Felice, "Mussolini il rivoluzionario", Turin 1995.

[151] Piazza San Sepolcro: Platz in Mailand, wo in den Räumen einer Unternehmervereinigung am 21. 3. 1919 die erste faschistische Organisation (Fascio di Combattimento di Milano) gegründet wurde [Anm. d. Übers.]

unterstützen und um den Bolschewismus und die Sozialistische Partei zu bekämpfen".[152]

Die hauptsächliche Beschäftigung der faschistischen squadre in jener Phase bestand darin, streikende Arbeiter in blutige Zusammenstöße zu verwickeln, Gebäude von gegnerischen Zeitungen und Gewerkschaften zu verwüsten und sich in dem Chaos nach Kriegsende als autonome bewaffnete Kraft zu etablieren. Es ging also um alles andere als um die Legalität, für die die Verfassung und die demokratische Ordnung standen. Diese frühen Faschisten waren Subversive – meist republikanisch orientiert -, die den Kampf als Minderheit aufnahmen. Die Wähler wiesen ihre Vorstellungen zurück. 1919 straften sie an den Urnen Mussolini und die Seinen ab – sie gelangten nicht ins Parlament.[153]

Die Abfuhr bei den Wahlen beschleunigte die Verwandlung der Bewegung in eine Partei, der es um „Ordnung" und „Bewahrung" ging. Um die Macht zu erobern, musste man ein seriöseres Bild von sich vermitteln. So stellten sich die squadristi systematisch der Linken entgegen, an der Seite der Eigentümer von Fabriken und Agrarunternehmen. Mit Gewalt setzten sie Streiks und Demonstrationen ein Ende. Mussolini erhielt Infolge dieses Kurswechsels die Unterstützung der industriellen und agrarischen Großbourgeoisie, die in den squadristi im schwarzen Hemd[154] eine billig verfügbare Miliz sah, um ihre eigenen Interessen durchzusetzen. Dank dieser neuen „transformistischen"[155] Entscheidung wuchs der Einfluss von Mussolinis (inzwischen zur Partei gewordener) Bewegung erheblich.

Diese Partei blieb auf der Straße gewalttätig, versicherte jetzt aber, es gehe darum, „die Legalität dort zurückzubringen", wo sie verloren gegangen war. Das diente als Vorwand, um die systematische „Erledigung" der politischen Gegner fortzusetzen und die eigene Präsenz auf

[152] E. Gentile, "Fascismo", a. a. O., S. 10.

[153] Die Liste Mussolinis erhielt im Wahlbezirk Mailand, wo der Faschismus geboren worden war, 4657 Stimmen – es war einer der wenigen Bezirke, wo er sich zur Wahl stellte. Zum Vergleich: Im selben Wahlbezirk entfielen auf die sozialistische Liste – mit Filippo Turati als Spitzenkandidaten – 170 201 Stimmen. Vgl. Statistica elezioni generali politiche XXV legislatura, S. 76-77. In: biblioteca digitale ISTAT, istat.it. [Filippo Turati: führender „reformsozialistischer" Politiker Italiens im frühen 20. Jahrhundert, Anm. d. Übers.]

[154] schwarzes Hemd: bevorzugtes Bekleidungsstück der italienischen Faschisten [Anm. d. Übers.]

[155] Transformismus: Tendenz zur Nivellierung (politischer) Unterschiede, typisch für die vorfaschistischen Jahrzehnte in Italien [Anm. d. Übers.]

der öffentlichen Bühne zu verstärken. Der Faschismus definierte sich tatsächlich als Partei der Legalität.

Viele nahmen das Paradox wahr, dass eine Partei Legalität durch illegale Mittel sichern wollte. Die Schwarzhemden schrieben sich aber die Rolle von „Verteidigern der Legalität" in der italienischen Gesellschaft zu. Gegen diese widersprüchliche Idee lehnten sich aber viele auf. Als im Juli 1921 die Linke ein letztes Mal versuchte, den Faschismus (der „Ruhe!" schrie, während er seine Gegner auf der Straße verprügelte) mit der Waffe des Streiks aufzuhalten, wählte man für die antifaschistischen Kundgebungen der Arbeiter den Namen „legalitärer Streik".[156] Es gelang aber nicht, den Faschisten ihre Maske als „Verteidiger des Rechts" herunterzureißen.

„Der Duce hat die Korrupten ins Zuchthaus geworfen!"

Eiserner Respekt vor den Regeln war also für Mussolini und die Seinen keineswegs „von Anfang an selbstverständlich". Dennoch wurde daraus ein starkes, effizientes Motiv der Propaganda.

Eine der wichtigsten Parolen der Faschisten jener Jahre war die angebliche Notwendigkeit für Italien, sich vom verkommenen System der liberalen Ära zu befreien – verkommen, weil alt und morsch, verkommen aber auch, weil betrügerisch und parasitär. Das politische Leben des „liberalen" Italien wurde oft von Skandalen erschüttert, die Diebstahl und Unterschlagungen ans Licht brachten. Sich darzustellen als Umgestalter dieses Systems, als das Neue, das sich durchsetzt und das Alte und Ungesunde vertreibt – das war ein wesentlicher Teil des Bildes, das der Faschismus von sich für die Öffentlichkeit entwarf.

Matteotti und die „faschistische Integrität"

Nachdem der Duce und seine Minister die Macht erobert hatten, blieb das Bild einer „Regierung der Legalität" eine Konstante in ihren Proklamationen. Der Vergleich mit der Vergangenheit sollte so oft wie möglich angestellt werden.

Vermutlich aus diesem Grund wurde der erste Skandal der faschistischen Ära mit beispielloser Brutalität verdrängt. Für die „Neue Regierung", die doch Italien erneuern sollte, war es einfach unmöglich,

[156] R. De Felice, "Mussolini il fascista. La conquista del potere (1921-1925)". Turin 1995, S. 222

sich schon in ihrem zweiten Amtsjahr in einem banalen Bestechungsskandal zu verfangen.

Der Sozialist Giacomo Matteotti war für die Regierung Mussolini unter mehreren Gesichtspunkten ein unbequemer Mann. Er war ein äußerst integrer Verteidiger des Rechtsstaats, als Gegner des Faschismus war er geradezu eine Institution, darüber hinaus war er besonders qualifiziert in der Haushalts- und Wirtschaftspolitik. Als Abgeordneter wurde er wiederholt von squadristi angegriffen, aber er ließ in seiner Polemik gegen den Faschismus als politische Bewegung und als Regierungspartei nicht nach. Er hielt ihn nicht nur für gewalttätig, sondern auch für korrupt und inkompetent. Carlo Silvestri, ein Journalist des Corriere della Sera[157], erinnert daran[158], dass Matteotti „ein Mann war, der die Haushaltspläne des Staates so las wie ich einen Roman lese. Bei seiner Lektüre war Matteotti auf erschreckende Unstimmigkeiten bei den Ausgaben, auf Regellosigkeit und anderes gestoßen".[159]

Matteotti – im Frühjahr 1924 Mitglied des Haushaltsausschusses des Abgeordnetenhauses – hatte nicht einfach Unordnung in den Haushaltsplänen festgestellt. Er hatte im Ausschuss auch darauf hingewiesen, dass die von der Regierung vorgelegten Zahlen absichtlich geändert worden waren: „Aus den im Voraus vom Präsidenten der Giunta Generale del Bilancio[160] vorgelegten Zahlen ergab sich, dass der von der Regierung vor einigen Tagen – anlässlich der Eröffnung der Legislaturperiode – an das Parlament und an den Souverän[161] übermittelte ausgeglichene offizielle Haushaltsplan falsch sein muss. Der wahre Haushaltsplan dagegen – der ein Defizit von 2 Milliarden vorsah – war offenbar der, den die Regierung von der Giunta billigen lassen wollte."[162]

[157] Corriere della Sera: die einflussreichste „bürgerliche" Tageszeitung im Italien des 20. Jahrhunderts [Anm. d. Übers.]

[158] Bei Silvestri handelt es sich um eine ziemlich widersprüchliche Persönlichkeit. Als Journalist war er im ersten Matteotti-Prozess 1924/25 ein Ankläger Mussolinis. Im zweiten Prozess 1947 behauptete er die Schuldlosigkeit des Duce. Anfang der dreißiger Jahre wurde er zu Verbannung verurteilt, näherte sich dann aber dem Regime an. Er war der letzte Journalist, der Mussolini in der Zeit der Repubblica sociale italiana interviewte. Ein kurzes Bild seines Lebens findet sich bei M. Canali, „Il delitto Matteotti", Bologna 2015, S. 269-89.

[159] C. Silvestri, „Matteotti, Mussolini e il dramma italiano". Mailand 1981, S. 58.

[160] Giunta Generale del Bilancio: Beratungsgremium für Haushaltsfragen im Parlament [Anm. d. Übers.]

[161] Souverän: der italienische König [Anm. d. Übers.]

[162] M. Canali, „Il delitto Matteotti", a. a. O., S. 40.

Die Gefährlichkeit eines Antifaschisten wie Matteotti bestand gerade in seiner Fähigkeit zur Recherche. Der sozialistische Abgeordnete beschränkte sich nicht darauf, die Gewalt der squadristi anzuklagen, über die der neue Ministerpräsident Mussolini achselzuckend hinwegging. Matteotti opponierte im Haushaltsausschuss, wo er die Betrügereien der Regierung entlarvte. Er wies auf ihre Defizite und Machenschaften hin, die ganz ähnlich denen der so verhassten liberalen Ära waren, die Mussolini „liquidieren" wollte.

Matteotti war also eine doppelte Gefahr für den Faschismus an der Regierung: weil er nicht nur ständig gegen die faschistische Gewalt protestierte, sondern auch, weil er versuchte zu zeigen, dass Mussolinis Partei eine Partei von Betrügern war, ähnlich wie die Parteien der Vergangenheit – oder vielleicht noch schlimmer.

Während der Faschismus von Gewalt und Missachtung der individuellen Freiheiten in gewisser Weise profitieren konnte, war von einer öffentlichen Meinung, die den Wandel wollte, der Vorwurf der Unehrlichkeit vermutlich schwerer zu akzeptieren. Viele Historiker nehmen an – gestützt auf Zeugnisse jener Epoche – dass das Verbrechen an Giacomo Matteotti ein „politisch-wirtschaftliches" Delikt war, in dem Sinn, dass man den sozialistischen Abgeordneten zum Schweigen bringen wollte, um ihn zu hindern, das öffentliche Image des Faschismus zu zerstören – weil Matteotti zeigte, dass die Faschisten eine Clique von Gangstern waren, die sich hinter dem Rücken des Staates bereicherten.

Pietro Nenni[163] erinnert daran, dass „am Tag, der auf den Mord folgte, Matteotti im Abgeordnetenhaus über die provisorische Haushaltspolitik sprechen wollte – ohne ‚personalistische' Skandalisierung. Er hatte sich vorgenommen, den Kurs De Stefanis [des damaligen Finanzministers] anzugreifen und erneut die Aufmerksamkeit des Landes auf den allzu rasch wachsenden Reichtum im Schatten von Palazzo Chigi und Viminale[164] zu lenken, wo es Korruptionserscheinungen gab, wie sie schon das zweite französische Kaiserreich charakterisierten".[165]

Bei dem Skandal ging es um Bestechungszahlungen an einige faschistische Hierarchen – anlässlich der Ausbeutung möglicher Ölvor-

[163] Pietro Nenni: einer der einflussreichsten sozialistischen Politiker Italiens im 20. Jahrhundert [Anm. d. Übers.]

[164] Palazzo Chigi, Palazzo Viminale: Regierungsgebäude in Rom, u. a. als Sitze des Ministerpräsidenten bzw. des Innenministers genutzt [Anm. d. Übers.]

[165] Zitiert bei R. De Felice, "Mussolini il fascista", S. 625.

kommen in der Po-Ebene und in Sizilien durch die Firma Sinclair Oil. Beteiligt war vermutlich auch der Bruder des Duce, Arnaldo Mussolini.[166]

Über den Mord an Matteotti sickerten im Lauf der Jahre viele Indiskretionen durch. So hebt Mauro Canali hervor: „Aldo Gibelli zum Beispiel, Ökonom des Blattes Corriere Italiano, verbreitete (unabsichtlich) schwerwiegende Indiskretionen, die der kommunistische Abgeordnete Ezio Riboldi zusammentrug. Gibelli hatte einigen Bekannten anvertraut, er wisse, dass es zur Entführung Matteottis gekommen sei, weil dieser im Besitz eines Dokumentes über die Vereinbarungen mit Sinclair war, das bewies, dass die Unterzeichnung des Vertrags durch Bestechungszahlungen an sechs hohe Vertreter der faschistischen Regierung gefördert wurde."[167]

Die Entführung und Tötung des sozialistischen Abgeordneten am 10. Juni 1924 verhinderten, dass der Skandal explodierte. Wegen des Mythos der „faschistischen Reinheit" kam es zu dem Paradox, dass dem Regime ein Verbrechen lieber war, dessen Motive „nur" im gewalttätigen Handeln einiger enthemmter Faschisten bestanden. Nicht in den Blick geraten sollte dagegen der – mafiöse – Wille, eine kritische Stimme zum Schweigen zu bringen, die der Welt das wirkliche Gesicht des Faschismus gezeigt hatte: nämlich dass er mehr kriminelle Organisation als politische Partei war.

Der Historiker Renzo De Felice fällte schon vor längerer Zeit, ohne die aktuellen Studien zu kennen, ein klares Urteil über das faschistische System: „Es steht außer Zweifel, dass sich damals im Schatten der Regierung eine zwielichtige Welt der Spekulation ausbreitete" [168]. Darüber hinaus schrieb er: „Die Annahme, wonach das Verbrechen an Matteotti auch eine geschäftliche Komponente gehabt habe – auch wenn sie bisher [die Ausgabe, aus der zitiert wird, stammt von 1995] nicht belegt werden kann -, scheint uns nicht ins Reich der Fantasie zu gehören. Zu viele Momente verweisen auf sie."[169]

Über die juristischen Implikationen hinaus, die eine Enthüllung des Skandals um Sinclair Oil gehabt hätte, springt die Tatsache in die Augen, dass das Regime sich selbst vor dem Parlament und der öffentlichen Meinung die Maske herunterzog – mit der berühmten Rede

[166] M. Canali, "Il delitto Matteotti", a. a. O., S. 78-80.

[167] Ebd., S. 237.

[168] R. De Felice, "Mussolini il fascista", II, a. a. O., S. 625.

[169] Ebd., S. 626.

vom 3. Januar 1925, in der Mussolini die „politische, moralische und historische Verantwortung für alles, was geschehen ist“, übernahm.[170]

Eine der bezeichnendsten Implikationen dieser Rede war die Bestätigung, dass der Kurs der Gewalt keine bedauerliche Begleiterscheinung der Formen war, die der Faschismus für die Machtergreifung gewählt hatte. Vielmehr gehörte dieser Kurs zu einer umfassenden Strategie, die auf zunehmende Konfrontation setzte, um die illegale faschistische Gewalt als etwas Notwendiges erscheinen zu lassen.

Es war ein schlauer Schachzug, dessen sich Mussolini nicht nur bewusst war – er war verantwortlich für ihn. Schon diese widersprüchliche Haltung könnte erklären, welches Verhältnis der Faschismus zur Legalität hatte: ein instrumentelles. Das Recht konnte respektiert werden, wenn es sich eignete, um Oppositionelle oder „Abweichler“ zu unterdrücken. Dagegen wurde es ignoriert, wenn es die Ziele des Regimes behinderte. Schließlich konnten Gesetze neu geschrieben werden, wenn sie allzu deutlich den Absichten des Duce widersprachen.

Teilweise haben die – damaligen und auch späteren – Verteidiger des Faschismus versucht, diesen lässigen Umgang mit moralischen Kategorien abzutun. Sie versuchten, ihn auf die Notwendigkeit zu beschränken, die Macht mit jedem beliebigen Mittel zu ergreifen – um dann die Dinge wirklich verändern zu können. Es habe sich letztlich darum gehandelt, jedes – legale oder illegale Mittel – zu nutzen, um in die Schaltzentralen der Macht zu gelangen und von dort aus die Wiedergeburt des Landes zu sichern.

Es sei ein turbulenter Anfang gewesen, dem dann zwanzig Jahre Korrektheit und Legalität folgten. Wenn man für einen Augenblick die Gefährlichkeit von machiavellistischen Überlegungen beiseite lässt, denen zufolge der Zweck die Mittel rechtfertigt, wenn man analysiert, wie sich der Faschismus verhielt, sobald er Regime und Regierung geworden war – dann sieht man, dass sein Verhältnis zur Legalität zumindest uneindeutig war.

Als die Faschisten sich an der Macht festgesetzt hatten, wurde deutlich, dass ihr Umgang mit der „öffentlichen Maschine“ sie genauso zu Dieben werden ließ wie ihre Vorgänger an der Regierung. Es handelte sich um weitverbreitetes Fehlverhalten, das besonders die mittleren Schichten der Partei betraf, und das im Lauf der Jahre zu einer Art

[170] Die Rede wird wiedergegeben bei R. De Felice, “Mussolini il fascista”, II, S. 721ff. Die Bedeutung dieser Parlamentsrede lässt einige Historiker in ihr sogar die wirkliche Geburtsstunde der Diktatur in Italien sehen.

Parasitismus führte. Das Regime errichtete auf nationaler Ebene ein regelrechtes Klientelsystem, es nahm öffentliches Vermögen an sich und benutzte es zur Bedienung der Partei und ihrer Mitglieder.

Nur um auf schon erwähnte Episoden hinzuweisen: es ging um die Vergabe ganzer Bereiche der öffentlichen Ausgaben an befreundete Institutionen. Beispiele waren landwirtschaftliche Trockenlegungsprojekte (bonifiche) im Fall der Opera Nazionale Combattenti[171] oder das Gesetz von 1939 zur Unterbringung der squadristi in Staatsunternehmen.

Es war eine Abwärtsspirale, die den Faschismus dazu brachte, den öffentlichen Reichtum umzuleiten, um stärker zu werden und so die Macht zu behalten. Aber das Problem der Legalität betraf auch die einzelnen Faschisten, die schamlos von ihrer Machtposition profitierten, um sich Bestechungsgelder und Vergünstigungen zu sichern. Wie Paul Corner über einen der Hierarchen aus der ersten Reihe – Farinacci – schrieb: „Der Rechtsanwalt Robert Farinacci zum Beispiel war in der Lage – trotz seiner zweifelhaften beruflichen Qualifikation – sechsstellige Honorare für sein Eingreifen bei Rechtsstreitigkeiten zu verlangen und zu bekommen, wobei sein politisches Gewicht genutzt wurde, um das Gerichtsurteil zu korrigieren."[172]

Mussolini war offensichtlich informiert über diesen Stand der Dinge. De Felice erinnert daran: „In Worten war Mussolini für absolute moralische Kompromisslosigkeit. [...] Diese Regel wandte er in Wirklichkeit aber nur auf die ‚kleinen Fische' an, wenn seine Vorwürfe in einem unwichtigen Fall keinen Skandal erregen konnten und die Bestrafung der Schuldigen dem Regime vielleicht sogar nützte ... [...]. Eine ganz andere Haltung nahm er in besonders schwerwiegenden Fällen ein, die ‚öffentliche' Persönlichkeiten betrafen und die Skandal erregen konnten".[173]

Einige Episoden wurden trotz aller Zensur der Öffentlichkeit bekannt. Es war schon die Rede von den Fonds, die nach dem Erdbeben von 1930 in den Gebieten Irpinia und Vulture bereitgestellt wurden. Während der Wiederaufbauarbeiten beklagten sich die lokalen Präfekten darüber, dass die – ohnehin unzureichenden – Mittel in tausend

[171] Opera Nazionale Combattenti: staatliches Hilfswerk für Kriegsteilnehmer, bestand von 1917 bis 1977 [Anm. d. Übers.]

[172] P. Corner, "Corruzione di sistema? I 'fascisti reali' tra pubblico e privato", in: P. Giovannini und M. Palla (Hg.), "Il fascismo dalle mani sporche, dittatura, corruzione affarismo", Rom, Bari 2019, S. 10.

[173] R. De Felice, „Mussolini il duce. Gli anni del consenso". Turin 1974, S. 203.

Kanälen versickert waren, bevor sie am Ziel ankommen konnten. Die Kosten der kleinen „erdbebensicheren" Häuser zum Beispiel stiegen auf mehr als das Doppelte der ursprünglich angenommenen Summe.

Bei den Lieferungen an die Streitkräfte war es genauso. Auch aus diesem Grund ging die italienische Armee auf dramatische Weise unvorbereitet in den Krieg. Die – dürftigen – Mittel zur Modernisierung gingen für Schmiergeldzahlungen und bei Unterschlagungen verloren.

Dass Mussolini von diesen Vorgängen wusste, ergibt sich aus Mitteilungen der Kontrollinstitutionen, aus Prozessen, die gelegentlich – mit Zustimmung des Duce – gegen Exponenten des Regimes angestrengt wurden und auch aus Klagen Mussolinis selbst. Aber selbst wenn die Justiz begann, Fehlverhalten von Hierarchen zu untersuchen, „hieß die Leitlinie immer, Skandale zu vermeiden, die die Partei in den Augen der Bevölkerung diskreditiert hätten".[174]

Die faschistische Politische Polizei, die berüchtigte OVRA, war auch beauftragt, die Hierarchen und die dem Duce nahestehenden Personen unter Kontrolle zu halten und auszuspionieren. So sollten eine strikte Überwachung ihrer politischen Einstellungen gesichert und über eventuelle „schwache Punkte" oder illegales Verhalten berichtet werden.[175]

Dieses umfassende Archiv, das Mussolini in seinem privaten Büro aufbewahrte,[176] überlebte den Krieg und bietet ein deprimierendes Bild der Moral des Mussolini-Clans. Von den Unterschlagungen öffentlicher Gelder bis zu den Lastern der einzelnen Führungspersönlichkeiten des Regimes galt: wer zur Umgebung des Duce gehörte, profitierte in jeder Weise von der Nähe zur Macht.

Von der Perversionen mancher Hierarchen wie Pavolini und Starace[177] bis zu den „Bekanntschaften" der erstgeborenen Tochter des Duce, Edda: das Bild, das sich aus den damaligen polizeilichen Recherchen ergab, ist beschämend. Mussolini wusste über die Verfehlungen der einzelnen Bescheid, er bestrafte sie aber nie in entschiedener Weise.

Der Zweck dieser Dossiers war vor allem, Erpressungsmaterial gegen mögliche faschistische Rivalen anzuhäufen – es ging nicht etwa

[174] P. Corner, „Corruzione di sistema?", a. a. O., S. 16.

[175] R. De Felice, "Mussolini il duce. Gli anni del consenso", Turin 1974, S. 203.

[176] P. Corner, "Corruzione di sistema?", a. a. O., S. 16.

[177] Alessandro Pavolini: führender Faschist, u. a. Kulturminister / Achille Starace: führender Faschist, General [Anm. d. Übers.]

darum, den Staatsapparat von „fauligen Äpfeln“ zu säubern. Ähnlich verhielt sich ein großer Teil der Parteifunktionäre.[178]

Der Faschismus war also – wie man den internen von Mussolini veranlassten Untersuchungen entnehmen kann – ein System zur Aneignung von Reichtum für persönliche Zwecke. Auch Mussolini selbst war bedacht auf seinen Wohlstand – und den seiner Verwandten. Er brachte Freunde und Angehörige in Führungspositionen unter. Das bezeichnendste Beispiel ist das von Galeazzo Ciano, der Außenminister und Nummer Zwei des Regimes wurde, weil er Sohn von Costanzo Ciano – einem der engsten Vertrauten des Duce – und Ehemann von Mussolinis Tochter war. Der ausgedehnte Mussolini-Clan übernahm im Lauf der Jahre die Kontrolle über Führungsränge des Staates.

Der Duce selbst gab in seiner berüchtigten Rede vom 3. Januar 1925 zum Mord an Matteotti zu: „Wenn der Faschismus eine kriminelle Vereinigung gewesen ist, bin ich das Haupt dieser kriminellen Vereinigung!“[179]

Manche wollen immer noch Mussolini verteidigen. Sie behaupten, dass wohl der Faschismus korrupt war, nicht aber sein Duce. Auch wenn einige Männer des Regimes unwürdig waren – ihr Chef war frei von jeder Schuld. Das Bild eines asketischen, gegen Luxus allergischen, geradezu armen Mussolini wurde schon von der faschistischen Propaganda verbreitet, die einen uneigennützigen und nur seinen großen Zielen hingegebenen Diktator zeigen wollte. In der Tat verzichtete Mussolini auf sein Gehalt als Regierungschef und verwendete es für wohltätige Zwecke.

Es ging ihm um das Symbolische – er erklärte immer, er lebe auch als Premierminister von seinem Gehalt als Journalist und von den Honoraren für die Artikel, die er besonders für die ausländische Presse schrieb. Man könnte sich fragen, wozu ein Mann, der zwanzig Jahre lang unumschränkter Diktator einer ganzen Nation war, überhaupt Geld brauchte – dennoch gibt es bis heute Leute, die sich von der damaligen Propaganda blenden lassen.

In der Tat griff er nie auf sein Gehalt als Regierungschef zurück – aber gleichzeitig akzeptierte er beachtliche Geschenke und Vergünstigungen. Beispielsweise beschloss am 31. August 1936 der Senat[180], Mussolini eine Summe zur „Feier der Gründung des Imperiums“ zu

[178] M. Franzinelli, “I tentacoli dell’OVRA. Agenti, collaboratori e vittime della polizia politica fascista”. Turin 1999, S. 229ff.

[179] A. Petacco, “L’archivio segreto di Mussolini”. Mailand 2010, S. III.

[180] Senat: zweite Kammer des italienischen Parlaments [Anm. d. Übers.]

überlassen, ohne dass sich in den Unterlagen der genaue Betrag feststellen lässt. Am 11. Juni 1938 beschloss der Senat eine zweite Zahlung, diesmal über eine Million Lire (die Summe der Diäten aller Senatoren in jenem Jahr betrug 932 000 Lire).[181]

Die Bürgerschaft von Forlí[182] ließ ein ganzes Schloss – die Rocca delle Caminate – restaurieren und schenkte es Mussolini. Er war Eigentümer einer bescheidenen Villa in der Romagna, aber wenn er in Rom war, residierte er mit seiner Familie in der prunkvollen Villa Torlonia, für die er eine symbolische Miete von einer Lira pro Jahr zahlte. Seinen Urlaub verbrachte er auf dem königlichen Anwesen von Castel Porziano, einem enormen Strandgelände bei Rom, wo sich heute der Feriensitz des Staatspräsidenten befindet.[183] Angesichts der unbegrenzten Verfügbarkeit über Güter und Geldmittel eines ganzen Staates erscheint sein Verzicht auf das Ministerpräsidentengehalt als kein allzu bedeutendes Opfer.

Im Moment seiner letzten Flucht – im April 1945 – zögerte Mussolini nicht, für sich und seine fedelissimi Geld und Gold aus den Tresoren der Banca d'Italia[184] mitzunehmen, um sein Entkommen zu sichern. Die letzte Tat eines Mannes, der stets ein – vorsichtig gesagt – konfliktreiches Verhältnis zur Frage der Legalität hatte, bestand darin, sich öffentliches Geld und Vermögen anzueignen, um die eigene Flucht zu finanzieren.[185]

Der Faschismus hat die Mafia besiegt?

In Frage stehen – außer der angeblichen Legalität Mussolinis – auch die „Leistungen" der faschistischen Justiz. Die Angriffe auf die persönlichen Freiheiten, die das Regime schon früh unternahm, sind unbestreitbar. Aber noch heute sind in Italien manche der Auffassung, dem Duce sei es gelungen, in weiten Teilen des Landes Legalität durchzusetzen. Das wichtigste Beispiel in dieser Gegenerzählung: allein der Faschismus habe die Mafia besiegt. Das ist eine effektvolle

[181] Vgl. M. Franzinelli, "Delatori, spie e confidenti anonimi. L'arma segreta del regime fascista". Mailand 2012.

[182] Forlì: Stadt in der norditalienischen Region Romagna, in der Nähe von Mussolinis Geburtsort Predappio [Anm. d. Übers.]

[183] R. De Felice, „Mussolini il fascista", II, a. a. O., S. 721f.

[184] Banca d'Italia: italienische Zentralbank [Anm. d. Übers.]

[185] P. Giovannini, M. Palla (Hg.), "Il fascismo dalle mani sporche". a. a. O., S XV.

Behauptung, auch weil sie imaginierte Siege der Vergangenheit den offensichtlichen Schwierigkeiten und Niederlagen – bis hin zur Komplizenschaft – der republikanischen Regierungen entgegenstellt.

Als der Faschismus an die Macht kam, war die Mafia eine in Sizilien tief verwurzelte Realität. Die Maßnahmen der liberalen Regierungen seit der Vereinigung Italiens 1861 hatten sich als mehr oder weniger unzulänglich erwiesen.[186] Der Kampf gegen die Mafia wurde – wie viele andere endemische Probleme der italienischen Gesellschaft – zum Thema einer faschistischen Propagandakampagne. Sie sollte zeigen, dass der Duce auch auf diesem Gebiet, auf dem die vorherigen Regierungen gescheitert waren, Erfolg gehabt hatte.

„Er hat die Mafia besiegt! Die Typen von heute sind alle Mafiosi!"

Nach dem Ende des Ersten Weltkriegs entstand auch in Sizilien mit den Bewegungen, die mehr Rechte für die Beschäftigten in der Landwirtschaft forderten, eine Stimmung der Unruhe. Die Regierungszentralen verhielten sich – wie auch anderswo – gleichgültig gegenüber den Ansprüchen der arbeitenden Klassen. Die großen Grundeigentümer hatten schon lange Beziehungen der Macht und des Klientelismus zu führenden Vertretern der liberalen Mehrheiten in Rom hergestellt. Noch dazu gehörten etliche sizilianische Abgeordnete selbst zu den Latifundisten, die eine ausgeglichene Entwicklung der Insel verhinderten.

Unter dem Eindruck der Bewegung in Norditalien für eine Agrarreform kam es allerdings 1921 zu einem Beschluss, der freien Zugang zu Land für die, die es bearbeiteten, ermöglichen sollte. Mit dem Königlichen Dekret vom 15. Dezember 1921[187] kündigte die Regierung des Liberalen Ivanoe Bonomi die Übergabe von unbebautem Land an Konsortien von Kleinbauern an. Das war ein harter Schlag gegen die Übermacht der Großgrundbesitzer (und der Mafiosi, die sie unterstützten). Uneingeschränktes Eigentum am Boden und Kontrolle über ihn waren zwei wesentliche Elemente des Mafiasystems.

[186] Zum Widerstand gegen die Mafia vom 19. Jahrhundert bis heute vgl. U. Santino, „Storia del movimento antimafia", Rom 2000 sowie E. Ciconte, „Storia Criminale, la resistibile ascesa di mafia, 'ndrangheta e camorra dall'Ottocento ai giorni nostri", Palermo 2008.

[187] Königliches Dekret Nr. 2047 vom 15. Dezember 1921, Che approva il testo unico delle leggi per la concessione delle terre. In: G. U. Nr. 25 vom 31. 1. 1922.

Als Mussolini noch einer der vielen Politiker aus Norditalien war, die Wählerstimmen auf der Insel suchten, stellte er sich dort als Vorkämpfer von Ordnung und Disziplin dar. Er setzte auf Gewalt und den Kontrast zum Chaos – als Chaos galten die Proteste für die Anwendung der neuen Bestimmungen zur Übergabe von Land. Seine Haltung gefiel den sizilianischen Latifundisten, die die Forderungen der Bauern nach Brot und mehr Rechten abwehren wollten.

Die Beschäftigten in der Landwirtschaft Siziliens – zusammengeschlossen in Gewerkschaften oder Genossenschaften – waren schon seit den ersten Jahren des 20. Jahrhunderts mit ihren Forderungen nach Boden und nach gesellschaftlichen Reformen die einzige wirkliche Opposition gegen das mafiose Machtsystem. Gegen diese breite Bewegung zur Befreiung vom Verbrechen gingen die ersten sizilianischen fasci vor. Die Beschuldigungen glichen denen, die bei den Strafexpeditionen der squadristi in die Dörfer der Po-Ebene zu hören waren. Den Bewegungen der Landarbeiter und Kleinbauern warf man Bolschewismus und einen „Willen zur Revolution" vor. Die Gruppen faschistischer Schläger wurden in kurzer Zeit – ähnlich den Mafiabanden – zum bewaffneten Arm der Großgrundbesitzer. Zwischen 1921 und 1923 kam es zu Dutzenden von Übergriffen der squadristi auf militante Sozialisten, zu Brandstiftungen in Parteibüros, zu Gewalttaten bei Gewerkschaftskundgebungen.

Als der Faschismus die Macht errang, war seine erste Entscheidung in diesem Zusammenhang (am 11. Januar 1923) nicht zufällig die Rücknahme der Übergabe von Latifundien an bäuerliche Genossenschaften.[188] Das mächtigste rechtliche Instrument im Kampf gegen die Mafia, das bis dahin geschaffen worden war – das Gesetz, das die allmähliche Zerschlagung des Latifundiensystems ermöglichte -, wurde von Mussolini kaum drei Monate nach seiner Ernennung zum Ministerpräsidenten abgeschafft. Da die Mafia ein Amalgam von lokalen Interessen und strikter Kontrolle über das Territorium war, kann man sagen, dass der Faschismus sofort zum engen Freund des sizilianischen Systems wurde, das mit der Mafia koexistierte und mit ihr Geschäfte machte.

Es war die Mafia selbst, die sich im ersten Moment nicht offen auf die Seite des Faschismus stellte. Einige Historiker haben hervorgeho-

[188] Königliches Gesetzesdekret Nr. 252 vom 23. Januar 1923: Concernente l'abrogazione delle norme relative alla concessione delle terre. In: G. U. Nr. 42 vom 20. 2. 1923, überführt in Gesetz Nr. 473 vom 17. April 1925. In: G. U. Nr. 104 vom 5. 5. 1925

ben, dass – aufgrund einer irrigen Einschätzung[189] viele prominente Mafiosi ihre Bindungen an die alten italienischen Parteien (etwa die Liberalen) aufrechterhielten. So zogen sie sich die „Rache" Mussolinis zu.

Salvatore Lupo beschreibt in seinem Buch *Storia della Mafia*[190] eindrucksvoll diese Kluft zwischen der alten agrarischen Aristokratie – die noch einige Zeit ihre Verbindungen zu den Parteien des liberalen Italien aufrechterhielt – und jenen, die wir heute als „Sezessionisten" bezeichnen könnten: den neuen Mafiosi, die sich entschieden, der „faschistischen Welle" zu folgen und denen dann der Sieg zufiel.

Der Faschismus war eine Chance für die kleinen Handlanger der Mafia, die anderswo keine Stelle fanden. „Die Bewegung der Schwarzhemden bot unzufriedenen Mafiosi – oder potentiellen Mafiosi – eine großartige Gelegenheit, den Staatsapparat zu nutzen, um etablierte Rivalen zu verdrängen. Auf diese Weise vertiefte der Faschismus die Zwietracht innerhalb der Mafia."[191]

Nachdem er die Macht ergriffen hatte, wollte der Faschismus jedoch aus dem Kampf gegen die Mafia eine Propagandaaktion machen. Da, wo die anderen versagt hatten, sei der Duce erfolgreich. Die Mafia – die fortlebte wegen der unzureichenden Fähigkeit des Staates, Kontrolle über sein Territorium auszuüben – wurde für die Rhetorik des Faschismus daher zu einem Feind, der besiegt werden musste.

So schickte Mussolini nach einer Informationsreise auf die Insel am 23. Oktober 1925 Cesare Mori als Präfekten nach Palermo.[192] Mori stammte aus Parma, er war ein Mann der Institutionen, der in den letzten Jahren des liberalen Italien Karriere gemacht hatte. Als Präfekt von Bologna verteidigte er 1921 die Stadt energisch gegen die faschistische Gewalt. Mori wurde jetzt in entschlossener Weise aktiv, um dem Mafiaproblem Siziliens ein Ende zu machen. Das stellte die Propaganda immer wieder heraus. Sein Kurs harter Konfrontation, an der Grenze zur Brutalität, brachte Sizilien den Ausnahmezustand. Gewaltsame Aktivitäten der Mafia wurden blockiert, einige Mafiosi endeten im Zuchthaus oder in der Verbannung. Wegen dieses Kampfes – und vor

[189] E. J. Hobsbawm, „I Ribelli. Forme primitive di rivolta sociale". Turin 2002, S. 63 (deutsche Ausgabe: „Sozialrebellen. Archaische Sozialbewegungen im 19. und 20. Jahrhundert").

[190] S. Lupo, „Storia della mafia. Dalle origini ai nostri giorni". Mailand 2004.

[191] E. J. Hobsbawm, „I Ribelli", a. a. O., S. 63f.

[192] Ciconte, „Storia Criminale. La resistibile ascesa di mafia, 'ndrangheta e camorra dall'Ottocento ai giorni nostri". Palermo 2008, S. 276.

allem wegen der ausführlichen Darstellungen in der Presse – war Mori in der zweiten Hälfte der zwanziger[193] Jahre eine der prominentesten Persönlichkeiten des Staates. Zuweilen übertraf seine Popularität sogar die Mussolinis. Das Problem dieser Erzählung bestand jedoch darin, dass der Präfekt für die öffentliche Meinung ein Beamter war, der der neuen Riege von Faschisten in den Institutionen kaum glich.

Mori war eine nur schwer zu kontrollierende Persönlichkeit und mit jedem seiner Erfolge drohte er das Regime in den Schatten zu stellen. Als er nachdrücklich mehr Vollmachten verlangte, um der Mafia entgegenzutreten und er zum italienischen Helden der Legalität wurde, beschloss Mussolini, offiziell zu erklären, dass die Mafia in Sizilien besiegt sei. Es war das Jahr 1929. Öffentlich dankte er Mori für sein Engagement, zugleich teilte er ihm seine Pensionierung mit, weil er die vorgesehene Altersgrenze (57 Jahre) erreicht habe. Moris Bitte um Verlängerung seiner Amtszeit wies er zurück.[194]

Wenn man auf die Informationen über Kriminalität schaut, muss man zugeben, dass während des faschistischen Regimes – zwischen 1924 und 1943 – die offiziellen Statistiken einen starken Rückgang der mafiosen Verbrechen in Sizilien meldeten – ab 1929 gab es praktisch keine mehr. Wie erreichte das Regime dieses außergewöhnliche statistische Ergebnis? In einer Diktatur war das einfach: Man verhinderte, dass Mafiaverbrechen in der Öffentlichkeit bekannt wurden. Die Zeitungen sprachen nicht mehr davon, die öffentliche Meinung war nicht mehr über Gewaltverbrechen informiert.

Zugleich nahmen „gewöhnliche" Gewaltverbrechen zu. Man stufte manche Morde zu „Ehrenverbrechen" herab, Eigentumsdelikte galten mitunter nicht mehr als mafiose Erpressung, sondern als „einfacher" Raub. Unter dem Faschismus wurde die Mafia nicht so sehr besiegt, sondern „zum Schweigen gebracht". Einerseits hinderte man sie, „demonstrative" Aktionen auszuführen. Andererseits thematisierte man ihr Handeln nicht mehr, man verschwieg es. Wie Enzo Ciconte hervorhob, „wurde die Mafia nicht besiegt, weil sie – im Gegensatz zu den gängigen Annahmen – ein besonders komplexes Phänomen war, das durch noch so beeindruckendes repressives Vorgehen nicht angegriffen und bewältigt werden konnte. [...] Die Mafia lebte auch nach Mori weiter."[195]

[193] R. De Felice, „Mussolini il fascista", a. a. O., S. 28.

[194] treccani.it/enciclopedia/cesare-mori_(Dizionario-Biografico).

[195] E. Ciconte, „Storia Criminale", a. a. O., S. 280.

Als 1943 – nach der Befreiung Siziliens durch die Alliierten und dem Sturz des faschistischen Regimes auf der Insel – sich ein Machtvakuum zeigte, lebte das mafiose System in seiner ganzen Virulenz wieder auf. Die Machtbeziehungen, die Kontakte, die ganze Struktur der Mafia erwiesen sich gleich nach dem Sturz Mussolinis als aktiv und dynamisch. Und man begann, wieder wegen Verbrechen der Mafia zu ermitteln und diese Verbrechen beim Namen zu nennen.

Eine bestimmte öffentliche Erzählung erinnert daran, dass viele Mafiabosse, die während des ventennio in die Vereinigten Staaten geflüchtet waren, mit dem Ende des Faschismus nach Sizilien zurückkehrten. Es herrscht die Vorstellung, die Alliierten hätten die Mafia auf die Insel zurückgebracht und so Mussolinis Anstrengungen zunichtegemacht. Zweifellos kehrten einige Mafiagrößen nach Sizilien zurück – sie erhielten sogar von den Alliierten ihre früheren Machtpositionen zurück. Aber gerade die Leichtigkeit, mit der sie die Kontrolle wieder übernahmen und sich wieder als Chefs aufspielten – 20 Jahre nach dem Beginn des faschistischen Kriegs gegen die Mafia, 14 Jahre nach der Proklamation ihrer Niederlage -, zeigt, dass die Mafia Siziliens nie wirklich verschwunden war, sie nie ihre Kontrolle über das Territorium oder ihre Machtstrukturen in der Gesellschaft aufgegeben hatte.

Der Duce als Ökonom – Alle hatten mehr Geld?

Mit Mussolini waren die Italiener reicher als heute: Diese Behauptung findet sich ständig in den sozialen Medien. Insbesondere wird die wirtschaftliche Krise Italiens in den letzten Jahren verglichen mit einer Vergangenheit, die als Zeit von Prosperität und Glück erinnert wird. Die grundlegende These vieler Online-Polemiker lautet, mehr als siebzig Jahre demokratischer Staat seien nicht in der Lage gewesen, die wirtschaftlichen und sozialen Standards, die den zwanzig Jahren Faschismus zugeschrieben werden, zu übertreffen oder wenigstens aufrechtzuerhalten.

Zu Zeiten des Duce stand es also „besser" um die Wirtschaft? Schwer zu sagen, was mit einer so robusten Feststellung gemeint ist. Wenn man einen sinnvollen Vergleich zwischen Vergangenheit und Gegenwart anstellen will, muss man viele Aspekte im Auge behalten. Ein erster Klärungsversuch könnte von der Frage ausgehen, in welcher Lage sich Italien zu Beginn der faschistischen Diktatur befand. So könnte man die Startbedingungen für ein Regime, das auch in das Wirtschaftsleben des Landes massiv eingriff, klären und das Erreichte bewerten.

„Wir waren alle reicher!"

Die italienische Wirtschaft vor Mussolini

Als Benito Mussolini 1922 gewaltsam die Macht eroberte, war das liberale Italien noch von der Nachkriegskrise zerrüttet. Die extremen Schwierigkeiten, eine Kriegsökonomie auf Friedensproduktion umzustellen, die Demobilisierung und die plötzliche Rückkehr von vier Millionen Soldaten von der Front und noch dazu eine Weltwirtschaft, die durch die Zerstörung ganzer Konsumgütermärkte aus dem Gleichgewicht geraten war: das waren Probleme, die nach 1918 die italienischen Regierungen an die Grenzen ihrer Möglichkeiten brachten.

Aufgrund der Kriegsausgaben war die öffentliche Verschuldung explodiert – von 15 766 Millionen Lire im Haushalt 1914/15 auf 92 857 Millionen 1921/22. Das war ein Zuwachs von 429%, der die Schuldenquote (bezogen auf das Bruttoinlandsprodukt) 1920 auf 125% steigen ließ.[196] Um mit dieser gefährlichen Situation fertig zu

[196] Ministero del Tesoro, direzione generale del debito pubblico, Relazione del direttore generale alla commissione parlamentare di vigilanza, Il debito pubblico in

werden, ergriffen die liberalen Regierungen eine Reihe wirtschaftlicher Maßnahmen, die mit dem Staatshaushalt 1921/22 bereits Ergebnisse zeigten.

Gleichzeitig begannen sie Verhandlungen über einen Zahlungsaufschub für die Auslandsschulden, die Italien zur Finanzierung des Kriegs bei den USA und Großbritannien (auf diese Länder entfielen 99% der Schulden) aufgenommen hatte.[197] So wollte man vermeiden, dass der italienische Staatsapparat durch einen Mangel an Finanzmitteln lahmgelegt würde. 1921/22 begann die Staatsverschuldung zu sinken.

Wie es der Historiker und Antifaschist Gaetano Salvemini zusammenfasste, „war 1922 – und zwar schon vor dem Marsch auf Rom – eine Situation erreicht, in der das Wachstum der öffentlichen Verschuldung aufgehalten und sogar reduziert wurde"[198]. Die Haushaltsbeschränkungen, die ein Italien trafen, das von den Konflikten der sogenannten „zwei roten Jahre", des biennio rosso[199], erschüttert war, wirkten effizient, aber brutal. Es war eine Sparpolitik, die die Beziehungen zwischen der Gesellschaft und ihren Institutionen untergrub – wovon der Faschismus bei seinem Aufstieg zur Macht unvermeidlich profitierte.

Der Faschismus lenkt die Wirtschaft

Die Überwindung der Krise verlief äußerst langsam und schwierig. Ein Land mit starker Exportorientierung – wie es Italien damals war -, mit einem kargen Inlandsmarkt und ohne Rohstoffe, litt nicht wenig bei dem Versuch, in einer Krisenphase der Weltwirtschaft ein Gleichgewicht zu finden. Die Maßnahmen der neuen Regierung Mussolini verbesserten die Situation nicht: das Bruttoinlandsprodukt des faschistischen Italien zog bei dem weltweiten Aufschwung der zwanziger Jahre nicht mit.

Eines der Paradoxe des damaligen Italien war, dass es zwar zu den Siegerländern des Krieges gehörte, seine Wirtschaft aber nur Wachs-

Italia 1861-1987, Bd. I. Rom 1988, S. 90.

197 Ministero del Tesoro, a. a. O., S. 33. Die Schulden wurden 1926 neu verhandelt, dem Vertrag zufolge sollten Ratenzahlungen bis 1987 erfolgen.

198 Zitiert nach: R. Petri, „Storia economica d'Italia dalla Grande guerra al miracolo economico (1918-1963)". Bologna 2002, S. 61.

199 biennio rosso / „die zwei roten Jahre": (gescheiterte) Offensive der Linken und der Gewerkschaften in den Jahren 1919 und 1920 [Anm. d. Übers.]

tumsraten wie die Verliererländer erreichte. Es muss festgestellt werden, dass Mussolini einige strukturelle Probleme des liberalen Wirtschaftssystems erbte – etwa eine erdrückende Bürokratie und unzulängliche Infrastrukturen. Im Lauf von zwanzig Jahren Diktatur verstärkten sich diese Verzerrungen aber weiter und führten zu „endemischen" Problemen.

Das vereinigte Italien hatte in der zweiten Hälfte des 19. Jahrhunderts das klassische Schicksal von Entwicklungsländern erlebt, die versuchten, sich an den Zug der fortgeschrittenen Ökonomien anzukoppeln – mit Problemen wie ungleicher Entwicklung, industrieller Produktion nur in einzelnen Regionen, verbreiteter Armut, äußerst niedrigen Arbeitskosten. Bis zu den ersten Jahren der Regierung Mussolini schien für die italienische Wirtschaft jedoch eine Angleichung an die andern europäischen Ökonomien in Gang gekommen. Man konnte also – sobald die besonderen Belastungen des Kriegs aufgeholt wären – mit Expansion rechnen. 1925, nach drei Regierungsjahren Mussolinis, war das so sehr betonte Ziel eines ausgeglichenen Staatshaushalts erreicht – eine der Vorzeigeleistungen der frühen faschistischen Wirtschaftspolitik.

Nach den jahrelangen bitteren Konsequenzen, zu denen das staatliche Haushaltsdefizit geführt hatte, konnte Mussolini nach nur zwei Jahren an der Regierung erklären, dass der Staatshaushalt ausgeglichen war. Das ist heute eines der anderen großen Themen der Bewunderer des Duce: nicht Propaganda, sondern Etatstatistiken scheinen die ökonomischen Kompetenz des Regimes zu bestätigen.

Heute kritisieren die Online-Revisionisten gern den beklagenswerten Zustand der öffentlichen Finanzen in Italien (seit der Krise von 2008) bzw. die europäische Einmischung in die italienische Wirtschaftspolitik. Mit Blick auf die gegenwärtigen Schwierigkeiten hebt die rechtsextreme Propaganda hervor, der Duce habe da erfolgreich gehandelt, wo die Politikertypen von heute scheitern. So war es aber nicht. Wenn man auf die „langen Reihen" der Etatstatistiken schaut, wurde der ausgeglichene Haushalt von 1925 nicht wegen der faschistischen Maßnahmen erreicht, sondern wegen des schon früher erreichten Zahlungsaufschubs für die Kriegsschulden.

Der Wegfall der großen Belastungen durch die Kriegskredite ermöglichte Italiens Übergang zu einem ausgeglichenen Staatshaushalt. Hinzu kamen die Reparationszahlungen aus dem besiegten Deutschland. Dieses glückliche Zusammentreffen nutzte der Faschismus aus, um für sich eine höhere Regierungskompetenz als die liberalen Regierungen Italiens zu beanspruchen. Aber viele Ökonomen verurteilten schon damals das unbegründete Eigenlob Mussolinis.

Der Ökonom und Statistiker Giorgio Mortara bemerkte 1922 in einem Bericht über die öffentlichen Finanzen, dass das Haushaltsdefizit auch ohne eine Änderung der Wirtschaftspolitik 1924 verschwunden sein würde[200]. Nach seinen Berechnungen förderte die Politik Mussolinis nach der Regierungsübernahme den Haushaltsausgleich nicht, sondern verzögerte ihn.

Luigi Einaudi[201], damals ein Ökonom von internationalem Ansehen und später italienischer Staatspräsident, schrieb in einem Brief an seinen Kollegen Pasquale D'Aroma am 23. Dezember 1923, der Staatshaushalt sei „seit 1922/23 ausgeglichen, obwohl jene ‚Bestien des Pfund Sterling' von Facta[202] und Co. sich dessen nicht bewusst waren [...]. Alles in allem sage ich, dass der Etat, wie er von Krieg und Nachkriegszeit geerbt wurde, schon in zwei Haushaltsjahren (dem letzten und dem laufenden) ausgeglichen ist. Sollte es wieder ein Defizit geben, wäre das etwas Neues, zu verdanken neuen (gegenüber den früher und heute vorherrschenden) Ursachen".[203]

Giacomo Matteotti brachte 1923 die ganze Politik angeblicher Haushaltssanierung, mit der die Faschisten sich großtaten, auf den Punkt und bezeichnete sie als „Märchen für Ignoranten".[204]

Für das Finanzressort seiner ersten Regierung suchte sich Mussolini einen angesehenen Ökonomen, Alberto De Stefani. Dieser war Faschist und squadrista der ersten Stunde.[205] De Stefani war sich über die wirtschaftlichen Herausforderungen im Klaren, er bemühte sich mit gleichsam militärischer Strenge um eine Lösung. Er verkörperte höchste Integrität und zugleich Härte. Das fügte sich gut in die Pro-

[200] G. Mortara, "Prospettive economiche 1922", Città di Castello 1922, S. XX, zit. (als Anmerkung) bei D. Fausto, "Lineamenti dell'evoluzione del debito pubblico in Italia (1861-1961)", ISTAT. Rom 2005, S. 91.

[201] Luigi Einaudi: Liberaler, Antifaschist [Anm. d. Übers.]

[202] Luigi Facta: liberaler Politiker, Vorgänger Mussolinis als Minsterpräsident [Anm. d. Übers.]

[203] Zit. bei D. Fausto, "Lineamenti", a. a. O., S. 92.

[204] G. Matteotti, „Reliquie, Dall'Oglio", Mailand 1965 (Erstausgabe 1924), S. 142.

[205] Er trat 1921 in die gerade entstandene Pnf ein und schrieb damals Artikel zu Wirtschaftsthemen für die faschistische Zeitung Popolo d'Italia. Nach seiner Entlassung als Finanzminister wurde er jedoch in der Partei zu einem der heftigsten Kritiker der Wirtschaftspolitik des Regimes. Vgl. Franco Marcoaldi, „De Stefani, Alberto". In: Dizionario biografico degli italiani, treccani.it.

paganda, die die neue Regierung als entschiedene Befürworterin des Wandels vorstellte.

Faktisch setzte De Stefani den Sparkurs der Liberalen fort, er traf auch unpopuläre Entscheidungen. Er sanierte „die Etats von Post und Eisenbahn, indem er das Personal reduzierte und die Preise erhöhte. [...] 1923 wurden weitere 65 000 Staatsbeschäftigte entlassen".[206] Seine allzu drastische Antiinflationspolitik führte zu einem Börsencrash und einer Krise des Finanz- und Bankensystems.[207]

Nachdem ein ausgeglichener Staatshaushalt erreicht war, beschloss Mussolini jedoch, den strengen Kurs seines Ministers aufzugeben. Er zielte auf eine geschmeidigere Zusammenarbeit mit den „Kapitänen" der Großindustrie, die sich über die Unnachsichtigkeit des Finanzministers beklagten. De Stefani diente als unkorrumpierbare Vorzeigefigur des Regimes, dann wurde er auf ausdrücklichen Wunsch der Confindustria[208] aus der Regierung verjagt.[209]

Nach diesem Jahr, in dem die großen faschistischen Wirtschaftsreformen begannen, wurde die langfristige Angleichung der italienischen Volkswirtschaft an die der entwickelten Länder zum ersten Mal unterbrochen. Der positive Trend wurde nicht durch exogene Faktoren oder durch die Verschlechterung der internationalen Wirtschaftslage beendet – auch wenn das sich erschwerend auswirkte. Die Hauptursache für die Flaute war gerade in den wirtschaftspolitischen Entscheidungen des Faschismus zu suchen.

Seit der zweiten Hälfte der zwanziger Jahre begann die Regierung mit einer Serie von Reformen, bei denen es vor allem um propagandistische Effekte ging. Aufsehen erregte die „Währungsrevolution" unter dem Namen „Quota Novanta / Kurs neunzig".[210] Dieser Name – von Mussolini selbst geprägt – markierte das Ziel eines Wechselkurses von 90 Lire für ein britisches Pfund Sterling.

Nach den Plänen des Faschismus brauchte eine „starke Nation" eine „starke Währung". Für das Regime ging es um Prestige, fast un-

206 R. Petri, "Storia economica d'Italia", a. a. O., S. 63.

207 Ebd., S. 65.

208 Confindustria (Confederazione generale dell'industria italiana): italienische Industriellenorganisation [Anm. d. Übers.]

209 R. De Felice, "Mussolini il fascista. L'organizzazione dello stato fascista". Turin 1995, S. 89.

210 Eine Darstellung dieser Wechselkurspolitik findet sich bei M. L. Cavalcanti, "La politica monetaria italiana fra le dueguerre (1918-1943)". Mailand 2011, S. 133ff.

abhängig von den wirtschaftlichen Effekten. Die forcierte Aufwertung der Lira hatte mehrere unausweichliche Konsequenzen. Die britische Währung, die stabilste der Welt, war – entsprechend den damaligen Vorstellungen von einem „Goldstandard" – an den Goldpreis geknüpft. Ein fester Wechselkurs zur britischen Währung bedeutete, dass die Lira nicht die fundamentale Entwicklung der eigenen Volkswirtschaft spiegeln konnte, aber über feste Austauschrelationen zu den „Leitwährungen" verfügte.

Als diese Kampagne 1926 begann, lag der Wechselkurs bei 155 Lire pro Pfund Sterling. Die italienische Währung hatte im Lauf der Nachkriegsturbulenzen massive Abwertungen erlebt. Der Vergleich mit den starken Währungen jener Jahre zeigte die Schwäche des Standorts Italiens. Den Außenwert der eigenen Währung zu senken, galt als rascheste Möglichkeit, eigene Waren im Ausland wettbewerbsfähig zu machen. Das war unabdingbar für das Fortkommen eines Landes mit verarbeitender Industrie wie wie Italien.

Eine der Maßnahmen des Faschismus zur Stärkung der Lira war, die Löhne und Gehälter fast aller abhängig Beschäftigten zu kürzen.[211] Wegen des Rückgangs des Konsums geriet das Land – noch vor der Finanzkrise von 1929 – in die wirtschaftliche Stagnation.

Wie die historischen Statistiken der Banca d'Italia zeigen, wurde 1927 ein Kurs von 88 Lire je Pfund Sterling erreicht – Mussolinis Kampagne schien erfolgreich. Die großen dem Regime nahestehenden Industriekonzerne verfügten jetzt über eine Währung, die ihnen den billigeren Einkauf von Rohstoffen im Ausland erlaubte, während Löhne und Gehälter um etwa ein Fünftel gesenkt worden waren.

Die Mehrheit der abhängig Beschäftigten in Italien dagegen verfügte jetzt über niedrigere Löhne und weniger Möglichkeiten, zu sparen. Diese Politik der Faschisten machte die Italiener nicht reicher, sondern ärmer – ihre Kaufkraft sank im Durchschnitt um 15%. Diese Einschnitte betrafen in erster Linie die arbeitende Bevölkerung und damit die schwächsten gesellschaftlichen Gruppen. Gerade erst hatte man ihnen das Streikrecht genommen, für sie gab es keine legalen Mittel, gegen die Politik der Regierung vorzugehen.

Während die Löhne rasch sanken, galt dies nicht für die Konsumgüterpreise, wie der Wirtschaftshistoriker Salvatore La Francesca in den siebziger Jahren feststellte: „Löhne und Gehälter wurden um 10 bis 20% gesenkt, während die Einzelhandelspreise ziemlich stabil blieben und noch dazu die Beschäftigten des Streikrechts und einer

[211] R. De Felice, „Mussolini il duce", a. a. O., S. 67.

‚echten' gewerkschaftlichen Vertretung beraubt waren. Diese Situation bestand auch in den folgenden Jahren".[212]

Man muss – um die Entwicklung der faschistischen Wirtschaftspolitik besser zu verstehen – zugeben, dass das Regime Italien mitten in der größten Krise des Kapitalismus im 20. Jahrhundert regierte. Es war eine Zeit gewaltiger Schwierigkeiten, mit denen alle entwickelten Volkswirtschaften zu tun hatten. Ein Urteil über Mussolinis Politik muss daher einen Vergleich mit den Strategien anderer Länder ziehen – mit den (ganz verschiedenen) Formen und Fristen, in denen mit Italien vergleichbare Volkswirtschaften aus der Krise herausfanden.

Die weltweite Große Depression von 1929 traf alle hart. In Italien – einer Volkswirtschaft noch mit Zügen eines Entwicklungslandes und beschäftigt mit den Folgen des Ersten Weltkriegs – gerieten die Banken sofort an den Rand des Bankrotts, mit ihnen das gesamte Finanzsystem. Die auf Export orientierten Branchen von Industrie und Handwerk erlebten einen Einbruch, die auf den Inlandsmarkt orientierten Branchen befanden sich – wie erwähnt – bereits wegen der faschistischen Währungspolitik in Schwierigkeiten.

Der Staatskonzern IRI

In der Krise bemühte sich die Regierung vor allem um eine Rettung der großen Geschäftsbanken mit öffentlichen Geldern. Außerdem wurde eine Institution geschaffen, die die industriellen Konglomerate stützen sollte, die sich sonst nicht mehr auf dem Markt halten konnten. So kam es 1933 zur Gründung des Istituto per la Ricostruzione Industriale (IRI).[213]

Das war in Wirklichkeit keine Idee der Faschisten, sondern die Ausweitung des Systems öffentlicher Unterstützung für Unternehmen, das schon 1913 entworfen und dann 1915 mit der Gründung des Consorzio per Sovvenzioni su Valori Industriali etabliert worden war.[214] Wie der Wirtschaftshistoriker Rolf Petri schreibt, „führte die

[212] S. La Francesca, „La politica economica del fascismo". Bari 1973, S. 47.

[213] Regio Decreto-Legge Nr. 5 vom 23. Januar 1933, Costituzione dell'"Istituto per la ricostruzione industriale", con sede in Roma. In: G. U. Nr. 19 vom 24. 1. 1933, überführt in Gesetz Nr. 512 vom 3. Mai 1933. In: G. U. Nr. 128 vom 2. 6. 1933.

[214] Regio Decreto Nr. 453 vom 2. Januar 1913, Col quale viene approvato l'annesso testo unico delle leggi riguardanti l'Amministrazione della Cassa dei depositi e prestiti, delle gestioni annesse, della sezione autonoma di credito comunale e provinciale e degli Istituti di previdenza. In: G. U. Nr. 170 vom 22. 7. 1913.

Große Krise keineswegs zu einer ‚Schöpfung aus dem Nichts'. Schon seit längerem gab es einen Trend zur öffentlichen Finanzierung und Unterstützung produktiver Aktivitäten. Es herrschte – nicht nur unter den Technokraten Nittischer[215] Prägung – die Überzeugung, ‚zur Vollendung von Industrialisierung und Modernisierung des Landes sei eine große Mobilisierung von Ersparnissen in den Händen fähiger Akteure notwendig'"[216].

Die Gründung des IRI war durchaus zweckmäßig, da sie die Industrie des Landes vor dem Zusammenbruch bewahrte. Es handelte sich aber nicht nur um eine kurzfristige Intervention, sondern um einen gut durchdachten Schritt. Angesichts der Fortdauer der Krise und vor allem angesichts des strategischen Nutzens, den ein mächtiges Industriekonglomerat unter direkter Kontrolle des Staates bot, entschied das Regime 1937, das IRI solle langfristig aktiv bleiben.[217]

Die Regelungen, die die Fortexistenz des Instituts garantierten, verdeutlichten diese Haltung:

„Artikel 1: Das Istituto per la Ricostruzione Industriale (IRI), Anstalt des öffentlichen Rechts, hat die Aufgabe, nach einheitlichen Maßstäben für eine effiziente Führung der ihm übertragenen Unternehmensbeteiligungen zu sorgen – entsprechend den Leitlinien der Wirtschaftspolitik der Regierung, wie sie von den zuständigen Korporationen formuliert wurden. Die Unternehmensbeteiligungen und Wirtschaftsaktivitäten, die der Staat nicht fortführen will, sind schrittweise zu beenden."[218]

Das IRI sollte nicht mehr in Schwierigkeiten geratene Firmen retten, sondern die Wirtschaftspolitik des Regimes umsetzen. Der Verzicht auf (für den Staat) unwichtig gewordene Kapitalbeteiligungen befreite das IRI von der Rolle, Firmen zu stabilisieren und machte ein Staatsunternehmen aus ihm.

Es waren viele Firmen gewesen, die das IRI retten sollte: nach der Bilanz für 1934 (ein Jahr nach seiner Gründung) kontrollierte es direkt

[215] Francesco Saverio Nitti: liberaler Politiker, u. a. Ministerpräsident 1919/20, Antifaschist [Anm. d. Übers.]

[216] R. Petri, "Storia economica d'Italia", a. a. O., S. 98. Petri zitiert Fabrizio Barca, "Storia del capitalismo italiano dal dopoguerra ad oggi", Rom 1997, S. 9.

[217] Regio Decreto-Legge Nr. 906 vom 24. Juni 1937, Provvedimenti finanziari relativi all'industria siderurgica nella quale è interessato l'Istituto per la Ricostruzione Industriale. In: G. U. Nr. 147 vom 26. 6. 1937, überführt in Gesetz Nr. 2538 vom 30. Dezember 1937, in: G. U. Nr. 44 vom 23. 2. 1938.

[218] G .U. Nr.147 vom 26. 6. 1937.

oder indirekt 21,4% des Kapitals aller italienischen Industrieunternehmen. Diese Summe entsprach fast 15% des Bruttoinlandsprodukts.[219]

Die mittel- und langfristige Bedeutung des IRI ist umstritten. In der ersten Zeit gab es viel Zustimmung zu seiner Unterstützung für die Wirtschaft. Später aber sah man, dass der industrielle Koloss, der gefährdete Firmen übernahm, in Wirklichkeit ein sehr starker Konkurrent für die privaten Unternehmer war – und ein Akteur, der für sich allein das Schicksal ganzer Branchen bestimmen konnte.

Das IRI war ein wichtiger Faktor beim Aufbau des korporativen Wirtschaftssystems – dem, wie es hieß „dritten – komplett italienischen – Weg zwischen Kapitalismus und Sozialismus". Die Wirtschaft sollte entsprechend den Interessen des Faschismus gelenkt werden.

Das IRI bestand auch in der republikanischen Epoche fort, es wurde zu einem der größten Unternehmen der Welt und erst 2002 aufgelöst. Interessanterweise erinnerten in der „goldenen Zeit" des IRI – in den sechziger und siebziger Jahren – auf der politischen Rechten viele daran, dass es eine Erfindung des Duce gewesen war.

Als der Koloss IRI schließlich in die Krise geriet und zu einem Symbol für die Ineffizienz direkter Staatseingriffe in die Wirtschaft wurde, berief man sich nicht mehr auf jene Vergangenheit. Heute, wo diese Institution verschwunden ist und vor allem ihre Rolle in den Jahren von Tangentopoli[220] in Erinnerung geblieben ist, erklärt in den sozialen Medien niemand das IRI zur Erfindung Mussolinis.

Wir allein – Auge in Auge mit der Welt!

Eine andere wichtige Form faschistischer Wirtschaftspolitik – auch mit Blick auf die immer aggressivere Außenpolitik – war die sogenannte Autarkie. Alles, was der Staat brauchte, sollte innerhalb der nationalen Grenzen produziert werden. In seiner berühmten Rede vom 23. März 1936 vor dem Consiglio nazionale delle corporazioni[221] erklärte Mussolini, man müsse zu einer neuen Form wirtschaftlicher Entwicklung

[219] M. Franzinelli, M. Magnani, „Beneduce, il finanziere di Mussolini". Mailand 2009, S. 229 f.

[220] Tangentopoli (abgeleitet von tangente / Bestechungszahlung): populäre Bezeichnung für die großen Korruptionsskandale im Italien der 1990er Jahre [Anm. d. Übers.]

[221] Consiglio nazionale delle corporazioni / Nationalrat der Koporationen: 1930 geschaffenes - wenig einflussreiches - Gremium des faschistischen Wirtschaftssystems Italiens [Anm. d. Übers.]

übergehen, wenn man in den militärischen Konflikten der Zukunft siegen wolle.[222]

Grundlegende Idee war, eine sich selbst genügende, von den Einflüssen des Weltmarktes unabhängige Wirtschaft aufzubauen. Das hätte Italien auch ermöglicht, sich auf internationalem Terrain zu bewegen, ohne Wirtschaftssanktionen anderer Staaten fürchten zu müssen.

Diese „militärische" Vorstellung von internationalen Beziehungen vertrug sich jedoch nicht mit der Realität einer Volkswirtschaft ohne Rohstoffe, mit einer nur „weiterverarbeitenden" Industrie als Basis, deren Wachstum noch dazu vom Außenhandel abhängig war, da der kleine Inlandsmarkt für Konsumgüter in der Krise steckte. Die Kampagnen zur Förderung einer „nationalen" Produktion wurden als „Schlachten" bezeichnet und tatsächlich wie Militäraktionen organisiert, mit vorgegebenen Zielen und „Marschplänen".

Besonders berühmt wurde die große „Weizenschlacht". Die Getreideversorgung gehörte zu den vielen Bereichen, in denen Italien auf Importe angewiesen war. Es war eine schwungvolle Kampagne. In die Geschichte gingen Fotos des Duce ein, der mit nacktem Oberkörper Weizen drosch, um ein Beispiel zu geben. In der Tat nahm die Getreideproduktion zu.[223] Aber man hatte es mit einem Weltmarkt zu tun, auf dem das Getreide von den großen Anbauflächen der USA oder Kanadas – selbst wenn es über den Ozean transportiert wurde – deutlich weniger kostete als das inländische. Erstes Ergebnis der Autarkie für die einfachen Bürger war, dass sie nicht von Vorteilen des internationalen Handels profitieren konnten, etwa von niedrigeren Agrarpreisen.

„‚Als noch der Duce da war, wurde die Krise bewältigt, allen ging es gut, überall war es sauber, es herrschte Ordnung und die Leute hatten auch aufgehört zu streiken'. Das soll Mahatma Gandhi[224] gesagt haben."

[222] R. Petri, "Storia economica d'Italia", a. a. O., S. 116.

[223] Die durchschnittliche Jahresproduktion schwankte in den zwanziger Jahren – vor der "Schlacht" – zwischen 44 und 60 Millionen Doppelzentnern. 1938 wurden über 81 Millionen Doppelzentner erreicht. In den folgenden Jahren fiel die Menge auf 70 Millionen, während des Kriegs brach die Ernte ein. Vgl. seriestoriche.istat.it, Agricoltura, zootecnia e pesca, Tafel 13.9, Produzione delle principali coltivazioni erbacee: cereali e leguminose da granella – Anni 1861-2015 (in migliaia di quintali).

[224] Zu Gandhis widersprüchlicher Haltung zu Mussolini vgl. https://taz.de/!1831061/ [Anm. d. Übers.]

Das Resultat dieser Mischung aus Scheinaktivitäten und Fehlkalkulationen: Italiens Wirtschaft war bereits ziemlich ausgelaugt, als 1929 die internationale Krise die Wachstumsperspektiven der westlichen Länder zunichte machte. Das Jahrzehnt wirtschaftlicher Schwierigkeiten, in denen die kapitalistischen Mächte zwischen 1929 und dem Ausbruch des Zweiten Weltkriegs feststeckten, sah unterschiedliche Lösungsversuche mit unterschiedlichen Ergebnissen.

Italien litt – quantitativ gesehen – vergleichsweise wenig unter der Finanzkrise, auch weil sein Wirtschaftssystem weniger entwickelt und weniger von Finanzaktivitäten abhängig war als das anderer Länder. Allerdings kam es zu weiterem Druck auf die Einkommen. Es ist interessant zu sehen, wie die verschiedenen Länder damit umgingen.

Nimmt man das Einkommen der Italiener 1929 mit 100 an, lässt sich beobachten, wie es infolge der Krise 1930 und 1931 auf einen Tiefstand von 93,1 sank und dann 1938 110,6 erreichte. Der durchschnittliche Einkommenszuwachs pro Jahr betrug 1%. 1937 – im besten Jahr seit 1929 – lag das Einkommen bei 110,7. Am Vorabend des Zweiten Weltkriegs stagnierte die italienische Wirtschaft mehr oder weniger.

In Großbritannien, dessen Wirtschaft wesentlich verwundbarer durch globale Erschütterungen war, fiel das Einkommen vom Basiswert 100 im Jahr 1929 infolge der Krise auf 71,6 im Jahr 1930. Bis 1938 stieg es mit Mühe auf 111,1. Frankreich erlebte einen Tiefpunkt von 70,2 im Jahr 1934 – doch dann ging dieses Land zu einer Expansionspolitik über, die zu einem Wert von 153,1 im Jahr 1938 (immer verglichen mit 100 im Jahr 1929) führte.[225]

Die italienische Volkswirtschaft war in geringerem Maß betroffen als andere, dennoch erholte sie sich langsamer. Die Industrieproduktion beispielsweise erreichte das Vorkrisenniveau erst 1937 wieder. [226] Die Lasten der Krise trugen vor allem die Arbeitenden, deren durchschnittliche Reallöhne einbrachen und dann auf Jahre hin „eingefroren“ wurden. Der reale Wert der Löhne und Gehälter erreichte erst 1938 wieder das Niveau von 1928[227]. Das war ein verlorenes Jahrzehnt für die arbeitenden Menschen in Italien.

[225] Alle hier angegebenen Daten für Italien stammen aus den historischen Statistiken des Finanzministeriums, die für andere Länder vom Statistikbüro der Vereinten Nationen, zit. bei De Felice, "Mussolini il duce", a. a. o., S. 59

[226] R. De Felice,"Mussolini il duce", a. a. O., S. 59.

[227] Ebd., S. 74.

Diese statistischen Daten geben eine eindeutige Antwort auf die Frage, ob der Faschismus die italienische Wirtschaft auf ein besonders hohes Niveau geführt habe. Die Antwort heißt: Nein – im Gegenteil. Dem Regime gelang es nicht, effizient gegen die Weltwirtschaftskrise vorzugehen – es verschleppte sogar einen möglichen Wiederaufschwung. Schon zu Beginn der Diktatur war die Lücke zwischen dem durchschnittlichen Einkommen eines Italieners und dem von Einwohnern anderer europäischer Länder beachtlich gewesen. Infolge der Wirtschaftspolitik der Regierung Mussolini weitete sie sich sogar noch aus.

Nicht nur falsche wirtschaftspolitische Entscheidungen schadeten dem Standort Italien in den zwanzig Jahren Faschismus, sondern auch Entscheidungen in anderen Politikbereichen. So verfolgte die faschistische Regierung eine Großmachtpolitik, die zu einem geradezu explosionsartigen Verbrauch öffentlicher Mittel führte. Das galt für das Besatzungsregime in Libyen[228], den Aggressionskrieg gegen Äthiopien, die massive Beteiligung am Spanischen Bürgerkrieg, die Besetzung Albaniens und schließlich den Zweiten Weltkrieg.

Laut einer Untersuchung des Finanzministeriums zur Staatsverschuldung beliefen sich die Kosten der faschistischen Kriegsabenteuer „auf 5275 Milliarden Lire (zu heutigen Preisen). [...] Es ist festzustellen, dass die Kosten dieser Kriege um zwei Drittel über denen des Ersten Weltkriegs und der Eroberung Libyens lagen, während das Bruttoinlandsprodukt nur um ein Drittel zunahm".[229]

Den statistischen Daten zufolge beeinflussten die Ausgaben für die Großmachtpolitik Italiens die öffentliche Verschuldung nicht übermäßig. Bis zum Kriegsausbruch blieb die Schuldenquote bei etwa 90% des Bruttoinlandsprodukts. Für diese scheinbar erfreuliche Nachricht – der Faschismus hielt die öffentliche Verschuldung unter Kontrolle – gab es aber einen einfachen Grund: es war für Italien schwer, sich auf den internationalen Märkten zu finanzieren.

Die Konfrontationspolitik gegenüber Ländern, die – wie Großbritannien – ein Monopol auf den globalen Kreditmärkten besaßen, drehte Italien „den Strom ab". Das zwang Mussolini, andere – inländische – Finanzierungsmöglichkeiten für die eigene internationale Expansion zu finden. Er versuchte daher in immer massiverer Form an

[228] Eroberung Libyens: 1911, unter der liberalen Regierung Giovinni Giolittis [Anm. d. Übers.]

[229] Ministero del Tesoro, direzione generale del debito pubblico, a. a. O., S. 39 (Anm.).

die Ersparnisse der Italiener zu gelangen. Er setzte die Ausgaben für den öffentlichen Schuldendienst herauf.[230] Er verzichtete auf einen ausgeglichenen Staatshaushalt und verließ sich auf eine kreditfinanzierte Wirtschaftspolitik. Maßnahmen zur Verbesserung der Lebensverhältnisse der eigenen Bürger – wie Sozialleistungen – wurden gekürzt, Steuern erhöht. Er griff für die laufenden Ausgaben auf die Reserven der Banca d'Italia zurück (also auf die Goldreserven des Landes, die die wirtschaftliche Stabilität des Staates garantieren sollten).[231]

Diese letzte Maßnahme war besonders schädlich für die Stabilität des „Systems Italien", das sich mitten in der Krise der dreißiger Jahre in der monetären „Stabilitätspolitik" gefangen sah, die das Regime betrieb. Zu Beginn der internationalen Krise waren auch der Dollar und das Pfund Sterling abgewertet worden, um den Volkswirtschaften Großbritanniens und der Vereinigten Staaten eine Atempause zu verschaffen. Italien hatte zu tun mit einer lahmenden Wirtschaft, Steuererhöhungen und einem Regime, das kostspielige und unkalkulierbare Militärabenteuer riskierte und dafür das „Familiensilber" verkaufte.

Dem Faschismus gelang es, aus der eigenen Unzulänglichkeit Vorteile zu ziehen und die Schuld an den Schwierigkeiten auf das Ausland zu schieben. So war die Sammlung von Edelmetall, zu der für den 18. Dezember 1935 – während des Äthiopienkriegs – aufgerufen wurde, durchaus ein Erfolg. Pompös war die Rede vom „Tag des Goldes für das Vaterland". 35,5 Tonnen Gold und 114 Tonnen Silber[232] wurden von Bürgern gegeben, die überzeugt waren, der Regierung zu helfen, mit der Blockade durch die westlichen Mächte wegen des Kolonialkriegs fertig zu werden. Die Eheringe der Italiener dienten dazu, die Tresore der Banca d'Italia wieder aufzufüllen, um so die erzwungenen Kredite an den Staat seit 1930 auszugleichen.[233]

Die Sammelaktivitäten lösten aber bis zum Ausbruch des Zweiten Weltkriegs nicht das Problem fehlender staatlicher Finanzreserven. Im Krieg hatte das dann fatale Folgen. Ciano hielt in seinem Tagebuch fest (als er sich über die Lage Italiens und die Möglichkeit einer Kriegsbeteiligung an der Seite Deutschlands äußerte), dass Musso-

[230] Ebd., S. 42.

[231] F. Guarneri, "Battaglie economiche fra le due guerre". Bologna 1988, S. 941 ff..

[232] T. Terhoeven, "Oro alla Patria. Donne, guerra e propaganda nella giornata della fede fascista". Bologna 2006, S. 190.

[233] F. Guarneri, "Battaglie economiche fra le due guerre", a. a. O., S. 941ff.

lini sich im Februar 1940 sich mit Blick auf die Goldreserven zuversichtlich zeigte. Ciano merkte an: „Der Duce erwähnt aber nicht, dass wir während der Amtszeit Guarnieris[234] gut 12 Milliarden an ausländischen Finanztiteln und für 5 Milliarden Gold verschlungen haben. Jetzt sind unsere Reserven auf klägliche 1400 Millionen zurückgegangen. Wenn sie ebenfalls aufgebraucht sind, können wir nur noch weinen."[235]

Die Italiener waren reicher denn je?

Für die italienische Wirtschaft bedeutete der Faschismus eine schwierige Zeit – wegen der internationalen Konjunkturkrise und wegen der langfristigen Strukturprobleme des „Systems Italien". Fast alle Initiativen des Regimes in den zwei faschistischen Jahrzehnten trugen zu einer Verschlimmerung der Situation bei.

Unter dem Faschismus nahm vor allem die soziale Ungleichheit zu. Die Schere zwischen der reichsten und der ärmsten Bevölkerungsgruppe öffnete sich weiter. Einer kleinen Schicht von Superreichen – meist Anhänger des Faschismus – stand die große Masse der Bevölkerung gegenüber, die bei der Suche nach besseren Lebensbedingungen nur eine einzige Alternative hatte: die Emigration.

Das bedeutete ein Scheitern für ein Regime, das immer wieder die Werte Gerechtigkeit und Gleichheit hervorhob und das aus dem Wohlergehen des „Volkskörpers" geradezu einen Propagandakult gemacht hatte. Verglichen mit heute war die große Mehrheit der Italiener arm, verglichen mit der liberalen Ära bis 1922 ging es ihr nicht besser.

Die Kaufkraft der Italiener verringerte sich infolge der finanzpolitischen Entscheidungen, Konsumgüter waren schlechter verfügbar und wurden teurer aufgrund des isolationistischen Kurses und der Feindseligkeit der anderen kapitalistischen Mächte. Schlechter verfügbar waren auch Lebensmittel.

Die Wirtschaftshistoriker Maria Sorrentino und Giovanni Vecchi, die sich mit dem Kampf gegen Hunger und Fehlernährung in Italien in den beiden letzten Jahrhunderten beschäftigten, stellten fest, dass „der Autarkiekurs und die Wechselkurspolitik des faschistischen Regimes eindeutig zu einer Verringerung der für die Italiener durchschnittlich

[234] Felice Guarnieri: Ökonom, 1937-39 italienischer Außenhandelsminister [Anm. d. Übers.]

[235] S. Poma (Hg.), "G. Ciano, Diario, 1937-1942, Edizione integrale", 2018. S. 181.

verfügbaren Kalorien führten, was eine Zunahme des Anteils unangemessen ernährter Bevölkerungsgruppen zur Folge hatte".[236]

Vergleicht man das Italien von gestern mit dem von heute, wie es ständig in den Debatten zur Rechtfertigung des faschistischen Regimes geschieht, kommt man zu einem eindeutigen Urteil. Heute beträgt das Durchschnittseinkommen in Italien etwa 90% von dem eines fortgeschrittenen europäischen Landes wie Frankreich. In den dreißiger Jahren lag das italienische Durchschnittseinkommen bei 33% des französischen und bei weniger als 20% des englischen.

Darüber hinaus muss man sehen, dass in diesen beiden Ländern nicht nur genug (importierter) Kaffee und Tabak in den Verkaufsregalen standen. Es existierten auch die bürgerlichen Freiheiten, Wahlrecht, Versammlungs- und Streikrecht. Das sind Güter, die sich nicht leicht in Geld ausdrücken lassen, die aber in die Rechnung einbezogen werden müssen, wenn man über Themen spricht wie den Wohlstand eines Volkes oder wenn man Vergleiche zieht und versichert „Es ging uns besser, als noch … …".

[236] M. Sorrentino, G. Vecchi, "Le condizioni di vita degli italiani: nutrizione". In: G. Vecchi, "In ricchezza e in povertà. Il benessere degli italiani dall'Unità a oggi". Bologna 2011, S. 32.

Der Duce als Stratege und Staatsmann – Mussolini war eine bedeutende Führungspersönlichkeit?

Auch wenn der faschistische Militarismus seine Unfähigkeit auf nahezu allen Kriegsschauplätzen ausgiebig bewies, gibt es immer noch Fans des Regimes, die glauben, sein Militär sei nicht so schlecht gewesen wie die Katastrophen in Afrika, Asien[237], West- und Osteuropa es vermuten lassen.

Italien verfügte über eine der größten Kriegsmarinen der Welt und über eine Luftwaffe, die vor dem Krieg serienweise Rekorde aufstellte. So nehmen heute manche hater im Internet an, wirklich schlecht könnten die Waffen des Duce nicht gewesen sein – die Schuld habe nicht bei Mussolini gelegen, sondern bei Untergebenen, die es nicht verstanden, Krieg zu führen.

„Durch ihn wurde Italien groß und geachtet!"

Besaß Mussolini jemals die Qualitäten eines obersten Militärführers? Die Propaganda des Regimes schuf über Jahre hinweg aus Bildern von Uniformen und Paraden einen verlässlichen Mythos, der den Duce nicht nur als den politischen, sondern auch als den militärischen Führer des faschistischen Systems erscheinen ließ.

Der Begriff „Duce" stammt vom lateinischen Wort dux – es war ein Ehrentitel, reserviert für siegreiche Armeekommandeure und bedeutende zivile Verwalter im antiken Rom. Wenn man fragt, was eine „große Führungspersönlichkeit" ist, kann man auf die Beziehungen zwischen Mussolini und dem Militär schauen.

Einen ersten Kommentar zu dieser Frage lieferte der neunzehnjährige Benito, als er in die Schweiz übersiedelte und sich so dem Wehrdienst in der italienischen königlichen Armee entzog.[238] Der sozialistische Agitator jener Jahre erwies sich als Gegenteil eines Kriegstreibers, er weigerte sich, jenen „Dienst am Vaterland" zu leisten, den er dann nach seiner Machtergreifung für heilig erklärte. Mussolinis aufrichtige Flucht vor dem Militarismus wurde teilweise aufgewogen, als er sich später – aus Opportunismus – freiwillig für den „Großen Krieg", den

[237] Laut andren Quellen war italienisches Militär nicht in Asien aktiv . [Anm. d. Übers.]

[238] R. De Felice, "Mussolini il rivoluzionario (1883-1920)". Turin 2018, S. 46. Ausführlich von Mussolinis Leben in der Schweiz handelt S. Visconti, "L'educazione rivoluzionaria di un romagnolo in Svizzera". In: E. Gentile, S.M. Di Scala, "Mussolini socialista". Rom/Bari 2015, S. 3-36.

Ersten Weltkrieg, meldete. Es war eine symbolische Geste, die nicht von ihm verlangt wurde und die ihn in den Schützengraben führte.

Er brachte es zum Obergefreiten, bewarb sich für eine Offiziersausbildung, wurde aber abgelehnt. Er wurde auch verwundet – bei einem Unfall, durch die Explosion eines Mörsers, nicht im Gefecht.[239] Die Verwundung brachte ihm die Entlassung aus dem Wehrdienst ein, er konnte sich mit dem Prestige eines „Kriegsveteranen" schmücken.

Diese Erfahrung erwies sich für ihn in der damaligen Nachkriegsgesellschaft als sehr nützlich, um sich in die Kreise von Kriegsheimkehrern und arditi[240] einzuführen, die zur Basis des squadrismo wurden. Es war eine weitreichende Veränderung, gleichsam eine Kehrtwende, weg von seinen frühen sozialistischen Ideen – sie steht für das komplexe Verhältnis des zukünftigen Duce zum Militärischen.

Die Aufmerksamkeit derer, die in den sozialen Medien die militärischen Großtaten des Faschismus preisen, konzentriert sich auf die vorgeblichen Siege der faschistischen Kriegsmaschinerie und behauptet, die zwanzig Jahre des Regimes seien eine Zeit des Ruhms für die italienischen Waffen gewesen. Der üble Bankrott im Zweiten Weltkrieg genügte nicht, um dem Faschismus die Aura einer besonders effizienten militärischen Organisation zu nehmen.

Zwanzig Jahre lang war es das Ziel des Regimes, das italienische Volk nach den Ideen der Gewalt und der kriegerischen Männlichkeit zu formen. Indoktrinierung und Rhetorik haben eine tiefe Spur in der Vorstellungswelt jener Epoche hinterlassen. Noch heute fällt es schwer, sich den Faschismus ohne Waffen, Uniformen und Paradeschritt vorzustellen.

Um zu verstehen, wie viel von diesem militärischen Geist echt und wie viel „künstlich" war und wie viel der „Führer" Mussolini – und nicht allein sein Propagandaapparat – zu diesem Bild beigetragen hat, könnte man einige der faschistischen Kriegsabenteuer betrachten.

Der erste Test für den Willen zur Macht war Libyen. Schon 1911 war es – von einer vielen Regierungen unter Vorsitz Giolittis – dem Ottomanischen Reich entrissen worden. Anfang der zwanziger Jahre war diese italienische Kolonie noch ein zu „befriedendes" Territorium. Nur der schmale Küstenstreifen und die größeren Häfen waren in italienischer Hand, während das Hinterland nach wie vor von der arabischen oder Berber-Bevölkerung kontrolliert wurde.

[239] E. Gentile, "Fascismo", a. a. O., S. 8.

[240] arditi (Übersetzung etwa: „Wagemutige"): Eliteeinheiten der italienischen Armee im Ersten Weltkrieg [Anm. d. Übers.]

Die Gelegenheit für die faschistische Propaganda war großartig. Nach der Machtergreifung beschloss das Regime, Libyen zum Symbol einer neuen Rolle der Regierung bei der Formung von Körpern und Mentalität der Bürger zu machen. „Für Mussolini bedeutete der ‚neue Italiener' vor allem einen neuen Soldaten – unbeugsamer, aggressiver, vielleicht auch grausamer als früher. Er sollte sich sich würdig in den Mythos der *romanitá*[241] einfügen und die mittelmäßigen oder miserablen Leistungen vergessen lassen, die l'Italietta[242] – das ‚kleine Italien' – in den Jahren zuvor gezeigt hatte."[243]

Es ging um eine neue – aggressivere, brutalere – Form der Kriegführung, als der Faschismus mit der sogenannten Neueroberung Libyens begann. In mehreren Anläufen drangen die italienische Soldaten in die Wüstengebiete vor, die die Küstenstädte umgaben, und versuchten die Überlegenheit der italienischen Waffen zu beweisen.

Es war ein offensichtlich ungleicher Kampf – MGs, Flugzeuge und Motorfahrzeuge gegen Gruppen nur dürftig, vor allem mit alten Gewehren bewaffneter Wüstenkämpfer. Die Propaganda des Regimes versäumte es nicht, romantische Bilder einer exotischen Eroberung zu entwerfen – während es in Wirklichkeit um den Versuch eines Völkermords ging.

In einem anderen Kapitel wird noch die Rede von den Auswirkungen dieser Militäraktion auf die libysche Bevölkerung sein. Hier genügt es festzustellen, dass der Krieg gegen die isolierten und kaum organisierten Gruppen von Partisanen sich fast ein Jahrzehnt hinzog und erst 1931 für abgeschlossen erklärt wurde – zum Preis von Gewaltakten und Übergriffen gegen die Zivilbevölkerung.

Das war nicht gerade ein Beispiel militärischer Effizienz, es demonstrierte vielmehr, wie wenig umsichtig und durchdacht die Kolonialpolitik des Landes damals war. „Befriedung" und Normalisierung der territorialen Verwaltung deckten sich nicht – viele Gebiete blieben während der gesamten Kolonialzeit unter Militärverwaltung.

Eine noch erstaunlichere Entwicklung nahm die „Befriedung" in Somalia, dessen sich die Italiener Ende des 19. Jahrhunderts bemächtigt hatten. In der Kolonie hatte es nie größere Probleme gegeben, es hatte sich ein Gleichgewicht zwischen den Interessen der italienischen Agrarier und den Autonomiewünschen der verschiedenen Sultanate

241 romanitá: „Römertum" [Anm. d. Übers.]

242 Italietta: Verkleinerungsform des Wortes „Italia" [Anm. d. Übers.]

243 A. Del Boca, „Italiani, Brava gente? Un mito duro a morire". Vicenza 2005, S. 44.

eingespielt. Dann folgte in der Herrschaftszeit des quadrumviro Cesare de Vecchi[244] von 1923 bis 1928 eine Politik der Sorte „Feuer und Schwert“.[245]

Es war eine kleinteilige Kriegführung im Stil der squadristi, die der Staatskasse teuer zu stehen kam und die zugleich zur Verfeindung von Italienern und einheimischer Bevölkerung beitrug. Einziger Zweck war es, dem Hierarchen aus Turin Ruhm als Anführer einzubringen. Für alle Militärabenteuer des Faschismus waren Leichtfertigkeit und Eigenmächtigkeiten typisch.

Als der Faschismus sich 1935 zu der Unternehmung entschloss, die ihm den größten Propagandaerfolg eintrug, zur Eroberung Äthiopiens, wurden weitaus massivere Machtmittel eingesetzt. Man investierte sehr viel in „Imagebildung“, man wollte „einen großen, sofort greifbaren Prestigeerfolg“[246]. Die Führung des Faschismus war sich genau der Risiken bewusst, falls das Ziel der Eroberung des äthiopischen Reichs verfehlt würde. Äthiopien wurde als eine Art barbarisches Relikt dargestellt, das sich der wiedergeborenen Zivilisation Roms widersetzte.

Etwa 330 000 Soldaten wurden 1935 nach Äthiopien geschickt, ihre Zahl stieg im Lauf des Kriegs auf 560 000. Hinzu kamen drei Millionen Tonnen Material.[247] Die Staatskasse wurde geleert, um den Truppen sämtliche verfügbare Kriegstechnik zur Verfügung zu stellen – darunter chemische Waffen (wie Senfgas und arsenhaltige Substanzen).[248]

Auch viele Hierarchen brachen zu jenem Abenteuer auf, das leichten Ruhm versprach. Unter ihnen waren Mussolinis Söhne Bruno und

[244] Cesare de Vecchi: u. a. Erziehungsminister und Gouverneur der Kolonie Somalia, gehörte 1922 zu den quadrumviri - den vier Anführern der faschistischen Bewegung neben Mussolini [Anm. d. Übers.]

[245] Eine kurze Biografie dieses Hierarchen (beim Marsch auf Rom 1922 lief er neben Mussolini, am 25. Juli 1943 stimmte er gegen den Duce) findet sich bei treccani.it/enciclopedia/de-vecchi-cesare-maria_(Dizionario-Biografico) [Am 25.7.1943 wurde Mussolini von seinen bisherigen Weggefährten im „Großrat des Faschismus“ abgesetzt, Anm. d. Übers.]

[246] G. Rochat, „Le guerre italiane (1935-1943). Dall'Impero d'Etiopia alla disfatta“. Turin 2008, S. 23.

[247] Ebd., S. 37.

[248] Auf den Kriegsschauplatz wurden beachtliche Materialmengen geliefert: 60 000 Artilleriegeschosse mit Arsin [Arsenwasserstoff, Giftgas - Anm. d. Übers.] und etwa 3300 Fliegerbomben mit jeweils 220 kg Senfgas (vgl. Rochat, „Le guerre italiane“, a. a. O., S. 66f).

Vittorio sowie Galeazzo Ciano, sein Schwiegersohn. Alle drei machten den Krieg allerdings bei der Luftwaffe mit, in Bombern – das war eine sichere Sache in einem Land wie Äthiopien ohne Flugzeuge und Luftabwehrgeschütze.[249]

Im Lauf der siebenmonatigen Militäraktion wurden systematisch die Normen der Genfer Konvention über Zivilbevölkerung und Kriegsgefangene verletzt. Gegen die Bevölkerung ging man mit Terror vor. Um internationale Hilfe für die Äthiopier und ein Bekanntwerden der italienischen Gräuel zu verhindern, bombardierte man sogar – zum ersten Mal in der Geschichte – das Rote Kreuz.[250]

Um eilig den Sieg feiern zu können, erklärte man die Aktion mit der Eroberung der Hauptstadt Addis Abeba für beendet – obwohl ein großer Teil des äthiopischen Territoriums außerhalb italienischer Kontrolle blieb. Es kam nie zu einer vollständigen Unterwerfung des Reichs des Negus, die Macht Italiens dort reichte nicht über die Garnisonen seiner Armee hinaus.[251]

So begann eine brutale und kostspielige Besatzungszeit. Der Ankunft des Marschalls Rodolfo Graziani[252] folgte eine Art Guerillakrieg. Graziani war das auffälligste Produkt des faschistischen Militärapparats. Zur Zeit des Marsch auf Rom war er hoher Offizier. Als feststand, dass der Faschismus die Macht im Staat übernommen hatte, beeilte er sich, ihm Treue zu schwören.[253] Außer durch seine Grausamkeit unterschied Graziani sich von anderen Militärs auch durch die Fähigkeit, sich aus politischen Streitereien herauszuhalten und sich an der Macht festzuklammern. Er war der Hauptverantwortliche für die Massaker, die die Italiener in den dreißiger Jahren in ihren Kolonien organisierten. 1943

249 Angelo Del Boca führt in diesem Zusammenhang einige Äußerungen von Vittorio Mussolini an, aus denen klar wird, dass die „Luftschlacht“ gegen die Äthiopier eher ein Jagdvergnügen war: „Ein Abessinier mit Gewehr rannte in Richtung Süden. Eine hübsche Knallerei – dann lag er auf dem Boden. Es war einfach Jagd auf Menschen. Jedes unserer Flugzeuge kontrollierte dort jede Ecke und spürte den Abessinier auf.“ Vgl. V. Mussolini, „In volo sulle Ambe“, Florenz 1937, S. 52, zit. bei A. Del Boca, „Italiani, Brava gente?“, a. a. O., S. 189 f.

250 Das Regime bestritt zuerst die Bombardierung und gab sie dann als unglückliches Missverständnis aus. Untersucht wurde das Geschehen 1997 von dem Afrikahistoriker Richard Pankhurst: „Il bombardamento fascista sulla Croce Rossa durante l’invasione dell’Etiopia (1935-1936)“, in: Studi Piacentini, Nr. 21, 1997, S. 129 ff.4

251 G. Rochat, „Le guerre italiane“, a. a. O., S. 88.

252 Rodolfo Graziani: faschistischer Politiker und General, Gouverneur mehrerer Kolonien [Anm. d. Übers.]

253 A. Del Boca, „Italiani, Brava gente?“, a. a. O., S. 167.

ging er zur Repubblica sociale über. Nach Kriegsende verlangten Libyen und Äthiopien vergeblich seine Auslieferung als Kriegsverbrecher.

Das andere Militärabenteuer Italiens in den dreißiger Jahren war der Spanische Bürgerkrieg. Was zuerst als begrenzte Unterstützung für den Putschgeneral Franco gedacht war, entwickelte sich in kurzer Zeit zu einer massiven Militäraktion.

Nach den Schwarzhemden, die sich tatsächlich freiwillig gemeldet hatten, schickte man Gruppen von Soldaten, die man „zu Freiwilligen gemacht" hatte. Sie kämpften in nominell unabhängigen Einheiten, die aber von Offizieren des Königlichen Heeres Italiens geführt wurden.[254] Als der Konflikt einen heftigeren Verlauf nahm, als das Regime erwartet hatte, sah sich Mussolini – um nicht das Gesicht zu verlieren – gezwungen, auch reguläre Truppen zu entsenden und sich auf einen regelrechten Feldzug an der Seite der spanischen Putschisten einzulassen.

Wieder sahen sich die faschistischen Truppen schlechter ausgerüsteten Gegnern gegenüber – trotzdem erlebten sie krasse Misserfolge. Starke Auswirkungen auf ihre Moral hatte die Niederlage bei Guadalajara am 8. März 1937. Vier voll bewaffnete Divisionen – 40 000 Männer, die für das Beste standen, was die herrschende Ideologie Italiens bieten konnte – wurden von den Republikanern übel geschlagen.

Diese Niederlage wurde noch dadurch verschlimmert, dass die italienischen Faschisten auch vom battaglione Garibaldi[255] aufgehalten wurden, das aus italienischen Antifaschisten bestand, die nach Spanien gegangen waren, um die Republik zu verteidigen. Wie Angelo Del Boca hervorhebt, war das ein denkbar harter Schlag für Mussolini: „Nicht nur waren die von seinem Regime geschmiedeten ‚neuen Italiener' auf dramatische Weise besiegt worden – sie waren besiegt worden von anderen Italienern, die auf keinem sabato fascista[256] gewesen waren."[257]

[254] Von etwa 50 000 Männern, die nach Spanien geschickt wurden, gehörten Rochat zufolge 29 302 zur faschistischen Miliz und können – zumindest eingeschränkt – als Freiwillige angesehen werden. Neben ihnen standen gut 20 000 Soldaten des regulären Armee (vgl. G. Rochat, „Le guerre italiane", a. a. O., S. 105).

[255] battaglione Garibaldi / Garibaldi-Battaillon: Einheit italienischer Antifaschisten im Spanischen Bürgerkrieg (benannt nach Giuseppe Garibaldi, einem Militärführer und Politiker des 19. Jahrhunderts, der maßgeblich an der staatlichen Einigung Italiens beteiligt war) [Anm. d. Übers.]

[256] sabato fascista / faschistischer Samstag: seit 1935 war der Samstag nur noch bis 13 Uhr Arbeitstag. Die Freizeit sollte u. a. für paramilitärische Übungen genutzt werden [Anm. d. Übers.]

[257] A. Del Boca, „Italiani, Brava gente?", a. a. O., S. 45.

Mehr Kriegsglück hatte die italienische Luftwaffe. Nachdem die schwache spanische Luftwaffe dank deutscher Hilfe vernichtet worden war, setzten die Italiener auf die Terrorstrategie, die sich schon in Somalia, Äthiopien und Libyen bewährt hatte. Die republikanischen Städte wurden mit der eindeutigen Absicht bombardiert, Panik im Hinterland der republikanischen Front zu verbreiten. Zivile Ziele waren wichtiger als militärische.

Am folgenreichsten – mit Blick auf die Zahl der Toten und auch auf die internationale Empörung – war der direkt von Mussolini befohlene Angriff auf Barcelona vom 16. bis 18. März 1938. Er forderte zwischen 600 und 1300 Tote.[258] Die italienische Luftwaffe beteiligte sich auch an der auf traurige Weise berühmt gewordenen Bombardierung der baskischen Stadt Gernika[259], die über zweihundert Tote unter der Zivilbevölkerung verursachte (und die später Picasso zu seinem Meisterwerk anregte).

Vom Krieg in Spanien erzählte das Regime – wie von allen seinen Unternehmungen – als einem gewaltigen Sieg, auch wenn er ein enormes Loch in den Staatshaushalt gerissen hatte und ein Schandfleck für den „Ruhm der italienischen Waffen" gewesen war. Die Lage verschlechterte sich noch mit der zunehmenden politischen Konfrontation in Europa.

Während der anstrengende Verbündete Mussolinis, das nazistische Deutschland, internationale „Erfolge" verbuchte und neue Territorien annektierte, fiel Italien sogar der Handstreich schwer, mit dem es Albanien (vom 7. bis 12. April 1939) besetzte. Die italienische Wirtschaft lahmte, die Truppen waren erschöpft und über etliche Kriegsschauplätze verstreut. Und Albanien war im Grunde bereits ein italienisches Protektorat, wo ein Teil des Establishments die Annexion guthieß.

Als der Zweite Weltkrieg ausbrach, waren die italienischen Streitkräfte so erschöpft, dass Mussolini – widerwillig – darauf verzichten musste, sofort an der Seite Deutschlands in den Krieg einzutreten. Nach der Invasion Polens durch die Wehrmacht war der Duce gezwungen, eine Scheinneutralität zu proklamieren, die mit einem neuen Begriff als „Nichtkriegführung" bezeichnet wurde.

Das Regime, das zwanzig Jahre lang versichert hatte, für den Kampf der Zivilisationen zwischen der neuen faschistischen Ideologie und den alten liberalen Demokratien bereit zu sein, musste stattdessen

[258] G. Rochat, „Le guerre italiane", a. a. O., S.113.

[259] Gernika: die kastilische Namensform lautet Guernica [Anm. d. Übers.]

– als der schicksalhafte Moment da war – zugeben, nicht ausreichend vorbereitet zu sein.

Es hatte allzu viele organisatorische Defizite gegeben, allzu viele Fehlentscheidungen waren getroffen worden. So konzentrierte sich auf ausdrücklichen Wunsch des Duce die Marine – auf die ein erheblicher Teil der faschistischen Militärausgaben entfiel – auf den Bau gewaltiger Schlachtschiffe. Das waren prestigeträchtige Schiffe von ungeheurer Feuerkraft – ein hervorragendes Propagandasymbol für militärische und technologische Macht. Auch wenn in jener Zeit bereits die Überzeugung vorherrschte, an die Stelle von Seeschlachten werde in Zukunft der Einsatz von Fliegerkräften treten, blieb die italienische Marine – nach dem Willen des Duce – den Seekriegstheorien des 19. Jahrhunderts treu.

Während die übrigen Seemächte Flugzeugträger bauten, gab Italien enorme Summen für überholte Schiffsklassen aus, die unter anderem viel Treibstoff verbrauchten (Italien verfügte über wenig Erdöl). Außerdem waren solche Schiffe zu wertvoll, um sie dort zu „vergeuden", wo sie während des ganzen Zweiten Weltkriegs eingesetzt wurden – nämlich für den Schutz des Nachschubs nach Libyen.

Der Militärapparat war erschöpft, auch schlecht geführt. Nach zwanzig Jahren Klientelpolitik, wo Personen befördert wurden, deren einziges Verdienst blinde Treue zum Duce war, standen an Schlüsselpositionen unfähige oder zumindest unerfahrene Leute. Auch die Bewaffnung war überholt und von sehr geringer Qualität – aufgrund der verbreiteten Korruption bei den Rüstungslieferungen.[260]

Hitlers Eile veranlasste Mussolini dann zu überstürztem Handeln. Eine verzerrte Analyse der geopolitischen Situation brachte ihn dazu, sich ohne notwendige Vorbereitung an die Seite dessen zu stellen, der in jenem Moment der Sieger zu sein schien. Das war eine blamable und geradezu kontraproduktive Haltung. Bei der italienischen Kriegserklärung 1940 ging es um die Sicherung eines bereits verblassenden Prestiges und darum, zunehmende Demütigungen vergessen zu machen.[261]

[260] Zu den berüchtigtsten Fällen gehört der des Generals Cavallero, der jahrelang Funktionen sowohl in der italienischen Armee als auch in der Rüstungsindustrie ausübte (er war u. a. Vorstandsvorsitzender des Großunternehmens Ansaldo). Einen Überblick über seine katastrophale und gaunerhafte Rolle bei der Kontrolle der Rüstungsproduktion findet sich bei P. Ferrari, „Cavallero tra industria e Stato maggiore", in: P. Giovannini e M. Palla (Hg.), „Il fascismo dalle mani sporche", a. a. O., S. 86 ff.

[261] „Der Spanienkrieg hatte Italien nicht ins Zentrum der internationalen Politik ge-

Der kurze Feldzug gegen Frankreich 1940 – gegen einen (von den Deutschen) eigentlich schon besiegten Feind – machte sofort die fehlende Vorbereitung und die Unfähigkeit der italienischen Kommandostellen deutlich. Es gelang den Italienern nicht, die französische Front zu durchbrechen. In den wenigen Kriegstagen verzeichneten sie 1258 Tote, die Franzosen nur 20.[262]

Überaus bezeichnend für die Denkweise des „Führers" Mussolini war der Versuch, auf dem Balkan eine Art Parallelkrieg zu dem der Deutschen zu führen. Der Angriff auf Griechenland (vom 28. Oktober 1940 bis zum 23. April 1941) hatte seinen Grund im Willen des Regimes, die eigenen offensiven Fähigkeiten im Vergleich zum deutschen Verbündeten zu beweisen.

Der Angriff war ein totales Desaster und machte den italienischen Wünschen ein Ende, Krieg ohne die Deutschen zu führen. Hastig und schlecht vorbereitet, hatte der Krieg kein strategisches Ziel – es ging nur darum „mehr Siege zu erringen". Der Feldzug in Griechenland bewies, wie wenig glaubwürdig die Behauptungen des Faschismus über die militärische Stärke Italiens waren.

Zweifelhaft wirkten diese Beteuerungen schon bei Aktionen, die auf dem Papier unkompliziert schienen – wie bei dem Angriff auf die vermeintlich primitive Armee Äthiopiens und bei den Kämpfen in Spanien gegen die republikanischen Streitkräfte, die sich oft aus Freiwilligen zusammensetzten. Erst recht erlebte der Faschismus Demütigungen, wenn es um den Kampf gegen reguläre Armeen wie die französische oder die kleine griechische ging. Die italienischen Befehlsketten erwiesen sich als unzuverlässig, die mittleren Kommandostellen als konfus, die Soldaten als demotiviert und miserabel ausgerüstet.

Zwanzig Jahre Faschismus hatten keinen neuen „kriegerischen Geist" in den Italienern geschaffen, die sich einer militärischen Tradition als unwürdig erwiesen, die – auf welche Weise auch immer – den Sieg im Ersten Weltkrieg gesichert hatte.

Im Lauf der Konflikte gab es paradoxe Entscheidungen, die an Naivität grenzten. Nachdem er jahrelang Berber und Araber wegen ihres Widerstands aufhängen ließ, rief Mussolini mitten im Weltkrieg

rückt, wie der Duce gehofft hatte. Das Bündnis mit Deutschland – abgelehnt von einem Teil der faschistischen Partei, vom König und von der Bevölkerung – brachte nicht die erhofften Vorteile. Die Deutschen bewegten sich in der internationalen Arena durchweg, ohne sich mit Mussolini abzusprechen. Die Kriegserklärung an Polen war eine von vielen Episoden, wo Hitler Italien vor vollendete Tatsachen stellte". Vgl. S. Poma (Hg.), „G. Ciano, Diario", a. a. O., S. 153.

262 G. Rochat, „Le guerre italiane", a. a. O., S.250.

die Muslime zum Heiligen Krieg gegen die Engländer in Nordafrika auf. Die Antwort waren Sarkasmus und Überfälle auf den Karawanenpisten.

Auch die strategischen Entscheidungen waren abwegig. Ein bezeichnendes Beispiel: Mussolini bestand darauf, mit einem großen Expeditionskorps Krieg gegen die Sowjetunion zu führen, obwohl das deutsche Oberkommando das Angebot abgelehnt hatte. Die italienischen Kräfte in Russland wurden von anderen, näher gelegenen Fronten abgezogen[263] und ohne angemessene Ausrüstung ins Verderben geschickt.[264] Was für die Italiener ein „ruhmreicher antibolschewistischer Kreuzzug" werden sollte, endete für sie als Massaker. Der Duce kann als einer der Hauptverantwortlichen gesehen werden. Es ging dabei nicht nur um schuldhafte Sorglosigkeit bei der Ausrüstung oder bei der Auswahl von Kommandeuren.

Mussolini erklärte wiederholt, er gehe von einer „anthropologischen Revolution" aus, die die Italiener in ein Volk von Kriegern und Eroberern verwandeln sollte. Das war eine im Grunde erniedrigende Vorstellung, weil sie eine Gesellschaft nur als zu formendes Material ansah – und die dann auch nicht funktionierte. Die Italiener verstanden nicht den Sinn des faschistischen Kriegs – wenn es einen solchen Sinn überhaupt gab. Der Duce beklagte sich heftig darüber. Als das Scheitern nicht mehr verborgen werden konnte, bestand die Reaktion des Chefs darin, die Italiener zu einem Volk von Schwächlingen zu erklären, die des Schicksals unwürdig waren, das er für sie ausgedacht hatte. Es war eine schäbige und vor allem selbstgerechte Auffassung, wenn man sich ansieht, wie Mussolini sein Volk „auf die Zukunft vorbereitet" hatte.

„‚Mussolini hat Italien vor der Vernichtung gerettet. Wenn Italien mit wenigen Schäden und ohne dramatische Konsequenzen aus dem Zweiten Weltkrieg hervorgegangen ist, verdankt es das nur ihm. Er liebte die Menschen bis zuletzt.' Das soll Albert Einstein geschrieben haben."[265]

Wenn die historische Aufgabe des „Führers" – des Duce – darin be-

[263] Hitler selbst wollte auf die italienischen Soldaten verzichten: „Die entscheidende Hilfe, Duce, können Sie vielmehr geben, wenn Sie Ihre Kräfte in Nordafrika verstärken" (vgl. G. Rochat, „Le guerre italiane", a. a. O., S. 378).

[264] G. Rochat, „Le guerre italiane", a. a. O., S. 383ff.

[265] Inzwischen als Fälschung erwiesen, vgl. https://pagellapolitica.it/bufale/show/369/le-falsi-dichiarazioni-di-gandhi-mandela-ed-einstein-su-mussolini [Anm. d. Übers.]

stand, das eigene Volk auf zukünftige Herausforderungen und Größe vorzubereiten, wie es in faschistischen Übertreibungen heißt, die bis heute nostalgischen Erzählungen über die Zeiten, „als Italien respektiert war", zugrunde liegen, dann haben Mussolini und der Faschismus nichts davon getan.

Die italienische Gesellschaft zu Beginn des Zweiten Weltkriegs war zerrüttet von einer Großmachtpolitik, die keine greifbaren Vorteile gebracht hatte. Der wirtschaftliche und der militärische Apparat waren auf den Krieg nicht wirklich vorbereitet und bereits durch allzu viele Abenteuer erschöpft. Vor allem verstand die Bevölkerung nicht die Motive, aus denen Italien in den Krieg gezogen war.

Die plötzliche Auflösung des faschistischen Regimes nach zwanzig Jahren im Sommer 1943 kann auch erklärt werden als große Desillusionierung angesichts eines Bluffs, der eine Generation lang nur gehalten hatte, weil zu wenige den Mut gehabt hatten zu sagen „Der König – oder der Duce – ist nackt".

Der Duce als Feminist – Mussolini hat die Rolle der Frau in Italien aufgewertet?

Zum Verhältnis zwischen dem italienischen Totalitarismus und den Frauen sind viele falsche Vorstellungen im Umlauf. Die Lügen beruhen im allgemeinen auf der Annahme, der Faschismus sei mit Blick auf Frauenrechte offener gewesen als die Regierungen, die ihm vorausgingen und folgten.

Die Berufung auf vorgebliche Verdienste des Faschismus taucht gewöhnlich in Polemiken auf, die die vielen Probleme betreffen, die die italienische Gesellschaft heute noch beim Umgang mit Gender-Themen hat. Einigen Polemikern in den sozialen Medien zufolge sicherte der Duce eine glückliche Zeit für die Frauen und ihre Rechte.

Man kann von der Annahme ausgehen, dass leider in unserem Land die Frauenfrage mit Blick auf Gehälter, erreichbare Positionen und Anerkennung weit von einer Lösung entfernt ist. Um zu prüfen, welche Bedeutung das faschistische Regime für die Frauenrechte hatte, müsste man zuerst verstehen, was eine Politik gleicher Rechte für die Geschlechter in der italienischen Wirklichkeit des frühen 20. Jahrhunderts bedeutete.

Die Lebensbedingungen der Frauen in den ersten zwanzig Jahren des vergangenen Jahrhunderts veränderten sich stark mit dem Ersten Weltkrieg. Schon vor Kriegseintritt 1915 gab es auch in Italien eine organisierte Bewegung, die für die Anerkennung des aktiven und passiven Wahlrechts der Frauen kämpfte. Diese Bewegung bestand in erster Linie aus gebildeten Vertreterinnen des Großbürgertums. Sie führten Kämpfe, die in einem Land, das Probleme wie Industrialisierung, Alphabetisierung und Kampf gegen die Armut zu bewältigen hatte, nur ein geringes Ausmaß erreichten und kaum wahrgenommen wurden.

Wie Giulia Galeotti in ihrem Buch zur Geschichte des Frauenstimmrechts in Italien schreibt, „waren die Befürworterinnen der Emanzipation in Italien im Großen und Ganzen Frauen des Establishments – sie sympathisierten mit den Thesen Mazzinis[266] und waren geprägt von ihnen. In mancher Hinsicht besaßen sie Bindungen an bedeutende (männliche) Persönlichkeiten jener Epoche".[267] Es handelte sich keinesfalls um eine größere gesellschaftliche Gruppe.

[266] Giuseppe Mazzini: einflussreicher liberaler Politiker in Italien Mitte des 19. Jahrhunderts [Anm. d. Übers.]

[267] G. Galeotti, „Storia del voto alle donne in Italia. Alle radici del difficile rapporto tra donne e politica". Rom 2006, S. 76.

Die Kriegsanstrengungen mit der Notwendigkeit, die zu den Fronten gerufenen Männer zu ersetzen, brachten die Frauen auf einmal in die erste Reihe der Gesellschaft und veränderten unwiderruflich ihre Rolle. Sie betraten die Fabriken, führten wichtige öffentliche Dienstleistungen aus, übernahmen die Leitung von landwirtschaftlichen und anderen Betrieben. So beendeten sie – zumindest in Norditalien und in den Großstädten – das jahrtausendelange soziale Exil, wo sie oft im Haus eingeschlossen waren, damit beschäftigt, dort den Alltag zu regeln und sich um das Aufwachsen der Kinder zu kümmern. Bei Kriegsende 1918 war es undenkbar, dass die Frauen wieder ins Haus gesperrt wurden.

Eine der vielen ungelösten Fragen, die der Erste Weltkrieg hinterließ, war die neue gesellschaftliche Stellung der Frauen. Nach dem Ende des Ausnahmezustandes stieß die von den verschiedenen Frauenbewegungen geforderte Unabhängigkeit auf Argwohn. Der Faschismus – entstanden in den Umbrüchen der ersten Nachkriegszeit – besaß durchaus eine Erzählung für die Welt der Frauen, er ignorierte nicht ihre gewachsene soziale und politische Bedeutung.

Diese Vorstellungen entwickelten sich im Lauf der Zeit weiter und führten auch zur Veränderung von Gesetzen. Was in Wirklichkeit hinter diesen Entscheidungen steckte und was ihre Folgen waren, ist ein kompliziertes Thema.

Am 14. Mai 1923 wurde nirgendwo anders als in Italien der 9. Kongress des damaligen Weltbunds für Frauenstimmrecht[268] eröffnet. Mussolini – erst seit wenigen Monaten im Amt – war bei der Eröffnung anwesend und hielt eine geradezu engagierte programmatische Rede. Er „versprach feierlich das Stimmrecht für die Italienerinnen. Er versicherte er sei ‚bevollmächtigt zu erklären, dass – wenn nichts Unvorhersehbares geschehe – die faschistische Regierung bereit ist, verschiedenen Gruppen von Frauen das Stimmrecht zu geben, angefangen mit Kommunalwahlen'".[269]

Das war eine feierliche Verpflichtung des Regimes zu einer Politik der Emanzipation. Man muss zugeben, dass das Versprechen tatsächlich – in bestimmten Grenzen – gehalten wurde. Am 22. November 1925 billigte der Faschismus den Frauen das kommunale Stimmrecht zu.[270]

268 Weltbund für das Frauenstimmrecht: 1904 gegründete internationale feministische Organsiation [Anm. d. Übers.]

269 G. Galeotti, „Storia del voto alle donne in Italia", a. a. o., S. 30. Die Autorin zitiert die Rede aus: B. Mussolini, „Opera Omnia, a cura di E. e D. Susmel", Florenz 1951-1980, Bd. XIX, S. 215.

270 Gesetz Nr. 2125 vom 22. November 1925 Ammissione delle donne all'elettorato

Aber was eine fundamentale Errungenschaft zu sein schien, war in Wirklichkeit eine Verhöhnung. Zunächst muss man hervorheben, dass es sich nicht um ein allgemeines Stimmrecht handelte. Um wählen zu können, mussten die Frauen mindestens 25 Jahre alt sein und über bestimmte Eigenschaften verfügen. Wählen durften Mütter und Ehefrauen von „für das Vaterland Gefallenen", außerdem mit Medaillen ausgezeichnete Frauen, solche, auf die „väterliche Gewalt" über Minderjährige übergegangen war, weiter Frauen, die lesen und schreiben konnten, einen Hauptschulabschluss besaßen oder die mehr als 100 Lire jährlich an lokalen Steuern zahlten. Diese vielen Anforderungen beschränkten die Gruppe möglicher Wählerinnen auf eine Minderheit mehr oder weniger wohlhabender und gebildeter Frauen – dabei war das Wahlrecht allen versprochen worden.

„Er war der erste, der wirklich an die Frauen dachte!"

Das Gesetz wurde in der Gazzetta Ufficiale vom 9. Dezember 1925 veröffentlicht. Gleichzeitig diskutierte das Parlament jedoch eine wesentlich umfassendere, das Leben aller Italienerinnen und Italiener betreffende Wahlrechtsreform. Am 4. Februar 1926 beschloss man die Reform der Kommunal- und Provinzverfassung.[271] Die Wahl lokaler Vertreter wurde grundsätzlich abgeschafft – stattdessen wurden sie jetzt von der gesamtstaatlichen Exekutive ernannt. Das erst zwei Monate zuvor veröffentlichte Gesetz über das Stimmrecht für einige Frauen hatte seinen Sinn verloren. Keine einzige Frau hatte dieses Recht ausüben können. Und doch verwirklichte der Faschismus durchaus Gleichheit: auch den Männern wurde das kommunale Wahlrecht genommen.

Das Frauenstimmrecht wurde erst im Februar 1945 in Italien eingeführt, als die Regierung der nationalen Einheit unter Bonomi[272] es allen Frauen zugestand, die älter waren als 21 (ausgenommen waren Prostituierte, die außerhalb legaler Bordelle arbeiteten).[273] Zum ersten Mal

amministrativo. In: G. U. Nr. 285 vom 9. 12. 1925.

271 Gesetz Nr. 237 vom 4. Februar 1926 Istituzione del Podestà e della Consulta municipale nei Comuni con popolazione non eccedente i 5000 abitanti. In: G. U. Nr. 40 vom 18. 2. 1926.

272 Regierung Bonomi: der liberale Politiker Ivanoe Bonomi war 1944/45 Chef der provisorischen italienischen Regierung, die von Christdemokraten, Liberalen und Kommunisten getragen wurde. Die ersten freien Wahlen nach dem Sturz des Faschismus folgten 1946 [Anm. d. Übers.]

273 Decreto Legislativo Luogotenenziale (Nr. 23, 1. Februar 1945) Estensione alle

konnten Frauen in Italien dann bei einigen lokalen Wahlen ihre Stimme abgeben. Im folgenden Jahr, im März 1946, erhielten sie auch das passive Wahlrecht, konnten also kandidieren und gewählt werden.[274]

Am 2. Juni 1946 waren auch alle Italienerinnen zur Wahl der Verfassunggebenden Versammlung und zu dem Referendum aufgerufen, das über die Alternative „Monarchie oder Republik" entscheiden sollte. Das Frauenstimmrecht war also eine der vielen Versprechungen, die das faschistische Regime nicht einhielt.

Wahlrecht im Abseits

Allgemein gesehen, war das Verhältnis zwischen dem Regime und dem weiblichen Geschlecht zumindest zweideutig. Auf der einen Seite stellte die Propaganda neben den „neuen Italiener", den Mussolini sich wünschte, die „neue Italienerin" – eine Hälfte des „anthropologischen Traums" des Regimes. Auf der anderen Seite definierte und begrenzte der Faschismus – der dem tief in der Gesellschaft verwurzeltem Paternalismus und Machismus folgte – systematisch den öffentlichen Handlungsraum der Frauen und ihre Autonomie.

Nachdem seine Macht sich gefestigt hatte, begann der Duce mit der Umsetzung seiner Theorie von Größe und Fortschritt der italienischen Gesellschaft. Der Frau fiel dabei eine deutlich umrissene Rolle zu. In der faschistischen Revolution waren die Frauen vor allem aufgerufen, neue Italiener – vorzugsweise männliche – zur Welt zu bringen, aus denen der Duce Soldaten machen konnte.

Die Verdrängung der Frau an den Rand des gesellschaftlichen Lebens entsprach einem anderen Wunsch des Regimes – dem quantitativen und qualitativen Wachstum des italienischen Volks. Die Frauen sollten keine Zeit mit „Männersachen" verlieren, sie sollten vielmehr Söhne zur Welt bringen. Die Erwartungen des Regimes an die Frauen und die Familien zielten darauf, Frauen nicht zu einem sozialen Subjekt zu machen, sondern zu einem Objekt totalitärer Machtpolitik.

In ihrer Rolle als „Erschafferin" neuer junger Italiener (und damit Faschisten) galt die Frau im wesentlichen als „Gebärmaschine" – das entsprach einem bereits in der Gesellschaft vorhandenen Stereotyp.

donne del diritto di voto. In: G. U. Nr. 22 vom 20. 2. 1945.

[274] Decreto Legislativo Luogotenenziale (Nr. 74, 10. März 1946) Norme per l'elezione dei deputati all'Assemblea Costituente. In: G. U. Nr. 60 vom 12. 3. 1946 (Suppl. Ordinario Nr. 60).

Alle konkreten Handlungen des Regimes auf diesem Gebiet gingen von der Annahme aus, Frauen seien „Bauch“ – nicht Individuen.

Die erste systematische Gesetzgebung des Faschismus zu diesem Thema betraf die Gründung der *Opera Nazionale Maternità e Infanzia* (Nationales Werk für Mutterschaft und Kindheit).[275] Diese Institution zentralisierte und vereinheitlichte schon bestehende öffentliche Angebote zur Unterstützung von Frauen und Minderjährigen. Im Mittelpunkt standen nicht die Rechte der Frau als Individuum, sondern der Akt, Kinder zur Welt zu bringen.

Artikel 4 dieses Gesetzes erklärte:

„Die *Opera Nazionale* sorgt – unmittelbar oder durch ihre Organe in Provinzen und Kommunen – für den Schutz der Schwangeren und der bedürftigen oder verlassenen Mütter.“[276] Es ging nicht um Geschlecht, sondern um Funktion – um „Schwangere“, um „Mütter“, nicht um Frauen. Nach den gleichen Grundsätzen wurde der Mutterschutz von Beschäftigten[277] neu geregelt. Ausgeschlossen waren Hausfrauen und Heimarbeiterinnen – also die Mehrzahl der weiblichen Arbeitskräfte in jener Epoche.

Das war das vorherrschende Bild der Frau in der Ideologie der Faschisten. Es unterschied sich kaum von dem, das die patriarchalische katholische Tradition der italienischen Gesellschaft aufgeprägt hatte. Der Faschismus folgte einer historischen Linie, die der Frau eine untergeordnete Rolle im sozialen Leben zuwies.

Dem Faschismus gelang es, die wachsende Bewegung für die Rechte der Frauen in Italien zu neutralisieren. Noch 1928 erinnerte die *Federazione Nazionale per il Suffragio e i Diritti Civili e Politici della Donna* (Nationaler Bund für Stimmrecht, zivile und politische Rechte der Frau) Mussolini in einem offenen Brief an seine vergessenen Versprechungen zum Frauenstimmrecht.[278] In den dreißiger Jahren verstummte die Bewegung. Die allgemeine Einschränkung der zivilen Freiheiten der Italiener ließ keinerlei Raum für geschlechtsspezifische Forderungen.

[275] Gesetz Nr. 2277 vom 10. Dezember 1925 Protezione e assistenza della maternità e dell’infanzia. In: G. U. Nr .4 vom 7.1 .1926.

[276] G. U. Nr. 4 vom 7. 1. 1926.

[277] Regio Decreto-Legge Nr. 654 vom 22. März 1934 Tutela della maternità delle lavoratrici. In: G. U. Nr. 99 vom 27. 4. 1934, übergegangen in Gesetz Nr. 1347 vom 5. Juli 1934. In: G. U. Nr. 199 vom 25.8. 1934.

[278] G. Galeotti, „Storia del voto alle donne in Italia. Alle radici del difficile rapporto tra donne e politica“. Rom 2006, S. 92.

Es gab nicht nur Gesetze, die die reproduktive Rolle von Frauen bewahren sollten, sondern auch eine ganze Reihe von Maßnahmen, die versuchten, ihre Handlungsfreiheit als Bürgerinnen zu beschränken. Einer der schwierigsten Punkte in dem Plan der Faschisten, die Frau auf eine einfache „Brutmaschine" zu reduzieren, war es sie „ins Haus" zu zwingen.

Ein wichtiges legislatives Instrument in diesem Zusammenhang war die Manipulation des Arbeitsrechts, um die Frauen aus dem Berufsleben auszuschließen. Der Zugang zu einem eigenen Einkommen und damit zu persönlicher Unabhängigkeit waren die größten Hindernisse bei Bau eines „häuslichen Käfigs", in den die Frauen gesperrt werden sollten.

Um die Erwartungen der Frauen zu zerstören, ging der Faschismus an zwei Fronten vor, der wirtschaftlichen und der kulturellen. Er verdrängte die Frauen aus der Arbeitswelt und nahm ihnen damit die wirtschaftliche Unabhängigkeit. Und er schloss sie – Lehrende, Lernende und auch Verwaltungskräfte – mehr und mehr aus dem Bildungssystem aus

Man begann damit bei den privaten kirchlichen Schulen und den ausländischen Schulen, die es in Italien gab. Das Königliche Dekret Nr. 1084 vom Juni 1925[279] legte in Artikel 50 fest, dass an solchen Einrichtungen „Frauen sich nicht um Leitungspositionen bewerben können".[280] Kaum ein Jahr später, 1926, wurden Frauen daran gehindert, wissenschaftliche Fächer an den *istituti tecnici*[281] bzw. Literatur und Philosophie an den Gymnasien zu lehren.[282] Das bedeutete eine doppelte Diskriminierung. Man schloss Lehrerinnen vom Zugang zu

[279] Königliches Dekret Nr. 1084 vom 6. Juni 1925 Regolamento per gli istituti privati e pareggiati di istruzione media e per la creazione, regificazione e trasformazione di scuole. In: G. U. Nr. 154 vom 6. 7. 1925.

[280] Königliches Dekret Nr. 1084 vom 6. Juni 1925, Art. 50.

[281] istituti tecnici: berufsbildende Schulen [Anm. d. Übers.]

[282] Königliches Dekret Nr. 2480 vom 9. Dezember 1926 Regolamento per i concorsi a cattedre nei Regi istituti medi d'istruzione e per le abilitazioni all'esercizio professionale dell'insegnamento medio. In: G. U. Nr. 73 vom 29. 3. 1927, Art. 11: „Zu Bewerbungen und Eignungsprüfungen sind Männer und Frauen unterschiedslos zugelassen, mit Ausnahme der Bewerbungen für die Klassen IV, V – begrenzt auf Bewerbungen für istituti tecnici -, VI und VII – begrenzt auf Bewerbungen für klassische und wissenschaftliche Gymnasien (siehe dazu die beigefügte Tabelle). Die als Ausnahme angeführten Bewerbungen und Prüfungen sind Männern vorbehalten. Dagegen sind Bewerbungen und Eignungsprüfungen als Gartenbaulehrerin an den Lehrerbildungseinrichtungen Frauen vorbehalten".

Fächern wie Literatur und klassischer Philosophie aus, die mit der faschistischen Schulreform von Giovanni Gentile[283] zentrale Bedeutung bekommen sollten.

Man stellte klar, dass Frauen nicht Vertrauenslehrerin werden konnten, da sie mit wesentlichen Lehrinhalten nichts zu tun hatten. Außerdem nahm man ihnen die Chance auf eine gesellschaftlich angesehene, abgesicherte und gut bezahlte Karriere. Gleichzeitig hob man hervor, dass bestimmte Stoffe – wie die rein theoretischen – nichts für Frauen seien. Man reservierte aber – das muss man erwähnen – ihnen allein das Fach „Gartenbau", das zum Programm der Lehrerbildungseinrichtungen gehörte.

Öffentliche Dienstleistungen waren traditionell ein Anziehungspunkt für Frauen. Hier konnte man auch am ehesten gesetzliche Veränderungen erreichen. Der Faschismus wollte Frauen von öffentlichen Aufgaben ausschließen, um Platz für Männer zu schaffen und um Fluchtmöglichkeiten „weg vom Herd" zu versperren. Ab 1933 konnten bei Stellenausschreibungen für den Öffentlichen Dienst Frauen ausgeschlossen werden.[284] Das war eine diskriminierende Maßnahme, da für Männer keine vergleichbaren Bestimmungen galten. Damit wurde öffentlichen Einrichtungen die Möglichkeit genommen, Arbeitsplätze anzubieten, zu denen Frauen gleichen Zugang hatten. Die zentrale staatliche Verwaltung – ebenso wie die lokale – konnte sich also ungehindert „vermännlichen".

1934 beschränkte man die Mitarbeit von Frauen in Kommunalverwaltungen[285] – offensichtlich in der Überzeugung, dass Frauen nicht zu Regierungs- und staatlichen Verwaltungsaufgaben befähigt seien. Wenn man die Entwicklung der misogynen faschistischen Gesetzgebung verfolgt, scheint es, als hätten sich die italienischen Frauen an-

[283] Giovanni Gentile: italienischer Faschist, Philosoph, u. a. Erziehungsminister. Nicht zu verwechseln mit dem antifaschistischen Historiker Emilio Gentile. [Anm. d. Übers.]

[284] Regio Decreto-Legge Nr. 1554 vom 28. November 1933 Norme sulle assunzioni delle donne nelle Amministrazioni dello Stato. In: G. U. Nr. 277 vom 30. 11. 1933, überführt in Gesetz Nr. 221 vom 18. Januar 1934. In: G. U. Nr. 48 vom 27. 2. 1934.

[285] Königliches Dekret Nr. 383 vom 3. März 1934 Approvazione del testo unico della legge comunale e provinciale. In: G. U. Nr. 65 vom 17. 3. 1934 (Suppl. Ordinario Nr. 65). Artikel 68 sah insbesondere vor, dass nur Frauen mit besonderen Voraussetzungen – wie Mütter von im Krieg Gefallenen, Trägerinnen von Verdienstmedaillen usw. – Mitglied der ernannten Consulte comunali sein konnten (also der Gremien, die die gewählten Consigli comunali / Kommunalräte in der faschistischen Ära ersetzten).

gesichts dieser Verdrängung nicht fügsam verhalten. 1938 wurde es notwendig, ein Gesetz zu erlassen, das den maximalen Frauenanteil in der öffentlichen Verwaltung und in den privaten Firmen auf zehn Prozent aller Beschäftigten begrenzte.[286]

Im Fall von Firmen oder Behörden mit weniger als zehn Angestellten – also etwa in kleinen Gemeinden oder Kleinfirmen (Ausnahme waren Familienbetriebe) – galt sogar ein ausdrückliches Verbot, weibliches Personal zu beschäftigen. Das war ein ungewöhnlich strenges Gesetz, das nur mit Mühe angewandt werden konnte – es sah die Entlassung tausender qualifizierter Arbeiterinnen, Sekretärinnen oder anderer Angestellter vor. Für junge Frauen, die für eine Karriere in Industrie oder öffentlichem oder privatem Dienstleistungssektor lernten, wurde der Zugang zur Arbeitswelt blockiert.

Das bedeutete wirklich eine Aussperrung – mit weitreichenden Folgen. Ein Effekt der Arbeitsmarkt- und Familienpolitik des Regimes war zum Beispiel, dass Qualifizierung oder Studium von Mädchen ihren gesellschaftlichen Wert verloren. Fächer zu studieren, in denen es nicht zuerst um Haushaltsführung ging, wurde überflüssig. Von den „neuen Italienerinnen" verlangte man eher, „wohlerzogen" zu sein als gebildet.

Diese offensichtlich misogynen Maßnahmen zeigen, wie der Faschismus Frauen auch in seiner populären Rhetorik für minderwertig erklärte, für unfähig, Funktionen in Regierung oder Verwaltung zu übernehmen. Die Frauen wurden zunehmend und systematisch aus dem aktiven Leben und der Arbeitswelt verdrängt – parallel zu einer Maskulinisierung der Gesellschaft und einer Brutalisierung des öffentlichen Diskurses.

Der ideale Faschist war jung, stark und vor allem männlich. Die Frau war in der Vorstellung der Faschisten Mutter, Gattin und gege-

[286] Regio Decreto-Legge Nr. 1514 vom 5. September 1938 Disciplina dell'assunzione di personale femminile agli impieghi pubblici e privati. In: G. U. Nr. 228 vom 5. 10. 1938, überführt in Gesetz Nr. 77 vom 5. Januar 1939. In: G. U. Nr. 30 vom 6. 2. 1939. Artikel 1: „Der Zugang von Frauen zu den Beschäftigungsverhältnissen bei den staatlichen Verwaltungen und den anderen öffentlichen Einrichtungen – bei denen Frauen nach den gegenwärtig geltenden Bestimmungen zugelassen sind – sowie auch zu privaten Beschäftigungsverhältnissen wird auf ein Maximum von zehn Prozent der Arbeitsplätze beschränkt. Die öffentlichen Verwaltungen erhalten die Möglichkeit, einen niedrigeren Prozentsatz bei Berufungen und Einstellungen festzulegen. Öffentliche Verwaltungen und private Firmen mit weniger als zehn Beschäftigten können keine Frau als Mitarbeiterin einstellen. Eine Ausnahme gilt in privaten Firmen für Angehörige des Inhabers bis zum vierten Verwandtschaftsgrad."

benenfalls Witwe. Ihr wirklicher Platz war das Heim, in dem sie eingeschlossen sein sollte, um sich allein mit häuslichen Angelegenheiten und den Kindern zu beschäftigen.

Außer den Gesetzen, die versuchten, die Frau aus dem öffentlichen Leben auszuschließen, gab es weitere Normen, die ihr eine untergeordnete Stellung auch im häuslichen Leben zuwiesen. Der berüchtigte Artikel 587 des neuen Strafgesetzbuchs von 1930 sah „mildernde Umstände" für sogenannte Ehrendelikte vor. „Wer den Tod der Ehegattin, der Tochter oder Schwester verursacht, während er eine illegitime geschlechtliche Beziehung aufdeckt und wegen der Verletzung seiner Ehre und der Ehre seiner Familie in einen Zustand des Zorns gerät, wird mit Haft von drei bis sieben Jahren bestraft".[287] Diese Gesetzespasssage wurde erst 1981 gestrichen. Sie hieß zwei Grundsätze gut: erstens, dass die Ehre eine „Männersache" war und ihre legitime Verteidigung die engsten weiblichen Angehörigen treffen konnte. Eine „entehrte" Frau entehrte auch den Mann, der ihr am nächsten stand – diese Entehrung konnte mit Blut abgewaschen werden und der Täter konnte mit der Milde der Institutionen rechnen.

Der zweite Grundsatz bestand darin, dass de facto das Leben einer Frau weniger wert war als das eines Mannes. In einer Zeit, als es in Italien noch keine Ehescheidung gab, waren die „mildernden Umstände", die das Gesetz vorsah, eine ständige Bedrohung für Frauen auf der Suche nach Unabhängigkeit, für Frauen, die ein eigenes autonomes Leben führen wollten, vielleicht an der Seite eines anderen Mannes. Es war im Grunde eine Aufforderung zum Femizid.

Die gleiche Haltung fand sich in Artikel 544 des Strafgesetzbuchs, wo die sogenannte „wiedergutmachende Eheschließung" geregelt wurde. Wer sexuelle Gewalt gegen eine Frau (auch eine minderjährige) ausgeübt hatte, blieb straflos, wenn er mit ihr die Ehe einging. Neben der offensichtlichen Unmenschlichkeit, eine Frau dazu zu verurteilen, ein Leben lang mit ihrem Vergewaltiger zu leben, drückte das Gesetz auch aus, dass für eine Ehe der freie Wille der Frau völlig überflüssig war.

Auf der selben Linie wurden die Verbrechen Vergewaltigung und Inzest nur noch als „Handlungen gegen die Moral" – statt gegen das Individuum – definiert. Auch dieser Artikel des Strafgesetzbuchs wur-

[287] Artikel 587 des Codice Penale (gebilligt mit Königlichem Dekret Nr. 1398 vom 19. Oktober 1930). Abgeschafft wurde die Bestimmung mit Artikel 1 des Gesetzes Nr. 442 vom 5. August 1981 Abrogazione della rilevanza penale della causa d'onore.

de erst 1981 abgeschafft.[288] Der Angriff des Faschismus auf die weibliche Persönlichkeit als unabhängig und dem Mann gleich war nichts Zufälliges: er „hatte System". Hinzuweisen ist außerdem auf ein merkwürdiges Detail des öffentlichen Diskurses jener Epoche – die Rede war zwar von „Fruchtbarkeit", aber das ging über in sexuelle Exaltiertheit.

Bekannt sind die – teils wahren, teils unwahren – Erzählungen über die sexuelle Freizügigkeit und Gier Mussolinis. Es war offene, sogar zur Schau gestellte Untreue – das Regime selbst befeuerte damit den Mythos vom „maskulinen" Duce. Es gab ein doppeltes Bild von der Frau des Chefs: auf der einen Seite die „Magd am Herd", wie sie ikonisch Rachele Guidi verkörperte, die die faschistische Propaganda gleichsam in Form einer Antonomasie[289] „*donna Rachele* / Frau Rachele" nannte.

Die Ehefrau des Duce schenkte ihm fünf Kinder und hielt die Familie intakt, sie garantierte ihrem Ehemann bedingungslose Treue und kümmerte sich anscheinend nicht um seinen wiederholten offensichtlichen Verrat.[290]

Auf der anderen Seite gab es Mussolinis Geliebte, einige von ihnen mit nichtehelichen Kindern. Die letzte dieser Frauen – die fast schon eine offizielle Rolle als Favoritin spielte – war Clara Petacci. Sie war Sexualobjekt, sie blieb als niedliche „Claretta" in Erinnerung – als wäre sie ein Kind. In den Augen des Duce und auch der öffentlichen Meinung war sie immer eine Minderjährige, eine hübsche Trophäe für einen Mann, der sich dem Alter näherte. Sie war dem Duce ebenso treu wie seine Ehefrau, sie teilte mir Mussolini das gewaltsame Ende und die öffentliche Schmähung nach dem Tod. Die tragische Zurschaustellung ihrer Leiche neben der des Diktators war das letzte Bild der faschistischen Frau.

„Und schön war er auch! Alle Italienerinnen waren in ihn verliebt!"

[288] Gesetz Nr. 442 vom 5. August 1981.

[289] Antonomasie: Formulierung, bei der ein Eigenname durch eine Umschreibung ersetzt wird [Anm. d. Übers.]

[290] Nach dem Tod des Duce schrieb Rachele Guidi sogar Bücher, in denen sie ihren Ehemann – trotz allem – verteidigte. Das erste erschien schon 1948 mit dem familiären Titel „La mia vita con Benito / Mein Leben mit Benito" (Mailand 1948).

Der Duce als Humanist – War Mussolini ein „guter" Diktator und Beschützer der Juden und Muslime?

Zu den wichtigsten Verzerrungen bei der Wahrnehmung des faschistischen Regimes und Mussolinis gehört es, den Faschismus als Totalitarismus „mit menschlichem Gesicht" zu betrachten. Das ist eine besonders schwer zu analysierende Behauptung, da sie sich auf ganz unterschiedliche Elemente bezieht. Die meisten Beobachtungen ließen sich schon dadurch entwerten, dass der Faschismus bewusst versuchte, die bürgerlichen Freiheiten der Italiener einzuschränken. Die Freiheit des Denkens, des Ausdrucks, der Bewegung und der Vereinigung wurde systematisch unterdrückt.

Diese Einschränkungen wurden gerechtfertigt mit der Notwendigkeit, die neuen Strukturen des Staates zu stabilisieren. Sie wurden aber auch nicht aufgehoben, als Mussolini schon lange Jahre regierte. Es gibt Leute, die aus Überzeugung oder aus Liebe zur Polemik erklären, nur wegen dieser Einschränkungen könne man die zwanzig Jahre Faschismus nicht verurteilen. Wenn es um ein Urteil über diese Periode der italienischen Geschichte geht, wird oft ein Vergleich zwischen dem faschistischen Regime und den anderen damaligen Totalitarismen gezogen.

Alles in allem wird der Eindruck erweckt, verglichen mit Hitler sei Mussolini auf jeden Fall „besser" gewesen. Für diese verbreitete Auffassung finden sich viele Motive – nicht nur unter den Revisionisten, sondern auch in der italienischen Gesellschaft allgemein. Nur wenige sind heute bereit, die zwanzig faschistischen Jahre mit den zwölf Jahren des NS-Terrors auf eine Stufe zu stellen. Die Neigung, sich selbst von Schuld freizusprechen, ist eine typisch italienische Haltung, verursacht durch eine fehlende Reflexion in der Nachkriegszeit über den wirklichen Charakter des Faschismus.

Verbreitet wurde besonders der Mythos „Die Italiener sind gute Leute!" (*„italiani brava gente!"*), der noch heute fortlebt. Die Partisanenbewegung von 1943-45 genügte, um aus der Erinnerung der Italiener die Tatsache zu löschen, dass das faschistische Regime zwanzig Jahre lang die Zustimmung eines großen Teils der Bevölkerung besaß. Nachkriegsdeutschland wurde von den Alliierten gezwungen, mit dem Nazismus abzurechnen – auch wenn beschwichtigende Erzählungen sich durchsetzten, auch wenn der Schatten eines „großen Betrugs" oder einer magischen Überwältigung durch den „Führer" die massenhafte Zustimmung verdecken sollte.

Der Prozess der „Entnazifizierung“ wurde von den Alliierten gewollt und vorangetrieben. Auch wenn die Ergebnisse oft enttäuschend ausfielen, kam eine Debatte über die Verantwortung der deutschen Gesellschaft in Gang (sie ist es immer noch). Zu einem vergleichbaren Prozess der „Defaschisierung“ kam es dagegen in Italien nie.

Zu akzeptieren, dass volle zwanzig Jahre in der Geschichte des Landes ein großer historischer Fehler waren, der Trauer und Zerstörung verursacht hatte, war zu viel verlangt von einer Generation von Menschen, die – in der faschistischen Ära geboren und aufgewachsen – nach den Tragödien des Krieges vor der Notwenigkeit standen, „eine neue Seite aufzuschlagen“ und von Null aus nicht nur eine Nation aufzubauen, sondern auch das Gefühl der Zugehörigkeit zu einer Gemeinschaft.

Die bequeme Lösung war, einen großen Teil der Verantwortung für die Entfesselung des Krieges und für seine Schrecken auf die deutschen Verbündeten und auf den Nazismus abzuschieben. Im Vergleich schien vielen der italienische Faschismus eine verwässerte Version des Nationalsozialismus. Außerdem stellte man manche Züge der italienischen Diktatur einfach als lächerlich dar, als operettenhaft, als Karikatur.

Sogar der Begriff „Nazifaschismus“ (*„nazifascismo“*), der das Mussoliniregime der späten Jahre 1943-45 charakterisieren sollte und der den Faschismus der Repubblica Sociale Italiana und den Nazismus unter einem Begriff fasst, lässt eine unausgesprochene, aber verführerische Interpretation zu. Wenn seit 1943 ein neuer Begriff gebraucht wurde, um den späten Faschismus – den der Deportationen und der Massaker an Italienern – zu kennzeichnen, dann bedeutete diese semantische Wahl, dass es in Italien vor diesem „schlechten Faschismus“ auch einen weniger grausamen, gleichsam einen „guten Faschismus“ gegeben hatte.

Das ist eine geschönte Erzählung, die im Lauf der Zeit immer mehr Raum gewonnen hat – auch wegen des Verdämmerns der republikanischen Rhetorik vom modernen, in Antifaschismus und Widerstandsbewegung „wiedergeborenen“ Italien. In die Sprache der Politik ist faschistische Gewalt – kaum glaublich – als „Urlaub“ eingegangen.[291] Eine wirkliche Verurteilung des italienischen Faschismus

291 Das versicherte Silvio Berlusconi in in seinem berühmten Interview mit der britischen Zeitung The Spectator im September 2003, als er Ministerpräsident war. Er verglich den Duce mit Saddam Hussein: „Mussolini hat nie jemanden umgebracht, ein Vergleich mit Saddam ist nicht möglich. Das faschistische Regime war nicht so grausam. Der Duce schickte die Leute in die Verbannung in Urlaub“. Vgl. Corriere della Sera vom 11. September 2003.

scheint es heute nicht zu geben, selbst offensichtliche Bekundungen von faschistischem Revisionismus gehen auf juristischer Ebene als „Akte der Erinnerung" durch.[292]

Dieser moralische Rabatt hat etliche Legenden und viele Mechanismen, sich selbst von Schuld freizusprechen, ermöglicht. Es könnte daher nützlich sein, im Einzelnen zu überprüfen, wie Mussolini und der Faschismus in bestimmten Bereichen handelten, um besser zu verstehen, wie viel tatsächliche „Güte" der erste Totalitarismus des 20. Jahrhunderts zeigen konnte.

„Mussolini ist der einzige Politiker, der sein Volk liebte!"

War Mussolini Rassist?

Unter den vielen Legenden, die über die „Freundlichkeit" des Faschismus in Umlauf sind, dient insbesondere eine dazu, die Anschuldigung des Rassismus abzuwehren. Die Diktatur sei nicht rassistisch gewesen, auch die „Rassegesetze" von 1938 seien nur ein Einlenken gegenüber dem Willen des deutschen Verbündeten gewesen – von Hitler aufgezwungene Gesetze, die die faschistische Regierung allenfalls in geringem Umfang anwandte .

Ein Teil der Revisionisten hat im Lauf der Jahre die Meinung vertreten, der Duce habe geradezu Juden geholfen, den Krallen der Nazis zu entkommen. Um diese Auffassung zu widerlegen und um das Verhältnis zwischen Faschismus und Rassismus besser einzuordnen, muss man auf das kulturelle Umfeld zurückblicken, in dem der Faschismus sich entwickelte.

Der italienische Rassismus vor Mussolini

An erster Stelle muss man daran erinnern, dass auch die Welt, in der der das faschistische Denken entstand, ausgesprochen rassistisch war – zumindest in dem Maß, in dem alle Gesellschaften sich als rassistisch erwiesen, die den Kolonialismus der eigenen Staaten unterstützten oder zumindest nicht boykottierten. Die Kolonialstaaten entwickelten bewusst oder auch nur als Begleiterscheinung des eigenen geopolitischen Handelns eine Mentalität rassistischer Vorherrschaft, um sich zu legitimieren.

[292] Corte di Cassazione, Urteil Nr. 8108/2018. „Der Kassationsgerichtshof über den Römischen Gruß: ‚Keine Straftat, wenn es sich um einen Akt der Erinnerung handelt'." La Repubblica vom 20. 2. 2018.

Die Idee angeborener oder natürlicher Unterschiede zwischen den verschiedenen Völkern der Erde beherrschte die Wertvorstellungen der Italiener schon lange vor 1922. Die Rechtsordnung für die Kolonien war eindeutig diskriminierend gegenüber den sogenannten Eingeborenen. Das galt für Italien wie für die anderen europäischen Mächte.

Das Königliche Dekret von 1902 beispielsweise[293], das die Entstehung des eritreischen Justizsystems bedeutete, legte fest, dass die lokalen Gerichte keine Jurisdiktion über die Italiener in der Kolonie besaßen und dass bei Streitfällen zwischen Italienern bzw. „Gleichgestellten" einerseits und Angehörigen der Kolonialbevölkerung andererseits der Richter Italiener sein musste. Die Formulierung „Gleichgestellte" war besonders bezeichnend – sie bezog sich auf alle weißen Europäer in der Kolonie.

Es war ein westlicher Rassismus, der auf mehrdeutige Weise an die Vorstellung gebunden war, die Kipling als „Bürde des weißen Mannes" bezeichnete[294]. Die Weißen in der Kolonie bildeten – unabhängig von ihrer Herkunft – eine Gemeinschaft, die durch Privilegien und Verpflichtungen verbunden war, die sich aus ihrer Zugehörigkeit zu einer „höheren Rasse" ergaben. Zwei verschiedene Rechtssysteme waren notwendig, man nahm an, die Indigenen seien nicht in der Lage, die für die Europäer geltenden Gesetze zu befolgen.

Der Historiker Luciano Martone stellte trocken fest: „Der Wilde – so glaubten die Befürworter einer gesonderten Gesetzgebung – begeht Straftaten aus Motiven, die in die Welt der Glaubensideen, der Phantasmen und der ethnischen Vorurteile gehören und die er von seinem sozialen Umfeld gleichsam erbt".[295] So war die Überzeugung nicht nur der Gesetzgeber, sondern auch eines großen Teils der italienischen Gesellschaft jener Zeit.

Daher ist es sinnlos, über Rassismus der Faschisten der zwanziger Jahre zu diskutieren – es handelte sich um eine gleichermaßen in allen sozialen Schichten Italiens verbreitete Einstellung. Was den spezifisch faschistischen Rassismus vom volkstümlichen Rassismus möglicher-

[293] Königliches Dekret Nr. 51 vom 9. Februar 1902, Circa l'ordinamento giudiziario della Colonia Eritrea. In: G. U. Nr. 74 vom 29. 3. 1902.

[294] Das Gedicht The White Man's Burden von 1899 spricht von der – schwierigen und undankbaren – Aufgabe, die dem weißen Mann als Träger der Zivilisation in der Welt zufällt. Vgl. R. J. Kipling, „Poesie". Rom 2012.

[295] L. Martone, „Giustizia coloniale. Modelli e prassi penali per i sudditi d'Africa dall'età giolittiana al fascismo". Neapel 2002, S. 30.

weise unterscheidet, ist die Konstruktion des Mythos von der italienischen Rasse[296].

Das war eine Manie gerade Mussolinis, die mit seiner buntgemischten Lektüre klassischer und moderner Autoren zusammenhängt. Von einer „lateinischen Rasse" in Gegensatz zu einer angelsächsischen sprach Mussolini öffentlich schon vor der Gründung der faschistischen Bewegung. Auf einer Kundgebung in Bologna am 19. Mai 1918 – als er einer von vielen war, die versuchten, sich das „Feuer" des noch andauernden Kriegs politisch zu nutze zu machen – zitierte Mussolini den Schriftsteller Herbert G. Wells, als er über den Charakter der „lateinischen Rasse" sprach: diese „empfinde die Schönheit des persönlichen Wagemuts, die Faszination des Risikos, den Geschmack am Abenteuer".[297]

Mussolini als (noch) einfacher politischer Agitator verstand bereits, was die die Idee der Rasse in der Geopolitik ausmachte: nämlich von Genetik oder Klima festgelegte Eigenschaften, die eine Vorherbestimmung von Daseinsweise und Kampfbereitschaft einschlossen.

Dass „Rasse" und „Rassen" ein zentrales Element im Denken Mussolinis waren, ergibt sich allein schon aus seiner nie zufälligen Verwendung der Begriffe. Der Historiker Emilio Gentile stellt in diesem Zusammenhang fest: „Mussolini glaubte, dass ‚die Rasse eine so harte Tatsache ist wie der Granit', wie er am 1. Februar 1921 schrieb. Und diese Tatsache machte den Internationalismus zu einem ‚absurden Märchen', weil ‚die Massen sich im Tiefsten nicht über die unabweisbare Gegebenheit der Rasse und der Nation hinwegsetzen und auch nicht hinwegsetzen können – und das zum höchsten Glück.'".[298]

In seiner ersten Rede vor dem Abgeordnetenhaus am 21. Juni 1921 bezeichnete Mussolini die Provinz Alto Adige[299] – gerade von Italien angeeignet – als „eine gemischtsprachige Region, wo der Gegensatz der Rassen sehr alt und äußerst heftig ist".[300] Wieder einmal stand das Thema der „Rassenunterschiede" im Mittelpunkt von Überlegungen

[296] Der italienische Begriff „razza" war diffuser und weniger „biologisch" geprägt als der deutsche Begriff „Rasse" [Anm. d. Übers.]

[297] Laut Il Popolo d'Italia Nr. 142, 24. Mai 1918.

[298] E. Gentile, „Fascismo di pietra", a. a. O., S. 47.

[299] Alto Adige: nördlicher Teil (um Bozen/Bolzano) der Region Trentino-Alto Adige / Trentino-Südtirol [Anm. d. Übers.]

[300] Atti parlamentari, Camera dei Deputati, Legislatura XXVI, prima sessione, discussioni, tornata del 21 giugno 1921, S. 89. In: storia.camera.it.

über ein Territorium und die Formen, es zu besiedeln. Verschiedene und gleichsam unversöhnliche „Rassen" waren wieder einmal die „lateinische" und die „nordische".

Im Lauf der Zeit gewann das „Rasseproblem" in der Rhetorik des Duce an Bedeutung, es wurde deutlicher formuliert und um neue Elemente bereichert. Zu diesem pseudowissenschaftlichen Ansatz kam noch die Erfahrung des Hasses auf den Feind hinzu, den die Propaganda im Ersten Weltkrieg gelehrt hatte. Der Hass auf einen Anderen, der nicht einfach besiegt, sondern ausgelöscht werden sollte, war Ergebnis der langen Jahre von Grabenkrieg gegen einen unsichtbaren Feind, den man durch Artilleriebeschuss, Maschinengewehre und Gas vernichten wollte.

Die unausweichliche Gegenwart des Anderen, die diesen Vernichtungswillen auslöste, ging in der kriegerischen Rhetorik jener Zeit einher mit der Überhöhung des „Vaterlandes" in einer regelrechten Religion des „höchsten Wesens". Gerade in den Schützengräben entstand das, was Emilio Gentile definierte als „den Mythos des Italienertums (mito dell'italianismo), den Glauben an eine neue Vorrangstellung Italiens, an die Verschmelzung von rechtem und linkem Radikalismus, was den Boden für die neue faschistische Synthese bereitete".[301]

Aus den Schützengräben bezog der Faschismus die Idee, nur er selbst könne diesen italianismo physisch repräsentieren. Wer sich widersetzte, sei etwas anthropologisch Fremdes: „Der Faschismus sah die politischen Gegner als Menschentypen, die mit dem neuen aus dem Krieg entstandenen Italien anthropologisch unvereinbar waren. Die Antifaschisten waren als Menschen verachtenswert, aus Feigheit gewalttätig, gierig allein nach materiellen Gütern. Sie leugneten das Vaterland – eben deshalb waren sie keine Italiener mehr, sie waren vielmehr Antiitaliener, die man verfolgen und ausrotten sollte."[302]

Der Hass steht im Mittelpunkt des Denkens dessen, was man als „Faschismus der Straße" definieren könnte. Das war der Faschismus der Gewalttaten in aller Öffentlichkeit in den Jahren nach dem Ersten Weltkrieg, als neben den eigentlichen squadrismo überall Elemente der „Angst vor dem Anderen" traten, wie sie typisch für das militärische Leben im Krieg waren.

Der Faschismus der Anfänge forderte den Tod seiner Feinde, etwa der Sozialisten, „weil sie Sozialisten sind" – also Personen, die unabwendbar anders sind und es daher verdient haben, vernichtet zu wer-

[301] E. Gentile, „Fascismo", a. a. O., S. 6.

[302] E. Gentile, „Fascismo", a. a. O., S. 247.

den. Die squadristi zögerten nicht, auf Demonstrationszüge von Arbeitern zu schießen oder Sprengsätze zu werfen, selbst wenn Frauen und Kinder dabei waren.[303]

Die Roten als Abschaum waren eine gesichtslose Masse von Feinden. Harte Worte fielen, vergleichbar denen Hitlers in der selben Zeit über die Juden. Diese grundsätzliche Gewalttätigkeit – die nicht Mittel entschlossenen Kampfes war, sondern das Wesen der Politik des Faschismus als Bewegung – machte die Auseinandersetzungen auf den Straßen 1921/22 besonders brutal.

Gaetano Salvemini erinnert daran, dass etwa dreitausend Menschen allein in diesen beiden Jahren von den squadristi getötet wurden.[304] Während der Faschismus wuchs, stellte er von Anfang an klar, wer es wert war, Italiener zu sein und wer nicht. Zuerst ging es gegen die Sozialisten, nach der Machtübernahme dann gegen die Liberalen und das fortschrittliche Bürgertum. Zum ersten Mal in der Geschichte definierte eine Regierung „Staatsfeinde“ und machte sich daran, sie zu beseitigen.

Die faschistische Rhetorik erklärte von ihren ersten Anfängen an, die historische Aufgabe der Bewegung sei es, einen „neuen Menschen“ zu schaffen. „Mussolini und Faschisten sahen sich als eine Avantgarde neuer Italiener, die eine anthropologische Revolution durchsetzen wollten, um eine neue italienische Rasse von Herrschern, Eroberern und Schöpfern einer Zivilisation zu schmieden.“[305]

An der Macht und im Kampf gegen die Anderen

Der Nazismus verdichtete den eigenen gewalttätigen Rassismus in dem Begriff „Staatsfeinde“ –, wobei es vor allem um die Juden ging, aber auch um Kommunisten, Homosexuelle, Jehovas Zeugen, „Asoziale“ usw. Ebenso entwickelte die faschistische Rhetorik, gerade die Mussolinis, eine effiziente „Rhetorik über den Feind“ gegenüber allen Oppositionellen und „Anderen“. Erstes Ziel der Gewalt waren jene, mit denen es politische Konflikte gab, aber von Anfang an ging auch um soziale und – seit der Machtübernahme – um ethnische Differenz.

303 Zur Gewalt in der Zeit, als Mussolini nach der Macht strebte, vgl. G. Salvemini, „Le origini del fascismo in Italia. Lezioni di Harvard“, hg. von R. Vivarelli. Mailand 1979.

304 G. Salvemini, „Le origini del fascismo in Italia“, a. a. O., S. 321

305 E. Gentile, „Fascismo“, a. a. O., S. 235.

Die systematischen Massaker, um die Kolonie Libyen zu „befrieden", waren das erste Beispiel dafür, wie der Faschismus mit denen umgehen wollte, die sich nicht der Rhetorik vom faschistischen Vaterland beugen wollten. Der Einsatz von Gas gegen Zivilisten, die terroristischen Bombardements oder die Dezimierungen waren Verbrechen aus der faschistischen Logik heraus, dass ein ganzes Volk – und seine Angehörigen von Geburt an – Schuld für bestimmte Dinge trug. Gelenkt wurde diese – „Neueroberung" genannte – Repressionspolitik von Rodolfo Graziani, der sich während seines Aufenthalts in Libyen den bezeichnenden Beinamen „Schlächter der Araber" verdiente.[306]

Die „Befriedung" wurde mit allen Mitteln betrieben. Besonders brutal waren die Deportationen ganzer Bevölkerungsgruppen aus den Binnenregionen in Konzentrationslager nahe der Küste, um eine Unterstützung der libyschen Kämpfer aus der Bevölkerung unmöglich zu machen. Man führte Krieg gegen die ganze Berberbevölkerung, ohne zwischen Zivilisten und Partisanen, zwischen Waffenfähigen und anderen zu unterschieden. Deportationen und Massaker trafen unterschiedslos Frauen, Kinder und Alte.

Schon Ende der zwanziger Jahre galten die Leitlinien, die dann während des Befreiungskrieges auch bei den faschistischen Massakern in Mittel- und Norditalien das Handeln bestimmten. Für Libyen nannte Graziani selbst die Zahlen zu den Verbrechen. In die Lager nahe den italienischen Garnisonen wurden nicht weniger als 100 000 Personen gesperrt.[307] Als die Lager 1933 aufgelöst wurden, kehrten weniger als 60 000 nach Hause zurück.[308]

Für Giorgio Rochat „war die Deportation der Menschen des al-Dschabal al-Achdar[309] und ihre anschließende Vernichtung das vermutlich schlimmste Verbrechen des italienischen Kolonialismus."[310] Den Daten der italienischen Volkszählungen zufolge betrug die libysche Bevölkerung 1921 570 000 Menschen. 1931 war sie auf 512 000 gesunken. 58 000 Personen – zehn Prozent der Bevölkerung – waren nach Deportationen, Massentötungen und Zwangsumsiedlungen vom Schauplatz verschwunden.

306 A. Del Boca, „Italiani, Brava gente?", a. a. O., S. 167.

307 A. Del Boca, „Italiani, Brava gente?", a. a. O., S. 178.

308 A. Del Boca, „Italiani, Brava gente?", a. a. O., S. 180.

309 al-Dschabal al-Achdar (italienische Bezeichnung Gebel): gebirgige Region im östlichen Libyen [Anm. d. Übers.]

310 G. Rochat, „Le guerre italiane", a. a. O., S. 13.

Schon dieser erste Überblick genügt, um den Mythos von der „Güte" des Duce und seiner Hierarchen zu untergraben. Was sich mit Blick auf ihre Pläne für Libyen noch erklären ließe als gewaltsamer Versuch, eine schon seit einem Jahrzehnt rebellierende Kolonie zu befrieden, erwies sich dann als Konstante in der Vorgehensweise des Regimes. Der „Faschismus der Grenze" wandte systematisch Methoden der kulturellen Auslöschung an, um die feindlichen Ethnien zu vernichten.

In Südtirol wie auch an der östlichen Adriaküste – wo verschiedene Realitäten nebeneinander existierten und wo eine besondere „Kultur der Grenzzonen" entstanden war – wurde in Gebieten mit ethnisch gemischter Bevölkerung italienische Sprache und Lebensformen gewaltsam durchgesetzt. Diese Gewaltsamkeit der ethnischen Überwältigung war Folge eines eindeutig rassistischen Hasses, in dem die Auseinandersetzung mit dem „Anderen" Völkermord bedeutete.

Für die deutschsprachige Bevölkerungsgruppe im Alto Adige, die in Hitlerdeutschland einen gefährlichen Beschützer besaß, wurde ein Deportationsplan beschlossen. Für Slowenen und Kroaten[311] , die keine so aufmerksamen Freunde besaßen, öffneten sich während des Zweiten Weltkriegs die Tore italienischer Konzentrationslager, eine Massenvernichtung kam in Gang.[312] Manche Historiker nehmen an, dass allein im 1942 eröffneten KZ Arbe[313] in weniger als einem Jahr unter italienischer Verantwortung 35 000 Slowenen inhaftiert wurden.[314]

Andere – wie der Historiker Filippo Focardi – schätzen, dass 25 000 slowenische Zivilisten in der Zeit der italienischen Militärverwaltung deportiert wurden. Nach den Volkszählungsdaten lebten in der Regi-

[311] Slowenen und Kroaten: in Norditalien lebten und leben slowenische und kroatische Minderheiten. Im Zweiten Weltrkieg besetzte Italien weite Gebiete Jugoslawiens [Anm. d. Übers.]

[312] Zur „Optionspolitik" im Alto Adige vgl. F. Scarano, „Tra Mussolini e Hitler. Le opzioni dei sudtirolesi nella politica estera fascista", Mailand 2012. Zur faschistischen Gewalt auf dem Balkan vgl. (neben dem schon erwähnten Del Boca) G. Oliva, „Si ammazza troppo poco. I crimini di guerra italiani, 1940-1943". Mailand 2007 [„Optionspolitik": Vereinbarung zwischen Italien und NS-Deutschland: die deutschsprachige Minderheit konnte für Deutschland „optieren" und dorthin übesiedeln - Anm. d. Übers.]

[313] Arbe: auf der Adriainsel Rab - auch als KZ Rab oder KZ Kampor bezeichnet [Anm. d. Übers.]

[314] C. Di Sante, „Italiani senza onore. I crimini in Jugoslavia e i processi negati, 1941-1951", Verona 2005, S. 39.

on 330 000 Menschen – demnach handelte es sich um acht Prozent der slowenischen Bevölkerung.[315]

Methoden der sogenannten Befriedung waren auch hier Deportation und Massenmord. Nicht ohne Grund sprechen einige Historiker mit Blick auf die faschistische Invasion Jugoslawiens von einer „kolonialistischen Grundhaltung".[316]

„Er hat die Kolonien zivilisiert und in einem Dekret bestimmt, dass die Menschen dort die selben Rechte und Pflichten wie Italiener hatten – weil sie ITALIENER waren!"

Vor den „Rassegesetzen" gab es „rassistische Gesetze"

In der Gesetzgebung wurde ein bestimmtes Weltbild deutlich: schon vor 1938 waren die Gesetze des Faschismus rassistisch. Bekanntlich ging der Codice Coloniale für Eritrea, der dann zur Grundlage für die gesamte Gesetzgebung in den italienischen Kolonien wurde, von der Unterscheidung zwischen weißen Europäern und Kolonisierten aus. Diese Abgrenzung wurde nicht nur beibehalten, sondern weiter verschärft. 1933 verabschiedete man das Gesetz zur „Organisatorischen Ordnung für Eritrea und Somalia / Ordinamento organico per l'Eritrea e la Somalia".[317]

Dieses Gesetz enthielt Leitlinien zur „rassischen" Identifizierung der Kolonialuntertanen – dabei wird ihr untergeordneter Status gegenüber den Weißen deutlich. Im Artikel 15 liest man beispielsweise:

„Eritreische oder somalische Untertanen sind:

a) alle Individuen, die ihren Wohnsitz im italienischen Eritrea oder Somalia haben und keine italienischen Bürger oder Bürger oder Untertanen anderer Staaten sind;

b) Personen mit eritreischem oder somalischem Vater oder – im Fall, dass der Vater unbekannt ist – mit eritreischer oder somalischer Mutter;

[315] F. Focardi, „Il cattivo tedesco e il bravo italiano. La rimozione delle colpe della seconda guerra mondiale". Rom, Bari 2013, S. 132.

[316] Vgl. D. Rodogno, „Il nuovo ordine mediterraneo. Le politiche di occupazione dell'Italia fascista in Europa (1940-1943)". Turin 2003, S. 88. Der Historiker benutzt diese Definition, um die rassistische und imperialistische Grundhaltung bei der Verwaltung der von Italien besetzten Territorien zu beschreiben.

[317] C. Di Sante, „Italiani senza onore. I crimini in Jugoslavia e i processi negati, 1941-1951". Verona 2005, S. 39.

c) in Eritrea oder Somalia Geborene, wenn beide Eltern unbekannt sind;
d) die mit einem eritreischen oder somalischen Untertanen verheiratete Frau;
e) das zu einer afrikanischen oder asiatischen Bevölkerungsgruppe gehörende Individuum, das bei der öffentlichen Verwaltung in der Kolonie zivilen oder militärischen Dienst leistet oder schon solchen Dienst geleistet hat und in der Kolonie seinen Wohnsitz hat."

In der Praxis brauchte man also zwei grundlegende Eigenschaften, um kolonialer Untertan zu sein: man musste seinen Wohnsitz in der Kolonie haben und nicht weiß sein. Interessant ist der Hinweis auf die Asiaten: es gab tatsächlich am Horn von Afrika Gruppen zugewanderter Geschäftsleute – vor allem Inder -, und ihre weder weiße noch schwarze Identität sollte aufgrund der von ihnen übernommenen Arbeit näher definiert werden.

Diese erste Aufteilung der Bevölkerung stellte sicher, dass die Kolonialgesetzgebung nicht nur für die Weißen galt. Der Artikel 16 legte fest, dass ein Wechsel der Staatsbürgerschaft nur mit Zustimmung des Gouverneurs möglich war, nachdem zuvor eine Anerkennung als Kolonialuntertan erfolgt war. Das war eine nützliche Festlegung mit blick auf nomadische Bevölkerungsgruppen, deren Vertrauen man jedoch gewinnen wollte, um die lokalen Ressourcen besser ausbeuten zu können. Es ging um eine Begrenzung der Bewegungsfreiheit, die den dort angesiedelten italienischen Unternehmen die Kontrolle über die billigen Arbeitskräfte garantieren sollte. Dabei zerstörte man die jahrtausendealte nomadische Kultur.

Artikel 17 sah vor, dass „der im italienischen Eritrea oder Somalia von unbekannten Eltern Geborene – falls die körperlichen Merkmale und mögliche andere Indizien zu der grundlegenden Annahme führen, dass beide Elternteile weißer Rasse sind – zum italienischen Bürger erklärt wird." Der faschistische Staat sorgte sich hier um verlassene „mit Sicherheit weiße" Kinder und stellte sie unter den Schutz der Gesetze des Mutterlandes. Der Faschismus wollte Kinder der „Herrenrasse" nicht verlieren und zugleich Irritationen unter der Kolonialbevölkerung verhindern.

Artikel 18 dagegen regelte den Anspruch auf Einbürgerung nach Vollendung des 18. Lebensjahres von Personen, die „über körperliche und andere Merkmale verfügen, die zu der grundlegenden Annahme führen, eines der Elternteile sei weißer Rasse." Um einen Einbürgerungsantrag zu stellen, durfte das Individuum nicht polygam sein, keine Vorstrafen aufweisen, musste die dritte Grundschulklasse erfolgreich abgeschlossen haben und über eine „vollkommen italienische" Erziehung verfügen. Die Bewilligung eines Antrags war also Ermessenssache und dem unanfechtbaren Urteil des Gouverneurs überlassen.

Dieser rassistische Impuls blieb für die betroffenen Territorien nicht folgenlos. Er hatte mehr als oberflächliche Bedeutung. Wie der Historiker Nicola Labanca schrieb, „blieb die Institutionalisierung der Rassenherrschaft in den Kolonien nicht auf ein einzelnes Gesetz beschränkt – sie bedeutete vielmehr eine ausufernde, differenzierte Produktion von Normen".[318] Das verweist auf zwei Aspekte der faschistischen Herangehensweise an die koloniale Frage. Erstens sollten in den Kolonien Weiße und Nichtweiße in getrennten sozialen und administrativen Sphären leben – es war eine Art Apartheid auf italienisch.

Zweitens bemühte sich der Faschismus, mit ad-hoc-Normen die „Reinheit der Rasse" gegen mögliche Beschmutzungen zu verteidigen. Die italienische Staatsbürgerschaft sollte unerreichbar für alle sein, die „gemischtes Blut" hatten. Es ging eindeutig um „rassische" Unterscheidungen, die deutlich an die genealogischen Methoden erinnerten, mit denen die Nazi-Gesetzgebung festlegen wollte, wer Jude war.

Aber die diskriminierenden sogenannten Nürnberger Gesetze entstanden erst ab 1934 – ein Jahr nach Inkrafttreten dieser italienischen Bestimmungen. Als 1935 das Mussolini-Regime sich entschied, Äthiopien anzugreifen, gerieten die Themen „Rasse" und „faschistischer Rassismus" in ihrer Komplexität plötzlich in den Vordergrund. Die Propaganda hatte den italienischen Soldaten versprochen, es gebe „schöne Abessinierinnen"[319] zu erobern, mit einer klaren Anspielung darauf, man könne sich ihrer als Sexualobjekte bemächtigen.

Der Krieg gegen Äthiopien wurde also auch mit einer kaum verschleierten sexuellen Einladung angefacht. Daher war es nach der Besetzung des Landes nicht überraschend, dass „Verbindungen" zwi-

318 N. Labanca, „Oltremare. Storia dell'espansione coloniale italiana". Bologna 2007, S. 355.

319 „Schöne Abessinierinnen": eines der populärsten Lieder der faschistischen Ära war „Faccetta nera / Schwarzes Gesichtchen". Der Text rechtfertigte den Angriff auf Äthiopien u. a. damit, dass die Sklaverei dort beendet werden müsse. Äthiopierinnen wurden zu „schönen Italienerinnen" erklärt. [Anm. d. Übers.]

schen italienischen Männern und afrikanischen Frauen mit Blick auf die gewünschte italische „Rassereinheit" zum Problem wurden.

Selbst in der abwegigen Vorstellung von einem „Eroberungsrecht" bedeutete der Großteil dieser „Verbindungen" nichts anderes als Vergewaltigungen und erzwungene Konkubinate mit Mädchen für die Dauer des Aufenthalts der Soldaten in der Kolonie. Im Lauf der Jahre wurden die „Mischlinge" mehr – und schließlich zu einer Gefahr für die rassistischen Theorien des Regimes.

Man schränkte Verhältnisse wie das madamato[320] ein, das zeitweilige Verbindungen zwischen Frauen aus der lokalen Bevölkerung und Besatzungssoldaten regelte. Es ging nicht darum, die Rechte der Konkubinen zu garantieren, sondern darum, die Reinheit der „italienischen Rasse" zu bewahren, die Mussolini zu schmieden versuchte. Der Effekt dieser Politik der „Rassentrennung" bedeutet nicht das Ende jener „Verbindungen", sondern den Übergang zu flüchtigeren und brutaleren Verhaltensweisen.

Wie die Historikerin Giulietta Stefani schreibt, „führten diese Verbote eher zu einer Stigmatisierung als zum Verschwinden des madamato. Das Klima des verschärften Rassismus und der moralischen Verurteilung ‚zwischenrassischer' Beziehungen führte auch zur Zunahme der Gewaltakte von Italienern gegen einheimische Frauen".[321] Das Paradox dieser Maßnahmen Mussolinis in den Kolonien bestand darin, dass auch der geringe rechtliche und soziale Schutz, den das madamato bot, entfiel und die Frauen völlig der Willkür der Besatzer ausgeliefert wurden.

Aus dieser Sicht gewinnt die Verabschiedung der antijüdischen „Rassegesetze" 1938 umfassendere und zugleich spezifischere Bedeutung als ihr der revisionistische mainstream zuschreibt. Der antijüdische Rassismus, der mit den „Rassegesetzen" auch offiziell eingeführt wurde, war nicht der erste Schritt der rassistischen Entwicklung des italischen Totalitarismus, sondern eine von vielen Etappen. Die antijüdische Diskriminierung war eine naheliegende Entscheidung angesichts der Tatsache, dass alle anderen Gruppen möglicher Oppositioneller bereits unterworfen oder beseitigt waren. Das bestätigen nicht nur die Apologeten des Regimes – den Gesetzen

320 madamato: eine Art legalisiertes Konkubinat für Italiener in den Kolonien, 1937 verboten [Anm. d. Übers.]

321 G. Stefani, „Colonia per maschi. Italiani in Africa orientale: una storia di genere". Verona 2007, S. 136

von 1938 lag auch eine Erklärung des Gran Consiglio del Fascismo[322] zugrunde.

Dieses Dokument – entstanden als offizielle Antwort auf das „Rassemanifest" (manifesto della razza) der faschistischen Intellektuellen vom Juli 1938[323] – führt in seiner Präambel aus:

„Der Gran Consiglio del Fascismo – nachdem das Imperium erobert ist – hebt die dringende Aktualität der Rassenprobleme und die Notwendigkeit eines Rassenbewusstseins hervor. Er erinnert daran, dass der Faschismus seit sechzehn Jahren eine positive Aktivität entfaltet hat und weiter entfaltet, die auf die qualitative und quantitative Verbesserung der italienischen Rasse gerichtet ist – eine Verbesserung, die schwer beeinträchtigt werden könnte durch Rassenkreuzungen und Bastardisierungen, was unberechenbare politische Folgen haben könnte. Das Judenproblem im Mutterland ist nur eine Seite eines allgemeineren Problems."[324]

Die Erklärung des Gran Consiglio verdeutlichte die Notwendigkeit, die „italische Rasse" in dem Moment zu bewahren, wo sie – nach der Eroberung des Imperiums – zur „faschistischen Rasse" geworden war. Als man daran ging, die rassistische Offensive gegen die Juden zu entfesseln, bestand – anders als viele glauben – keine Notwendigkeit, von den Nazis vorweggenommene Verfügungen durchzusetzen. Es gab schon ein ganzes Arsenal von Gesetzen und Anordnungen, die die Kriterien der Diskriminierung darlegten. Es geschah nicht wegen irgendeines Drucks durch die Nazis.

Es genügt bereits, die oben erwähnten Formeln miteinander zu vergleichen, mit denen man in den Kolonien festlegte, wer zu den

[322] Gran Consiglio del Fascismo / Großrat des Faschismus: oberstes Gremium der faschistischen Partei [Anm. d. Übers.]

[323] Am 14. Juli 1938 veröffentlichte eine Gruppe faschistischer Wissenschaftler im Giornale d'Italia einen Artikel mit dem Titel „Der Faschismus und die Rassenprobleme", der am 5. August 1938 auch in der ersten Nummer der Zeitschrift La difesa della razza / Die Verteidigung der Rasse" erschien. Der vollständige Text des Artikels findet sich auf der Website der ANPI. [Associazione Nazionale Partigiani d'Italia / Nationale Vereinigung der Partisanen Italiens] : anpi.it/storia/114/il-manifesto-della-razza-1938. Der Aussage des Schwiegersohns des Duce, Galeazzo Ciano, zufolge handelte es sich dabei aber nicht um eine spontane Schöpfung italienischer Akademiker: „14. Juli [...]: Der Duce kündigt mir die Veröffentlichung eines Statements über Rassenfragen im Giornale d'Italia an. Der Text stammt von einer Gruppe von Forschern, unter Ägide des Ministeriums für Volkskultur. Er sagt mir, dass er den Text fast vollständig selbst entworfen hat". In: G. Ciano, „Diario", a. a. O., S. 59

[324] „Merkblatt" der Nationalen Faschistischen Partei / Partito nazionale fascista vom 26. Oktober 1938.

Untertanen gehörte und mit denen man bestimmte, wer für den Faschismus Jude war. Artikel 8 des decreto legge zur Verteidigung der „italienischen Rasse" erklärte:

„Mit diesem Gesetz

a) ist hebräischer Rasse, wessen Eltern beide hebräischer Rasse sind, auch wenn die Person zu einer anderen als der hebräischen Religion gehört;
b) wird als Person hebräischer Rasse angesehen, von wessen Eltern ein Teil hebräischer Rasse und der andere Teil ausländischer Nationalität ist;
c) wird – wenn der Vater unbekannt ist – als Person hebräischer Rasse angesehen, wessen Mutter hebräischer Rasse ist;
d) wird als Person hebräischer Rasse angesehen, wer – auch wenn er von Eltern italienischer Nationalität abstammt, von denen nur ein Teil hebräischer Rasse ist – der hebräischen Religion oder einer israelitischen Gemeinde angehört oder er auf andere Weise Zeichen von Hebräertum gezeigt hat. Als Person nicht hebräischer Rasse gilt, wer von Eltern italienischer Nationalität stammt, von denen nur ein Teil hebräischer Rasse ist und am 1. Oktober 1938-XVI[325] einer von der hebräischen verschiedenen Religion angehörte."[326]

Diese Beschreibung ähnelt nur wenig dem Ansatz der deutschen Gesetze, die einer komplizierten genealogischen Linie folgten und aus dem Nichts eine Definition erfanden, wer Jude sei.[327] Der italienische Faschismus dagegen konnte auf die Definitionen aus den rassistischen Gesetzen zurückgreifen, die er schon für die afrikanischen Territorien geschrieben hatte.

Auch eine andere Passage der Resolution vom 6. Oktober 1938 weist interessante Parallelen auf, die die wirkliche Haltung des Regimes verstehen lassen: „Der Gran Consiglio del Fascismo schließt die Möglichkeit nicht aus, eine kontrollierte Immigration europäischer Juden in einige Zonen Äthiopiens zu erlauben – auch um die hebräische Immigration von Palästina wegzuleiten."

[325] 1938-XVI: der italienische Faschismus versuchte, eine neue Zeitrechnung einzuführen, beginnend mit dem Jahr 1922-I [Anm. d. Übers.]

[326] Decreto-legge Nr. 1728 vom 17. November 1938, Provvedimenti per la difesa della razza italiana. In: G. U. Nr. 264 vom 19.11. 1938, überführt in Gesetz Nr. 274 vom 5. Januar 1939. In: G. U.Nr. 48 vom 27. 2. 1939.

[327] G. Mosse, „Le origini culturali del Terzo Reich". Mailand 2015, S. 367 ff.

„Diese Möglichkeit und die anderen den Juden gestellten Bedingungen können aufgehoben oder verschärft werden entsprechend der Haltung, die das Judentum gegenüber dem faschistischen Italien annehmen wird." Diese Aussage thematisiert auf höchster Regierungsebene eine Massendeportation der Juden aus dem italienischen Mutterland.

Das war ein grundsätzlicher Vorschlag, der schon wie eine „Endlösung" der Judenfrage wirkt und offensichtlich Vorläufer in den Massendeportationen arabischer und berberischer Bevölkerungsgruppen im Libyen Grazianis hat. Wenn man heute diese Verfügungen liest, kommen – mit Blick auf Nazis und italienische Faschisten – einem Zweifel, wer wen kopiert hat.

Mussolini hat die Juden in den von Italien besetzten Gebieten geschützt?

Eine besondere Form von Revisionismus, die im Internet und besonders in den sozialen Medien im Umlauf ist, beschreibt das Mussolini-Regime als „menschenfreundlich" und verweist auf angebliches Wohlwollen gegenüber den Juden in Südfrankreich und auf dem Balkan während der italienischen Besetzung dieser Gebiete im Zweiten Weltkrieg. Darstellungen jener Zeit behaupten, nach Hitlers Anweisung, ihm die nach Südfrankreich und Jugoslawien geflüchteten Juden auszuliefern, habe der Duce 1941 persönlich befohlen, diese Anweisung nicht zu befolgen.

Tausende französischer und jugoslawischer Juden entgingen unter dem Schutz der italienischen Besatzer tatsächlich monatelang den Konzentrationslagern. Dieses scheinbar menschenfreundliche Handeln war über Jahre Ausgangspunkt für eine Rehabilitierung des Regimes und für die Schaffung des Mythos vom „antirassistischen Totalitarismus" auf italienische Art. Man muss aber auf das konkrete Motiv dieses Handeln schauen: auch in diesem Fall war die Grundlage der faschistischen Entscheidungen fadenscheinig.

Hitlerdeutschland hatte von den italienischen Verbündeten die Auslieferung der Juden verlangt – das bedeutete in der Praxis die Ausweitung der nazistischen Gesetzgebung auf die italienisch besetzten Territorien. Der Duce entschloss sich keineswegs aus Gründen der Humanität, dieses Zeichen eindeutiger Unterordnung zurückzuweisen. Es ging ihm darum, dem Verbündeten Grenzen zu setzen. Die Balkanfront sollte als paralleler Kriegsschauplatz die strategische Unabhängigkeit Italiens beweisen, es folgte aber ein beunruhigendes militärisches Scheitern. Eine Ausweitung des Geltungsbereichs der deutschen „Rassegesetzgebung" zu dulden, wäre erniedrigend gewesen.

Der Historiker Filippo Focardi fasst zusammen:

„Ein Eingehen auf die Forderungen Kroatiens und Deutschlands hätte Italien als Macht zweiten Ranges erscheinen lassen und die diplomatischen und militärischen Institutionen diskreditiert, die seit dem September 1941 den Juden und Serben Schutz versprochen hatten, die von den Ustascha [faschistische kroatische Milizen, die während der Besetzung Jugoslawiens mit Italienern und Deutschen verbündet waren] gejagt wurden".[328]

Es ging also um eine Prestigefrage, die aber schon nach wenigen Monaten an Bedeutung verlor, als kein Prestige mehr zu retten war. Schon im Sommer 1942 stimmte Mussolini offiziell der Deportation der jugoslawischen Juden zu.[329] Wenn man die grundsätzliche Haltung des Regimes gegenüber den Juden klären möchte, kann man daran erinnern, dass gerade auf dem Balkan Tausende an den Grenzen zurückgewiesen wurden und weiteren Tausenden Schutz durch die Faschisten verweigert wurde, die genau wussten, welches Schicksal den Verfolgten drohte.[330]

Genauso ging es den französischen Juden, die versuchten, sich in den von der italienischen Armee besetzten Teilen Frankreichs dem Hass der Nazis zu entziehen. Sie bekamen eine Atempause von einigen Monaten, als Objekt eines politischen Tauziehens. Als die Kontroverse sich auflöste und die Dürftigkeit der faschistischen Ambitionen nicht mehr zu verbergen war, hatten die Institutionen des italienischen Regimes keine besonderen Bedenken, sich an der Vernichtung der europäischen Juden zu beteiligen.

In den Jahren von Salò[331] übernahmen die Faschisten regelrecht die Rolle von Zutreibern. Nicht, weil sie von den Nazis gezwungen wurden – es war einfach nicht mehr notwendig, Differenzen zwischen beiden Regimes deutlich zu machen.

Dem Rassismus Mussolinis eignete – anders als oft angenommen – eine Autonomie des Denkens und Handelns. In einigen Punkten war er Vorläufer, nicht Epigone der Vernichtungspläne der Nazis.

[328] F. Focardi, „Il cattivo tedesco e il bravo italiano", a. a. O., S. 117.

[329] Ebd., S. 113.

[330] Ebd., S. 116f.

[331] Salò: Stadt am Gardasee, 1943-45 Regierungssitz von Mussolinis „Schattenstaat" Repubblica Sociale Italiana [Anm. d. Übers.]

Die Gesetze von 1938 entsprechen der ideologischen Grundlinie des italienischen Regimes, die sich lange vor Hitlers Aufstieg zur Macht abzeichnete.

Das abweichende Vorgehen der beiden Bewegungen ergab sich aus der unterschiedlichen Situation, in der sich die beiden Totalitarismen befanden. Der Nazismus – ohne Kolonien und noch durch die Bestimmungen des Versailler Vertrags eingeschränkt – konzentrierte sich von Anfang an auf seine größten inländischen Feinde, zuerst die Oppositionellen, dann die Juden (in Deutschland lebten damals etwas mehr als eine halbe Million Juden).

Der italienische Faschismus, der sich auf den Mittelmeerraum und die „Neueroberung" eigener Kolonien orientierte, konzentrierte seine „rassische Säuberung" zuerst auf politische Oppositionelle und Untertanen in den Kolonien. Dann widmete er sich einem zahlenmäßig vergleichsweise unbedeutenden Problem – den italienischen Juden (1938 waren es weniger als 60 000). Das Thema der Entstehung und Anwendung der italienischen „Rassegesetze" blieb allzu lange auf Diskussionen von Historikern beschränkt. Es spielte für die spätere öffentliche Debatte keine Rolle, man nahm es als etwas Zufälliges, als Randerscheinung der zwanzigjährigen Dynamik des Regimes.

Das war eine gefährliche Verdrängung, wie zur Recht schon 1994 der Historiker David Bidussa schrieb, weil „in der frühen Nachkriegszeit der Verzicht darauf, sich dem eigenen Antisemitismus zu stellen und das hastige Hinwegsehen über diese Vergangenheit im Namen nationaler Versöhnung [...] zur einer fortdauernden Einstellung in der Bevölkerung führte, die – wenn sie nicht angemessen beobachtet und kontrolliert wird – jene historische Dynamik neu in Gang setzen könnte, die in der Rhetorik der Jahre nach dem Zweiten Weltkrieg nur als hässliche Episode galt, die man vergessen sollte, oder auch als ‚Fremdkörper unter uns'."[332]

„Aber Mussolini war der Politiker, der die Italiener am meisten liebte!"

Man könnte allerdings entgegnen, dass der Rassismus und die Gewalt Mussolinis sich „nach außen" richteten, nicht gegen die italienische Gesellschaft. Das ist eine starke Behauptung, die vieles bedeuten kann und die im allgemeinen nicht wahr ist, wenn man beachtet, dass die „Rassegesetze" gerade italienische Bürger diskriminierten. Wer so et-

[332] D. Bidussa, „Il mito del bravo italiano". Mailand 1994, S. 79.

was heute in den sozialen Medien sagt oder schreibt, will einen Unterschied hervorheben zwischen dem Faschismus, dem angeblich das Schicksal der Italiener am Herzen lag, und der politischen Klasse von heute, die als nur am eigenen Vorteil interessiert beschrieben wird.

Um konkreter zu werden: was die Liebe des Duce zu seinem Volk angeht, kann man Mussolini selbst zitieren, der mit Blick auf sein Verhältnis zu den Italienern eher von „Hassliebe" sprach. Wiederkehrende Themen in seinen mehr oder weniger privaten Gesprächen waren die angebliche Unbeholfenheit, Dummheit und Unzuverlässigkeit der Italiener – besonders am Anfang und Ende seiner politischen Laufbahn, als sie sich seinem Willen mit weniger Begeisterung beugten.

Ciano schrieb in seinem Tagebuch:

„29. Januar 1940 [...]: Der Duce ist wegen der Situation im Inland irritiert. Die Leute murren, der Lebensmittelmangel macht ihnen Sorgen, der Schatten des Krieges legt sich von Neuem über das Land. [...] [Für den Duce] ist die italienische Rasse eine von Schafen. 18 Jahre genügen nicht, um sie zu verwandeln. Man braucht 180 Jahre oder vielleicht sogar 180 Jahrhunderte".[333]

Als die italienische Offensive in Griechenland ins Stocken geriet, schrieb Ciano am 23. Dezember 1940, dass der Duce, „als er über das mittelmäßige Verhalten der Truppe sprach, anmerkte: ‚Ich muss einfach anerkennen, dass die Italiener von 1914 besser als die von heute waren. Das ist keine schöne Bilanz für das Regime, aber so ist es'."

Am folgenden Tag – Heiligabend 1940 – fiel das Urteil des Führers des Faschismus noch deutlicher aus: „Es schneit. Der Duce schaut aus dem Fenster und freut sich, dass es schneit. ‚Sehr gut, dieser Schnee und diese Kälte!' sagt er, ‚Dann sterben die halben Portionen[334] und diese mittelmäßige italienische Rasse verbessert sich'."[335]

Viele Male – wenn die Erwartungen Mussolinis und die tatsächlichen Fähigkeiten seines Volkes nicht übereinstimmten – hielt der Diktator es für richtig, die Schuld an Misserfolgen auf die Italiener abzuwälzen. De Felice fasst zusammen: „Schon nach den ersten Jahren des Regimes war Mussolini zur Überzeugung gelangt, der Faschismus habe zwar Italien einen Weg geöffnet und ein Ziel gezeigt, aber den Italienern fehle der notwendige ‚Charakter', um wirklich Faschisten zu sein. [...] Dem Duce schien es, als bestehe die einzige

[333] S. Poma (Hg.), „G. Ciano, Diario, 1937-1942", a. a. O., S. 178f.

[334] „le mezze cartucce" - wörtlich „die halben Kartuschen" [Anm. d. Übers.]

[335] R. De Felice (Hg.), „Galeazzo Ciano, Diario 1937-1943", Mailand 1980, S. 491.

Lösung darin, das italienische Volk zu ändern und vor allem neue zahlenstärkere, physisch stärkere und in ihrer Moral faschistische Generationen zu schaffen, die wirklich in der Lage wären, ‚etwas zu wagen' und zur Aktion überzugehen".[336] Über Jahre versuchte das Regime, den Alltag und die Mentalität der Italiener zu durchdringen: mit der Schule, der Auslöschung von Dissens, der Militarisierung der Massen.

Das alles brachte sehr mittelmäßige Resultate. Als Mussolini klar wurde, dass es ihm nicht gelang, ein ganzes Volk faschistisch zu machen, begann er, es verächtlich zu machen, er hielt es für ungeeignet, die großen Ziele zu erreichen, die er sich vorgenommen hatte. Eine im Wesentlich eugenische Vorstellung von den Herausforderungen, die das Regime für die Nation sah, führte zu Entscheidungen, bei denen das Leben der einzelnen bedeutungslos wurde.

Der berühmte Satz, der zu Beginn des Zweiten Weltkriegs gefallen sein soll „Man muss wenige tausend Tote auf dem Tisch des Friedens opfern" zeigt, wie viel der Duce für sein Volk übrig hatte. Die Italiener – ungeeignet, zu jenen neuen Menschen zu werden, die er sich so sehr wünschte – hätten wenigstens noch als Material für den Ruhm des faschistischen Ideals gedient.

Man sollte sich nicht nur an die Verachtung erinnern, die Mussolini im Lauf der Jahre für die Italiener entwickelte, man sollte sich auch an das konkrete Handeln erinnern, mit dem der Faschismus ihre Lebensweise verändern wollte. Das faschistische Regime brachte die größte Einschränkung der bürgerlichen Rechte der Italiener zustande, seit der Begriff bürgerlicher Rechte existierte.

Alle Formen eines freien Lebens der Bürger erlebten Rückschläge: Stimmrecht und Koalitionsfreiheit gingen verloren, in den Medien oder auch in der privaten Korrespondenz geäußerte Ideen verfielen der Zensur. Der Polizeiapparat wurde unmäßig vergrößert. Man konnte vermuten, selbst wenn der Duce sein Volk liebte, vertraute er ihm nicht.

Auch zwischen den Italienern ließ der Faschismus die Idee eines gesellschaftlichen Bruchs entstehen. Die Verpflichtung, Parteimitglied zu werden, um öffentliche Ämter zu übernehmen[337] – schon seit 1926[338] galt das für das Amt des Präfekten – weitete sich schließlich auf einen

[336] R. De Felice, Mussolini il duce", a. a. O., S. 339.

[337] G. Melis, „La macchina imperfetta", a. a. O., S. 168.

[338] Gesetz Nr. 660 vom 3. April 1926, Estensione delle attribuzioni dei Prefetti. In: G. U. Nr. 97 vom 27. 4.1926.

weiten Bereich der Gesellschaft aus. Dadurch entstand de facto eine juristische Unterscheidung zwischen einfachen Italienern und faschistischen Italienern mit unterschiedlichen Rechten.

Das waren Maßnahmen, die die Entfaltungsmöglichkeit der Bürger begrenzten und die es dem gerade amtierenden lokalen Parteichef überließen, ob jemand Faschist werden durfte. Sie zeigten, dass die Diktatur auch gegenüber den Italienern selbst grundsätzlich diskriminierend auftrat. Wenn „die Italiener lieben" bedeutete, sie glücklich zu machen, dann wurde bereits deutlich, dass das dem Faschismus weder in wirtschaftlicher noch in sozialer Hinsicht gelang.

Wenn „die Italiener lieben" bedeutete, ihre Ehre zu verteidigen, dann stellte das Verhalten der „neuen Italiener", die das Regime rühmte, in Afrika, Spanien, Russland, auf dem Balkan (und auf allen Kriegsschauplätzen, wo die faschistische Kampfweise galt), nicht nur die „Ehre der faschistischen Waffen" in Frage. Notwendig wäre eine tiefgreifende Überprüfung der Erinnerung an jene Zeit durch die gesamte italienische Gesellschaft von heute.

Der Historiker Filippo Focardi erinnert daran, „dass die Kommission der Vereinten Nationen für Kriegsverbrechen auf die Liste mutmaßlicher Krimineller, denen der Prozess gemacht werden sollte, 729 italienische Militärs und Zivilisten gesetzt hatte, die von Jugoslawien gesucht wurden – weitere 111 wurden von Griechenland gesucht, neun von Frankreich und drei von Albanien. Kurz nach Inkrafttreten des Friedensvertrags mit Italien hatte Jugoslawien über diplomatische Kanäle der Regierung in Rom direkt ein Auslieferungsersuchen für 45 Italiener übermittelt, die teilweise schon auf den internationalen Listen standen. Auch Griechenland hatte 74 Personen genannt (ebenfalls zum Teil schon auf den Listen der Vereinten Nationen), Albanien 142, Frankreich 30. Auch Äthiopien beschuldigte zehn Italiener (beschränkte sich danach aber auf Rodolfo Graziani und Pietro Badoglio[339]). Die Sowjetunion hatte schon 1944 die Überstellung von 12 Italienern wegen Kriegsverbrechen gefordert. Es wurde jedoch niemand ausgeliefert."[340]

Wenn „die Italiener lieben" bedeutete, sie zu schützen, dann verwickelte der Faschismus das Land in einen Krieg, der – nach Schätzungen des italienischen Verteidigungsministeriums 1957 – auf italienischer Seite 472 000 Tote forderte, davon ein Drittel Zivilisten.

339 Pietro Badoglio: italienischer General, nach dem Sturz Mussolinis italienischer Regierungschef (1943/44) [Anm. d. Übers.]

340 F. Focardi, „Il cattivo tedesco e il bravo italiano", a. a. O., S. 149.

Hinzuzuzählen wären auch die italienischen Opfer der squadristi, die in Gefängnissen oder Verbannung Gestorbenen, die in den Aggressionskriegen in Äthiopien und Libyen gefallenen Soldaten – aber auch die Toten wegen der schlimmen sanitären Verhältnisse im Land in den Jahren des Regimes.

Diese Zahlen bedeuten mehr tote Italiener als in jedem anderen historischen Geschehen, sie machen den Faschismus zum tödlichsten Akteur in der Geschichte dieses Landes. Wenn jemals ein systematischer Völkermord am italienischen Volk versucht wurde, dann wurde dieser Völkermord – mehr oder weniger bewusst – von der faschistischen Tyrannei organisiert.

Alles, was Sie auch einmal über den Duce wissen wollten ... was aber nicht stimmt

Es finden sich nicht nur die großen Mystifikationen über das Verhältnis zwischen Faschismus und italienischer Gesellschaft, die typisch für die ersten Jahre nach dem Sturz des Regimes waren und die schon seit längerem in die Debatten über die Lügen eingegangen sind, die über die zwanzig Jahre Faschismus in Umlauf sind. In jüngerer Zeit sind durch die sozialen Medien auch „urbane Legenden" zu bestimmten angeblichen Einstellungen des Faschismus und seines Chefs in Umlauf gelangt, die – so heißt es – in klarem Gegensatz zum Verhalten heutiger Politiker stehen. Im Internet wird über solche Legenden diskutiert.

Grundlegender Zweck dieser Lügen ist es, Gegenwart und Vergangenheit einander gegenüberzustellen und damit einen klassischen Nostalgieeffekt zugunsten einer nur imaginierten Vergangenheit zu erzielen. Im Folgenden einige Beispiele für erfundene Geschichten um Mussolini.

Als Er noch da war, kamen die Züge pünktlich

Das ist vielleicht der berühmteste unter den revisionistischen Slogans. Und – um ehrlich zu sein – es war etwas Wahres daran: niemand hörte in der faschistischen Ära etwas von Zugverspätungen. Schon mit dem ersten Gesetz zur Aufsicht über die Zeitungen von 1925[341] hatte der Faschismus eine strikte Kontrolle über die im Land zirkulierende Information durchgesetzt. Alle Nachrichten über das öffentliche Leben wurden streng überwacht. Im Lauf der Jahre nahm das noch zu – auch mit Blick auf die unpolitischen Aspekte des alltäglichen Lebens.

Mit der Verabschiedung des Zusammenfassenden Gesetzes zur öffentlichen Sicherheit von 1931[342] wurden zum Beispiel die Begriffe „Beleidigung des Ansehens des Staates oder der Autorität oder Verletzung des Gefühls des Nation" offiziell eingeführt.[343]

[341] Gesetz Nr. 2307 vom 31. Dezember 1925, Disposizioni sulla stampa periodica. In: G. U. Nr. 3 vom 5. 1. 1926.

[342] Königliches Dekret Nr. 773 vom 18. Juni 1931, Approvazione del testo unico delle leggi di pubblica sicurezza. In: G. U. Nr.146 vom 26. 6. 1931 (Suppl. Ordinario Nr. 146).

343 Art. 112: „Es ist verboten, zu Zwecken von Handel oder Verteilung Schriften,

Unter diese Definition fielen alle Nachrichten, die nach Auffassung der Behörden ein Angriff auf das Ansehen des Staates sein konnten. Das war eine enorme, der Willkür der Staatsanwälte überlassene Sphäre, die alle Nachrichten umfasste, die als defätistisch angesehen wurden: öffentliche Misswirtschaft, Skandale, Defizite des Regierungshandelns. Dazu gehörten aber auch unaufgeklärte Verbrechen – weil sie ein schlechtes Licht auf die Ordnungskräfte warfen -, Mißstände bei öffentlichen Dienstleitungen (etwa Hygiene) oder eben verspätete Züge.

Als Er noch da war, waren die Minister mit dem Fahrrad und ohne Personenschützer unterwegs

Es finden sich keine Verfügungen, die die Minister zu einem solchen low profile verpflichteten. Im Gegenteil – es gibt viele Aussagen über Minister und Hierarchen, die von ihren Ämtern profitierten und im Luxus lebten. Nur ein Beispiel: der Hierarch Italo Balbo, das „Ass" der Luftwaffe, nutzte das Flugzeug auch für Kurzstrecken und erzwang den Bau von Landepisten, wenn er offiziell in Italien reiste.

Auch Mussolini nutzte das Flugzeug für kurze Strecken, etwa wenn er am Wochenende von Rom in die Romagna kommen wollte. Im allgemeinen liebte das Regime die „nachhaltig" Mobilität nicht gerade. Im Gegenteil: um den Verkauf der Autos des Industriellen Agnelli zu fördern, führte Mussolini in den dreißiger Jahren eine Steuer auf die Nutzung von Fahrrädern und Fuhrwerken ein.[344]

Mussolini setzte gleiche Rechte für Menschen und Tiere durch

Das ist eine Lüge neueren Datums, verbreitet im Zusammenhang mit dem zunehmenden Interesse an Tierrechten. Zunächst ist es schwierig zu verstehen, was es heißt, Tieren und Menschen „gleiche Rechte zu geben". Die einzigen Beweise, die eine solche Behauptung stützen, finden sich in einer faschistischen Gesetzgebung, die eine völlig andere Zielsetzung hatte.

Zeichnungen, Abbildungen oder sonstige Gegenstände aller Art herzustellen, zu importieren, zu erwerben, zu besitzen, zu exportieren oder in Umlauf zu bringen, die gegen die politische, soziale oder wirtschaftliche Ordnung des Staates gerichtet sind oder die dem Ansehen des Staates oder der Autorität schaden oder das nationale Gefühl, das Schamgefühl oder den öffentlichen Anstand verletzen". In: G. U. Nr. 146 vom 26. 6. 1931 (Suppl. Ordinario Nr. 146).

[344] Königliches Dekret Nr. 1175 vom 14. September 1931, Testo unico per la finanza locale. In: G. U. Nr. 214 vom 16. 9. 1931 (Suppl. Ordinario Nr. 214).

Das Königliche Dekret Nr. 1175 von 1931[345] legte Grenzen für den Besitz von Tieren, besonders Hunden, in Städten fest – und sogar eine Steuer für Hundebesitzer, nämlich „150 Lire für Luxus- oder Schoßhunde, 50 Lire für Jagd- und Schutzhunde, 15 Lire für Hunde zur Bewachung von Gebäuden oder Herden".

„Alle wissen es, aber keiner sagt es!
1929 legte Benito Mussolini gleiche Rechte für Menschen und Hunde – den besten Kameraden des Menschen – fest. Jedem Jugendlichen wurde ein Hund anvertraut, damit er die Werte von Brüderlichkeit, Zusammengehörigkeit und Mitgefühl lernen konnte."

Mussolini sorgte dafür, dass die Italiener mehr Kinder bekamen und die italienische Bevölkerung wuchs

Diese Behauptung scheint von der Ergebnissen der Volkszählungen bestätigt zu werden, wonach die in Italien lebende Bevölkerung von 38 449 000 im Jahr 1921 auf 42 994 000 im Jahr 1936 (das sind die letzten Volkszählungsdaten aus der faschistischen Zeit) zunahm.[346]

Die Dynamik des Bevölkerungswachstums ergab sich aber nicht aus besseren Möglichkeiten für die Italiener, Kinder zu bekommen und auch nicht aus der Politik der Geburtenförderung des Regimes, sondern einfach daraus, dass während des Faschismus Emigration schwieriger wurde. 1923 waren 389 000 Italiener ausgewandert. 1939, am Vorabend des Zweiten Weltkriegs, waren es 29 000.[347]

Der Rückgang hing zusammen mit der internationalen Krise, die zur Schließung der Grenzen der Zielländer führte, und auch mit der Erschwerung der Emigration durch das Regime, das im Versuch von Menschen, ihr Glück im Ausland zu finden, eine nationale Schande sah.[348] Die effektive „Fruchtbarkeitsrate" der Italiener verringerte sich – aufgrund der Belastungen durch die Krisen während des Faschis-

345 Königliches Dekret Nr. 1175 vom 14. September 1931, Testo unico per la finanza locale.In: G. U. Nr. 214 vom 16. 9. 1931 (Suppl. Ordinario Nr. 214).

346 Daten aus: Popolazione e società, struttura ed evoluzione della popolazione ai censimenti, seriestoriche.istat.it .

347 Ebd.

348 A.Treves, „Le nascite e la politica nell'Italia del Novecento". Mailand 2001, S. 119ff.

mus – von 30,54 Neugeborenen je tausend Einwohner im Jahr 1921 auf 22,40 im Jahr 1936.[349]

Mussolini machte Italien zu einem Leuchtturm der Wissenschaften

Was diese Behauptung genau bedeuten soll, lässt sich nur schwer feststellen. Wenn man internationale Anerkennung als Maßstab nimmt, wie es oft geschieht, fallen einem sofort die drei italienischen Nobelpreisträger ein, die in der faschistischen Ära lebten: Guglielmo Marconi, Luigi Pirandello und Enrico Fermi. Alle drei hatten – auf unterschiedliche Weise – Beziehungen zum Regime.

Marconi gewann 1909 – als Mussolini noch ein junger Sozialist war – den Nobelpreis für Physik, unter anderem aufgrund seiner Studien und Experimente in Großbritannien und den USA. Als der Faschismus an die Macht kam, lobte er Marconi als „Ruhm für Italien" – die Propaganda bemächtigte sich seiner Erfolge aus der Zeit vor dem Marsch auf Rom.

Enrico Fermi gewann den Nobelpreis – ebenfalls für Physik – 1938. Nachdem er ihn in Stockholm entgegengenommen hatte, flüchtete er in die USA, um seine Ehefrau Laura – Jüdin – in Sicherheit vor Mussolinis „Rassegesetzen" zu bringen. Daher konnte der Duce nicht von Fermis Auszeichnung profitieren.

Ein besonderer Fall ist der von Pirandello, der 1934 den Literaturnobelpreis gewann. Damals gehörte er zu den Anhängern des Faschismus und war geneigt, sich zu einem der Fetische machen zu lassen, die das Regime dem Ausland vorzeigte, um den eigenen Ruhm zu mehren. Er entdeckte aber rasch, dass man auch seine Autonomie verlor und sich mit Kontrollen und Zensur abfinden musste, wenn man „im Schaufenster" des Faschismus stand. Pirandello starb 1936. Er hatte öffentlich erklärt, dass er jede nachträgliche Ehrung durch die Regierung ablehne. Seine abweisende Haltung führte zu internationalem Aufsehen und beschämte Mussolinis Clique.

Auch abgesehen von diesen Fällen – wenn man die wirkliche Bedeutung des Faschismus für die Entwicklung der Wissenschaften in Italien verstehen will, genügt es, einen Blick auf die Statistiken zu werfen. Nach der Reform Giovanni Gentiles, die die italienischen Schulen auf „humanistische" Fächer orientierte, sank die Zahl der Italiener, die sich aktiv mit Wissenschaft und Technologie beschäftigten. Man

[349] Popolazione e società, struttura ed evoluzione della popolazione ai censimenti, seriestoriche.istat.it.

konnte einen Rückgang der der Zahl der Studenten an technischen und naturwissenschaftlichen Fakultäten beobachten. Der Eintrag zum Thema „Faschismus und Wissenschaft" im Lexikon Treccani berichtet, dass „im akademischen Jahr 1921/22 über 60% der Studenten an den naturwissenschaftlichen Fakultäten eingeschrieben waren, im Jahr 1939/40 dagegen 66% an den humanistischen. Besonders deutlich war der Rückgang der Zahl der Ingenieurstudenten von 11 423 im Jahr 1921/22 auf 7818 im Jahr 1939/40".[350]

[350] treccani.it/enciclopedia/il-fascismo-e-la-scienza.

Demokraten räumten Mussolini den Weg frei

von Winfried Roth

Francesco Filippis Buch schildert sehr eindrucksvoll das Fortleben faschistischer Mythen in Italien. Manches andere wurde und wird einfach totgeschwiegen - etwa die Verharmlosung oder sogar Begünstigung des frühen Faschismus durch demokratische Politiker.

Der rasche Aufstieg des italienischen Faschismus von einer Splittergruppe zur Massenbewegung begann 1920. Bei der Parlamentswahl ein Jahr später kamen die „Schwarzhemden" auf 35 von 535 Sitzen. Im Oktober 1922 marschierten faschistische Kolonnen auf Rom. Anschließend wählte eine breite Mehrheit von Liberalen, Konservativen und Faschisten Benito Mussolini zum Ministerpräsidenten. Dieser autoritären Regierung folgte 1925 die Diktatur.

Manche Demokraten, die mit Mussolinis Bewegung paktierten, verkannten die Gefahr, andere machten sich Illusionen, die Faschisten „zähmen" oder für eigene Zwecke benutzen zu können. Sie waren für die Abschaffung der demokratischen Ordnung in Italien mitverantwortlich.

Bedenkenlos handelten auch Demokraten anderswo. Am 23. März 1933 stimmten im deutschen Reichstag sämtliche konservativen und liberalen Abgeordneten Hitlers „Ermächtigungsgesetz" zu. Das fatale Geschehen wurde in Deutschland wie in Italien nach 1945 kleingeredet.

Heute stellen in zahlreichen Ländern Politiker, die sich als Demokraten bezeichnen, demokratische Werte in Frage.

Unscheinbare Anfänge

„Ich richte das Wort an euch und schaue euch fest in die Augen, ich sehe noch einmal so viele Tage, die wir zusammen erlebt haben, frohe, traurige, stürmische, dramatische - aber stets unvergessliche. Am 23. März 1919 erhoben wir die schwarze Fahne der faschistischen Revolution - als Vorkämpfer der europäischen Erneuerung. Unter dieser Fahne sammelten sich eure Trupps, entschlossen, gegen dümmliche Regierungen vorzugehen, gegen zersetzende östliche Theorien - um das Volk zu befreien."[1]

So erinnerte Mussolini auf einer Massenkundgebung 1939 an die

[1] https://it.wikisource.org/wiki/Italia_-_26_marzo_1939,_Discorso_per_la_celebrazione_del_ventennale_del_fascismo

mühevolle Gründung der faschistischen Bewegung zwanzig Jahre zuvor, die die Öffentlichkeit kaum wahrgenommen hatte.

1919 war Italien noch - mehr oder weniger - eine Demokratie, manchmal instabil, weithin von autoritärem Denken geprägt. Aber es gab ein funktionierendes Parlament, eine starke Opposition, selbstbewusste Gewerkschaften, eine freie Presse, unabhängige Gerichte.

Die Monarchie hatte im Revolutionsjahr 1848 eine einigermaßen moderne Verfassung „gewährt", aber sich doch wesentliche Rechte vorbehalten. Es war eher eine „Halbdemokratie", in der meistens liberale Parteien die Regierungen stellten. Während der Kolonialkriege, die Italien Ende des 19., Anfang des 20. Jahrhunderts in Afrika führte, und im Ersten Weltkrieg gewann der Nationalismus auch unter den Demokraten immer mehr Einfluss - selbst in der mächtigen Sozialistischen Partei.

Ende 1919 fanden die ersten Parlamentswahlen nach dem Weltkrieg - zu dessen Siegermächten Italien gehörte - statt. Stärkste Partei wurden die Sozialisten, es folgte die neugegründete katholische Volkspartei (Partito Popolare). Die meisten Stimmen entfielen aber auf das - zersplitterte - liberale Lager. Die Faschisten - wegen ihres bevorzugten Stylings Schwarzhemden genannt - waren noch mit dem Aufbau ihrer Organisation beschäftigt. Sie kandidierten nur in einem Wahlkreis - erfolglos.

Die Wahlsieger - die Liberalen - rechneten nicht mit dem Aufkommen einer nennenswerten Konkurrenz von Rechtsaußen, Feinde sahen sie viel eher auf der äußersten Linken. Manche Liberale waren sogar halblinks orientiert. Andere hätten als Konservative durchgehen können - wären sie nicht so antiklerikal eingestellt gewesen. Wie in Frankreich besaß der bürgerliche Antiklerikalismus in Italien eine große Tradition. Die Volkspartei war eng an die katholische Kirche gebunden und daher kulturell konservativ - zugleich vertrat sie sozialstaatliche Forderungen. Bei den Sozialisten stritten sich Revolutionäre heftig mit reformorientierten Gruppen.

Nationalisten auf dem Vormarsch

Schon 1910 war in Italien eine eigenständige nationalistische Partei gegründet worden - zu ihren Wortführern zählte der exzentrische Dichter Gabriele D'Annunzio. Kurz nach dem Ende des Weltkriegs 1918 fanden sich in einer neuen Rechtsaußenbewegung um den Journalisten Benito Mussolini Nationalisten unterschiedlichster Schattierungen zusammen. Viele wünschten sich Krieg und Gewalt zurück - unter ihnen fanatisierte Studenten oder Kleinkriminelle, denen es vor einem unspektakulären Alltag schauderte. Nicht wenige Faschisten hatten - wie Mussolini - eine linke Vergangenheit. Erst 1921 wandelte die oft wirre Bewegung sich zur Partei, danach schloss sie sich mit D'Annunzios Gruppe zusammen.

Auch in anderen europäischen Ländern, angefangen mit Deutschland, formierten sich damals extrem nationalistische Bewegungen.

Die neue Rechte war von den Ergebnissen des Weltkriegs enttäuscht. Italien gehörte zu den Siegermächten, es erhielt bei der Auflösung Österreich-Ungarns größere Gebiete wie Südtirol. Die Expansionspläne der politischen und wirtschaftlichen Eliten reichten aber viel weiter, vor allem in Richtung Balkan und Afrika.

Die Faschisten warfen den Koalitionen der Mitte, die nach dem Weltkrieg regierten, außenpolitische Schwäche vor. Vor allem aber fühlten sie sich von der radikalen Linken bedroht, gegen die die Regierung ihrer Meinung nach nicht entschlossen genug vorging.

Damals herrschte - auch unter dem Eindruck der Oktoberrevolution in Russland - in weiten Teilen Norditaliens eine revolutionäre Stimmung. Viele Italiener und Italienerinnen hatten den Krieg abgelehnt, 650 000 Soldaten waren gefallen. Stahlwerker, Eisenbahner oder Textilarbeiterinnen streikten gegen die verbreiteten Armutslöhne, schlechte Arbeitsbedingungen und die hohe Inflation. Kleinbauern forderten die Aufteilung des Großgrundbesitzes. Es kam zu zahlreichen Besetzungen von Fabriken und Landgütern. Zudem entstand eine kleine, aber einflussreiche Kommunistische Partei.

1920 begannen die „Schwarzhemden" eine überraschend heftige Offensive gegen Gewerkschafter und Linke. Überfälle und selbst Morde durch rechte Milizen wurden alltäglich. In manchen Landesteilen herrschten bürgerkriegsähnliche Zustände. Der Staat - der mit Polizei und Militär gegen Streikende vorgegangen war - schaute gewöhnlich weg.

Nützliche Handlanger?

Die linke Revolte in Italien scheiterte bis Ende 1920 nicht nur wegen des Terrors der Schwarzhemden, sondern auch wegen eigener Schwächen. Sie blieb im Wesentlichen auf die Industrie- und Landarbeiter Norditaliens beschränkt. Außerdem waren die Sozialisten untereinander und erst recht mit den Kommunisten zerstritten.

Mussolinis Bewegung suchte - trotz häufiger Konflikte - die Zusammenarbeit mit Konservativen und Liberalen. Dort hielt man die rechten Milizen für nützliche Handlanger in der Auseinandersetzung mit der radikalen Linken. Manche Demokraten beriefen sich später darauf, die Ziele der Schwarzhemden seien anfangs schwer zu erkennen gewesen. Tatsächlich war deren Politik in der ersten Zeit oft widersprüchlich. Dennoch ließ sich der antidemokratische Charakter der neuen Partei nur mit Anstrengung übersehen - wegen ihrer Gewalt gegen politische Gegner, wegen ihrer Forderungen nach einer aggressiven Außenpolitik, der Entrechtung der Gewerkschaften und einer kompromisslos autoritären Verfassung.

Was waren die Gründe für den Erfolg der Schwarzhemden? Wie konnte Mussolini es innerhalb von zwei, drei Jahren vom mäßig einflussreichen Journalisten zum Ministerpräsidenten bringen?

Zulauf fand seine militante Avantgarde in allen Bevölkerungsgruppen, besonders aber unter Offizieren und Beamten. Geld erhielten die Faschisten auch von etlichen Industriellen und Großgrundbesitzern, sie profitierten von der Angst der Reichen vor einer linken Revolution. Sie griffen die Unzufriedenheit wegen der Wirtschaftskrise nach dem Weltkrieg auf, mit der die liberalkonservativen Regierungen nicht fertig wurden. Verarmte Bauern, Handwerker oder Händler hofften auf eine Zukunft als „Siedler" in neu gewonnenen Kolonien. Frankreich und Großbritannien verhinderten aber 1918 eine Ausweitung des italienischen Kolonialreichs. Mussolini warf den Mitte-Rechts-Parteien Nachgiebigkeit gegenüber dem Ausland vor. Schließlich gaben sich einige Strömungen im frühen Faschismus „sozial", als „linke Nationalisten". Wie sich bald zeigte, war das vor allem Demagogie.

Ästhetik des Triumphs

Eine wichtige Rolle für den Erfolg der Schwarzhemden - gerade für ihre zunehmende Überlegenheit über die tradionelle Rechte - spielten Image und Inszenierung. Der Führerkult um Mussolini und seine engsten Gefährten wie Italo Balbo oder Emilio De Bono faszinierte viele Italiener und Italienerinnen. Der schauspielerisch begabte Parteiführer - der „Duce" - beeindruckte sie mehr als der ziemlich farblose König Vittorio Emanuele III.. Der aufstrebende Mussolini - noch keine vierzig - fiel auch gegenüber den meist viel älteren etablierten Politikern durch Dynamik und Sportlichkeit auf. Jahrzehntelang kamen die liberalen Regierungschefs aus dem wohlhabenden Bürgertum, Mussolini dagegen war Sohn eines Dorfschmieds.

Die Faschisten traten militärisch-autoritär und zugleich theatralisch auf, als schwungvolle Massenbewegung - allerdings weniger „plebejisch“ als die deutschen Nationalsozialisten. Die Parteihymne hieß „Giovinezza, giovinezza - primavera di bellezza!“ - „Jugend, Jugend - Frühling der Schönheit!“, die hübsche, „zündende“ Melodie suggerierte eine „unkonventionelle“ Lebenseinstellung. Die Faschisten waren anfangs auch offen für die kulturelle Avantgarde. Bekannte Künstler - etwa der „futuristische“ Schriftsteller Filippo Tommaso Marinetti und der Architekt Giuseppe Terragni - unterstützten Mussolinis Bewegung.

Trotz seines Bemühens um Modernität berief der Faschismus sich ständig auf eine mythische, ruhmreiche Vergangenheit. Der Begriff „fascismo“ war abgeleitet vom Wort „fascio“. „Fascio“ bezeichnete einerseits ein antikes Herrschaftssymbol - ein Rutenbündel, in dem ein Beil steckte. Gleichzeitig bedeutete „fascio“ einfach „Bund“. Im 19. Jahrhundert nannten sich auch unpolitische oder linke Gruppen so. Mussolinis Anhänger trugen oft Dolche und grüßten einander mit erhobenem Arm - wie es angeblich die alten Römer getan hatten.

Ein Marsch auf Rom

Bei den letzten freien Parlamentswahlen im Mai 1921 gewannen die Sozialisten etwa 25, die katholische Volkspartei 20, verschiedene liberale Parteien 20 und ein Block aus Faschisten, Nationalisten und Rechtsliberalen ebenfalls 20 Prozent der Stimmen. Wieder stellte eine „Koalition der Mitte“ die Regierung, der wenig profilierte liberale Ministerpräsident Luigi Facta verhielt sich gegenüber der aggressiven neuen Rechtsaußenbewegung zögernd, unentschlossen.

Im Oktober 1922 organisierte die faschistische Führung einen „Marsch auf Rom“, an dem - die Zahl ist umstritten - Tausende oder Zehntausende allenfalls leicht bewaffneter Schwarzhemden teilnahmen. Oft gewaltsame Aktionen gab es auch in anderen Städten, öffentliche Gebäude wurden besetzt. Es war kein Staatsstreich, eher eine geschickt inszenierte Drohung mit dem Bürgerkrieg - zu dem die Faschisten aber kaum in der Lage gewesen wären.

Trotz der Sympathien mancher Generäle mit den Faschisten standen Militär und Polizei noch unbestritten unter der Kontrolle der Regierung - sie hätten den „Marsch“ auflösen können. Man hatte sogar detaillierte Aktionspläne ausgearbeitet. Die Regierung Facta schlug vor, den Belagerungszustand auszurufen, Vittorio Emanuele III. weigerte sich. Facta trat zurück.

Der König zeigte durchaus Sympathie für die faschistische Bewegung, die sich als „unverbrauchte" Alternative zur traditionellen Rechten anbot. Andererseits fürchtete er in Mussolini einen unkontrollierbaren Rivalen - zu Recht, wie sich bald zeigte. Womöglich wurde auch die militärische Schlagkraft der Faschisten überschätzt. Der König berief Mussolini zum Ministerpräsidenten. Am 31. Oktober 1922 zogen die schwarzen Kolonnen sechs Stunden lang an beiden vorbei.

Vor der Vertrauensabstimmung im Parlament erklärte der „Duce" gewohnt selbstbewusst, geradezu dreist:

„Aus diesem grauen und dumpfen Auditorium konnte ich ein Lager faschistischer Trupps machen. Ich konnte das Parlament verriegeln und eine Regierung allein von Faschisten etablieren. Ich konnte das: aber ich habe es nicht gewollt - vorerst wenigstens."[2]

Das Parlament, als ob es die Drohung nicht gehört hätte, bestätigte die Ernennung - obwohl es unter 535 Abgeordneten nicht mehr als drei Dutzend Faschisten gab. Für Mussolini stimmten auch die meisten Abgeordneten von Liberalen und Volkspartei. Nicht nur die früheren liberalen Ministerpräsidenten Giovanni Giolitti, Vittorio Emanuele Orlando und Antonio Salandra unterstützten ihn, sondern auch junge Abgeordnete der Volkspartei wie Giovanni Gronchi und Alcide De Gasperi. Jahrzehnte später stiegen sie zu führenden Politikern auf - De Gasperi war von 1945 bis 1953 italienischer Ministerpräsident, Gronchi in den fünfziger Jahren Staatspräsident.

Der sozialistische Abgeordnete Filippo Turati verurteilte das neue politische Projekt:

„Das Parlament wurde nicht zu einer Debatte über die Regierungsbildung und zu einer Vertrauensabstimmung zusammengerufen. Es wurde zusammengerufen, um auf jeden Fall der Regierung das Vertrauen auszusprechen. Und sollte es das nicht tun, würde die Regierung sich selbst das Vertrauen aussprechen. Das heißt, dass Sie das Parlament abschaffen, selbst wenn Sie es als Kulisse bestehen lassen."[3]

2 https://it.wikipedia.org/wiki/Filippo_Turati#Il_massimalismo_socialista_e_il_declino_di_Turati

3 https://it.wikisource.org/wiki/Italia_30_maggio_1924,_Discorso_alla_Camera_dei_Deputati_di_denuncia_di_brogli_elettorali)

Der „Duce“ war auch Innen- und Außenminister. Die Mehrheit in der neuen Koalitionsregierung stellten aber Nationalisten, Liberale und Christdemokraten. Einer der wichtigsten Erfolge Mussolinis nach seiner Wahl zum Ministerpräsidenten: das Parlament stimmte seiner Forderung zu, bis Ende 1923 weitgehend ohne Parlament regieren zu können.

Die Mitte-Rechtsaußen-Koalition arbeitete bis 1924 zusammen. Sein Rang als Ministerpräsident verschaffte Mussolini Ansehen. Die demokratischen Koalitionspartner hofften vergeblich, die Faschisten würden sich durch eine Regierungsbeteiligung „verschleißen“ oder an Radikalität verlieren.

Es war die erste Rechtsaußenbewegung, die in Europa an die Regierung kam. Hitlers NSDAP folgte erst zehn Jahre später.

Der Weg zur offenen Diktatur

In der Opposition fanden Sozialisten, die kleine KP und die antifaschistischen Minderheiten von Liberalen und Christdemokraten zu keiner Zusammenarbeit. Die Faschisten nutzten die Schwäche der Demokraten zum Ausbau eines autoritären Regimes. Sogar diese „Halbdiktatur“ der Jahre 1923/24 schreckte weite Teile der politischen Mitte nicht ab.

Bei den alles andere als freien Parlamentswahlen im April 1924 kandidierten wieder zahlreiche Liberale - unter ihnen Salandra und Orlando - auf einer Einheitsliste mit den Faschisten. Auf sie entfielen fast zwei Drittel der Stimmen, 15 Prozent auf die Linksparteien und 10 Prozent auf die Christdemokraten.

Der „Duce“ regierte weiter. Das Regime war damals in den wirtschaftlichen Eliten, unter Beamten und Militärs, auch in der breiten Mittelschicht durchaus populär: die „rote Gefahr“ schien vorbei, eine gewisse wirtschaftliche Stabilisierung war erreicht, von der geplanten Expansion in Afrika versprachen sich viele eine Chance zu Auswanderung und Existenzgründung.

Ein letztes Aufbäumen der Opposition erlebte Italien Mitte 1924, nach der Ermordung des sozialistischen Abgeordneten Giacomo Matteotti. Er hatte in einer leidenschaftlichen Rede im Parlament Mussolini für Wahlfälschungen und Gewalttaten verantwortlich gemacht:

„Viele haben eine Kandidatur für die Opposition abgelehnt, weil sie wussten, dass sie dann ihren Arbeitsplatz verlieren würden. Voraussetzung jeder Wahl ist, dass Kandidaten eine Meinung, die vom

Regierungsprogramm abweicht, öffentlich vertreten können. An den weitaus meisten Orten war das nicht möglich. Zeitungsredaktionen und Parteibüros wurden verwüstet, Menschen geschlagen. In den weitaus meisten Wahllokalen lag die Kontrolle allein bei Vertretern der herrschenden Partei. Aus all diesen Gründen fordern wir, die Wahlen für ungültig zu erklären. Wir verteidigen die Selbstbestimmung des italienischen Volkes."

Nach dem Verbrechen entschied sich die große Mehrheit der Opposition, die parlamentarische Arbeit zu boykottieren. Den Schritt zur offenen Diktatur tat Mussolini dann 1925. Die anderen Parteien wurden verboten. Etliche bekannte Ex-Demokraten unterstützten den „Duce" auch weiterhin.

Das faschistische Regime führte schließlich Italien an der Seite Deutschlands in den Zweiten Weltkrieg. 1943 stürzten angesichts der drohenden militärischen Niederlage langjährige Weggefährten Mussolini und versuchten so auch, von ihrer eigenen Schuld abzulenken. Zwei Regierungen um den Marschall (und Kriegsverbrecher) Pietro Badoglio - die zweite unter Beteiligung der antifaschistischen Parteien, bis hin zu den Kommunisten - manövrierten zwischen autoritärem Staat und Demokratie.

Der „Duce" errichtete unter dem Schutz der Wehrmacht für zwei Jahre noch einen Schattenstaat in Norditalien. Alliierte Truppen, unterstützt von Partisanen und Partisaninnen, kämpften sich langsam von Sizilien zu den Alpen vor. Ende April 1945 brach auch Mussolinis „Italienische Soziale Republik" zusammen, Partisanen erschossen den fliehenden Tyrannen.

Auf schwankendem Boden?

Italien Anfang, Mitte der 1920er Jahre: eine deprimierende Geschichte - Faschisten siegen mit Unterstützung von Demokraten. Die Zusammenarbeit von Liberalen und Christdemokraten mit Mussolini nutzte allein diesem - die erhoffte Verdrängung oder wenigstens Zähmung der neuen Rechtsaußenbewegung gelang nicht.

Vielleicht sollte man noch andere Fragen stellen? Waren die italienischen oder deutschen Liberalen und Konservativen von 1920 oder 1930 überhaupt Demokraten?

Nach heutigen Maßstäben handelten damals in vielen Ländern Demokraten zweifelhaft - oder geradezu als Staatskriminelle. So führten die Regierungen von Frankreich oder Großbritannien brutale Kolonialkriege. In den USA unternahmen die Erben George Washingtons kaum etwas gegen die Diskriminierung der Schwarzen. Nahezu überall verweigerten demokratische Politiker Frauen lange - teilweise noch nach dem Zweiten Weltkrieg - das Wahlrecht.

Auch heute können sich manche tatsächlichen oder vermeintlichen Demokraten und Demokratinnen - in den USA, in Polen, in Ungarn ... - offenbar ein Leben mit weniger, vielleicht sogar mit viel weniger Demokratie vorstellen. Koalitionen zwischen Rechts und Rechtsaußen - siehe Österreich, Italien - erregen kaum noch Aufsehen. Wiederholt sich Geschichte manchmal doch?

Zeittafel

23. 3. 1919: Gründung der faschistischen Bewegung (Fasci italiani di combattimento), in Konkurrenz zu anderen nationalistischen Organisationen

1919/20: Offensive der italienischen Arbeiter*innenbewegung, Massenstreiks und Fabrikbesetzungen. Angriffe faschistischer Milizen

15. 5. 1921: Parlamentswahl, die Faschisten (auf einer Liste mit Liberalen und Konservativen) erhalten 35 von 535 Mandaten

9. 11. 1921: Umwandlung der faschistischen Bewegung in eine Partei (Partito Nazionale Fascista)

Ende Oktober 1922: faschistische Massenaktion „Marsch auf Rom", Drohung mit dem Bürgerkrieg. König Vittorio Emanuele III. beruft Benito Mussolini zum Ministerpräsidenten

16. 11. 1922: das Parlament bestätigt mit breiter Mehrheit Mussolinis Regierung aus Faschisten, Konservativen und Liberalen

24. 11. 1922: das Parlament billigt Mussolini außergewöhnliche Vollmachten zu. Zunehmende Repression

26. 2. 1923: Anschluss der übrigen Nationalisten an die Faschistische Partei

6. 4. 1924: (manipulierte) Parlamentswahlen, Sieg der Allianz aus Faschisten, Konservativen und Liberalen

10. 6. 1925: Ermordung des sozialistischen Abgeordneten Giacomo Matteotti durch Faschisten

1925/26: Ausbau der faschistischen Diktatur, Verbot auch von Mitte-Rechts-Parteien

3. 10. 1935: italienischer Angriff auf Äthiopien

1936: politische Annäherung zwischen Italien und Hitlerdeutschland

1936-39: Italien unterstützt im Spanischen Bürgerkrieg massiv die Putschisten

seit September 1938: antisemitische Gesetze, zunehmende Diskriminierung der jüdischen Minderheit

April 1939: italienische Besetzung Albaniens

10. 6. 1940: Kriegserklärung an Frankreich und Großbritannien (1941 auch an die USA)

13. 9. 1940: italienischer Angriff auf Ägypten

28. 10. 1940: italienischer Angriff auf Griechenland

August 1941: Italien beteiligt sich an Deutschlands Angriff auf die Sowjetunion

13. 5. 1943: Kapitulation der italienischen Truppen in Nordafrika
9. 7. 1943: alliierte Landung auf Sizilien
Juli 1943 bis April 1945: Vorrücken der Alliierten in Richtung Norditalien
25. 7. 1943: Mussolini wird von der faschistischen Parteiführung abgesetzt, die neue Regierung um Marschall Pietro Badoglio sucht eine Annäherung an die Alliierten
2. 8. 1943: Auflösung der Faschistischen Partei
8. 9. 1943: Italien kapituliert gegenüber den Alliierten
23. 9. 1943: Mussolini gründet in Norditalien den „Schattenstaat" Repubblica Sociale Italiana, der sich auf der Seite Deutschlands an Krieg und Schoah beteiligt
13. 10. 1943: die Regierung Badoglio schließt sich den Alliierten an und erklärt Deutschland den Krieg. In den von Deutschen besetzten Gebieten wird eine Partisan*innenbewegung aktiv
22. 4. 1944: neue Übergangsregierung um Badoglio unter Beteiligung von Antifaschisten
18. 6. 1944: Übergangsregierung um den Liberalen Ivanoe Bonomi aus Vertretern demokratischer Parteien und Militärs
28. 4. 1945: Partisanen erschießen Mussolini
29. 4. 1945: Kapitulation der deutschen Truppen, endgültige Befreiung Italiens

Dank

An einem heißen Vormittag im Frühsommer sprachen wir über die trostlosen Kämpfe in den sozialen Medien zwischen Bewunderern und Kritikern des Duce: geradezu blutige Auseinandersetzungen mit Beleidigungen und vorgeschobenen Argumenten. „Mir steigt das Blut in den Kopf, wenn sie dann die Geschichten von den Renten und von der Trockenlegung der Sümpfe aus der Tasche ziehen! Wir bräuchten ein Buch, das diese Lügen sammelt und widerlegt. So würden wir sie davon abbringen, Fantasiegeschichten über den Faschismus zu erzählen!" Schau, da ist das Buch schon, Giosuè! Wahrscheinlich wird es den Lügen kein Ende machen – aber es ist doch ein Anfang. Mein erster Dank geht an dich und die anderen, die wie du den falschen Informationen über eines der übelsten Regimes des 20. Jahrhunderts entgegentreten wollen.

Dank an Cristina, die schon vor Jahren wie eine Ermahnung über der Spüle in unserer Küche den Satz angeheftet hat, den Nora Joyce immer wieder ihrem Ehemann James sagte: „Warum schreibst du nicht Bücher, die die Leute lesen können?" Dank an meine Familie für die Unterstützung und die Hinweise: dieses Buch ist auch das Ergebnis erregter Diskussionen beim Weihnachtsessen. Ich danke von Herzen dem Freund Carlo Greppi, der sich sofort in dieses Projekt verliebt hatte und der mir gegenüber je nach Bedarf als Freund, als Kritiker, als Agent, als Fan oder als Nörgler auftrat. Mit ihm danke ich auch Michele Luzzatto, der mit Aufmerksamkeit, Leidenschaft und Erfahrung das Zustandekommen dieser Seiten gesichert hat.

Dank an Lorenzo Bigiarini, den Historiker und Reisegefährten, für die Durchsicht des Textes und seine jahrelangen Vermittlungsaktivitäten. Dank an Jessica Ognibeni, die Freundin, Historikerin und unersetzliche Jägerin nach Büchern und nach Druckfehlern. Dank an Alice Ravinale für ihre unschätzbaren Anregungen während der Arbeit. Dank an David Bidussa für die Plaudereien im Schnee und für sein Bekenntnis, er habe mein Buch auch unterhaltsam gefunden. Dank an das ganze großartige Team der Associazione Deina – die Freunde, die in diesen Jahren zusammen ein Stück Weg zurückgelegt und mit der Geschichte gearbeitet haben wie mit einem Reservoir von Erinnerungen, aus dem sich eine bessere Zukunft herausfischen lässt.

Es ist ein Reservoir, von dem wir alle wollen, dass es rein bleibt. Die Reisen, die Diskussionen, die Entdeckung neuer Zusammenhänge an den Orten, an denen die Geschichte des 20. Jahrhunderts ihr schlimmstes Gesicht gezeigt hat, waren und sind das Wertvollste in unserer gemeinsamen Arbeit. Dieses Buch möchte ein kleines Steinchen sein in dem großen Mosaikbild des Nachdenkens. Es wird – da bin ich mir sicher – im Lauf der Jahre größer werden. Dank also – in angemessener alphabetischer Reihenfolge – an Sara Bagnoli, Matteo Balduzzi, Elena Bissaca, Filippo Bonadiman, Sofia Burioli, Gianluca Corzani, Alessandro Huber, Cristina Lentini, Francesca Poli, Davide Toso, Antonio Trombetta und an das ganze Tutorenteam von Deina. Ihr seid mehr als hundert und der Verlag hat gesagt, dass nicht alle hier genannt werden können!

Dank – last but not least – an die tausende Teilnehmerinnen und Teilnehmer der „Erinnerungsreisen", denen ich in diesen Jahren bei meinem Umherschweifen begegnet bin. Dank, weil ihr euch entschieden habt, etwas auf wunderbare Weise Nützliches zu tun, auch wenn es schrecklich aus der Mode gekommen ist: stehenzubleiben und sich Zeit zum Nachdenken zu nehmen.

Bibliografie

E. Bartocci (Hg.), Una stagione del riformismo, Rom 2010.

P. Bianchi, La rincorsa frenata. L'industria italiana dall'unità nazionale all'unificazione europea, Bologna 2002.

D. Bidussa, Il mito del bravo italiano, Mailand 1994.

M. Bloch, La guerra e le false notizie. Ricordi (1914-1915) e riflessioni (1921), Rom 2004.

A. Burgio, L. Casali (Hg.), Studi sul razzismo italiano, Bologna 1996.

I. Campbell, Il massacro di Addis Abeba, Mailand 2018.

M. Canali, Il delitto Matteotti, Bologna 2015.

M.L. Cavalcanti, La politica monetaria italiana fra le due guerre (1918-1943), Mailand 2011.

F.L. Cavallo, Terre, acque, macchine. Geografia della bonifica in Italia tra Ottocento e Novecento, Parma 2011.

E. Ciconte, Storia Criminale. La resistibile ascesa di mafia,'ndrangheta e camorra dall'Ottocento ai giorni nostri, Soveria Mannelli 2008.

E. Collotti, Il fascismo e gli ebrei, Rom-Bari 2004.

G. Corni, Storia della Germania. Da Bismarck alla Merkel, Mailand 2017.

A. Del Boca, Italiani, Brava gente? Un mito duro a morire, Vicenza 2005.

R. De Felice, Mussolini il rivoluzionario (1883-1920), Turin 2018.

R. De Felice, Mussolini il fascista. La conquista del potere (1921-1925), Turin 1995.

R. De Felice, Mussolini il fascista. L'organizzazione dello Stato fascista (1925-1929), Turin 1995.

R. De Felice, Mussolini il duce. Gli anni del consenso (1929-1936), Turin 1995.

R. De Felice (Hg.), Galeazzo Ciano, Diario 1937-1943, Mailand 1980.

V. De Grazia, Le donne nel regime fascista, Venedig 2007.

C. Di Sante, Italiani senza onore. I crimini in Jugoslavia e i processi negati, 1941-1951, Verona 2005.

P. Dogliani, Il fascismo degli italiani. Una storia sociale, Turin 2014.

U. Eco, Il Fascismo eterno, Mailand 2017.

F. Focardi, Il cattivo tedesco e il bravo italiano. La rimozione delle colpe della seconda guerra mondiale, Rom-Bari 2013.

M. Franzinelli, I tentacoli dell'OVRA. Agenti, collaboratori e vittime della polizia politica fascista, Turin 2000.

M. Franzinelli, M. Magnani, Beneduce, il finanziere di Mussolini, Mailand 2009.

M. Franzinelli, Il Prigioniero di Salò, Mailand 2012.
M. Franzinelli, Delatori, spie e confidenti anonimi. L'arma segreta del regime fascista, Mailand 2012.
G. Galeotti, Storia del voto alle donne in Italia. Alle radici del difficile rapporto tra donne e politica, Rom 2006.
E. Gentile, Fascismo di pietra, Rom-Bari 2007.
E. Gentile, Mussolini e il Fascismo, Rom-Bari 2010.
E. Gentile, S.M. Di Scala, Mussolini socialista, Rom-Bari 2015.
P. Ginsborg, Storia dell'Italia dal Dopoguerra a oggi, Turin 1989.
P. Giovannini, M. Palla, Il fascismo dalle mani sporche. Dittatura, corruzione affarismo, Rom-Bari 2019.
C. Greppi, 25 aprile 1945, Rom-Bari 2018.
F. Guarneri, Battaglie economiche fra le due guerre, Bologna 1988.
R. Kipling, Poesie, Rom 2012.
N. Labanca, Oltremare. Storia dell'espansione coloniale italiana, Bologna 2007.
S. La Francesca, La politica economica del fascismo, Bari 1973.
S. Lupo, Storia della mafia. Dalle origini ai nostri giorni, Rom 2004.
L. Martone, Giustizia coloniale. Modelli e prassi penali per i sudditi d'Africa dall'età giolittiana al fascismo, Neapel 2002.
S. Martorelli, P. Zani (Hg.), Una piccola storia della previdenza in Italia, CISL, Mailand 2010.
G. Melis, La macchina imperfetta. Immagine e realtà dello Stato fascista, Bologna 2018.
P. Milza, Gli ultimi giorni di Mussolini, Mailand 2011.
G. Mosse, Le origini culturali del Terzo Reich, Mailand 2015.
E. Novello, La bonifica in Italia. Legislazione, credito e lotta alla malaria dall'unità al fascismo, Mailand 2003.
G. Oliva, Si ammazza troppo poco. I crimini di guerra italiani, 1940-1943, Mailand 2007.
A. Petacco, L'archivio segreto di Mussolini, Mailand 2010.
R. Petri, Storia economica d'Italia dalla Grande guerra al miracolo economico (1918-1963), Bologna 2002.
S. Poma (Hg.), G. Ciano, Diario, 1937-1942, edizione integrale, 2018.
G. Rochat, Guerre italiane (1935-1943). Dall'Impero d'Etiopia alla disfatta, Turin 2008.
D. Rodogno, Il nuovo ordine mediterraneo. Le politiche di occupazione dell'Italia fascista in Europa (1940-1943), Turin 2003.
J. Roth, La quarta Italia, Rom 2013.
A. Sangiovanni, Le parole e le figure. Storia dei media italiani dall'età

libera alla seconda guerra mondiale. Rom 2012.
U. Santino, Storia del movimento antimafia, Rom 2000.
F. Scarano, Tra Mussolini e Hitler. Le opzioni dei sudtirolesi nella politica estera fascista, Mailand 2012.
D.M. Smith, A proposito di Mussolini,Rom-Bari 2004.
D.M. Smith, Mussolini, Mailand 2012.
F.M. Snowden, La conquista della malaria. Una modernizzazione italiana 1900-1962, Turin 2008.
G. Stefani, Colonia per maschi. Italiani in Africa orientale: una storia di genere, Verona 2007.
Storia dell'IRI, Rom-Bari 2012
A. Tasca, Nascita e avvento del fascismo, Rom-Bari 1972.
T. Terhoeven, Oro alla Patria. Donne, guerra e propaganda nella giornata della fede fascista, Bologna 2006.
G. Toniolo, L'Italia e l'economia mondiale. Dall'Unità a oggi, Venedig 2013.
L. Teoldi, Storia dello Stato italiano. Dall'Unità al XXI secolo, Rom-Bari 2018.
G. Vecchi, In ricchezza e in povertà. Il benessere degli italiani dall'Unità a oggi, Bologna 2011.
R. Vivarelli (Hg.), G. Salvemini, Le origini del fascismo in Italia. Lezioni di Harvard, Mailand 1979.

Belletristik

G. Bassani, Gli occhiali d'oro, Mailand 2013.
B. Fenoglio, Una questione privata, Turin 2011.
E. Flaiano, Tempo di uccidere, Mailand 2013.
A. Scurati, M. Il figlio del secolo, Mailand 2018.
A. Pennachi, Canale Mussolini, Mailand 2010.
R. Viganò, L'Agnese va a morire, Turin 2014.

Film

Im Lauf der Jahre gab es viele Filme, die versuchten, vom Faschismus und seiner wirkliche Beziehung zu Italien zu erzählen. Das war eine schwierige Herausforderung, die nicht immer bewältigt wurde. Einige Hauptwerke aber erwiesen sich als ausgesprochen erhellend. Das Kino hat auch besonders groteske Aspekte eines Regimes, das eine Farce war, enthüllt. Selbstgefälligkeit und hohler Pomp wurden in einem Meisterwerk wie Amarcord (Federico Fellini 1973) verspottet.

Der Einfluss der Entscheidungen und Nichtentscheidungen des Mussolini-Regimes auf das Leben der einzelnen spiegelt sich im Spiel Marcello Mastroiannis in Una giornata particolare (Ettore Scola 1977). Auf leidende, vom Regime ausgegrenzte Menschen trifft man in Cristo si è fermato a Eboli * (Francesco Rosi 1979). Von der tragischen Ironie eines Regimes, das keine Farce, sondern eine wahre Tragödie war, erzählt auf fantastische Weise Troisi in Le vie del signore sono finite (Massimo Troisi 1987).

Eine gelungene Arbeit über die faschistische Sprache und Nichtsprache und über besonders lachhafte Einstellungen des Faschismus ist die komische Science Fiction Fascisti su Marte (Corrado Guzzanti 2006), wo die verkrampfte Rhetorik des Faschismus bloßgestellt und zugleich gezeigt wird, wie der italienische Totalitarismus nicht mehr als eine Fassade bot.

Internetangebote zum fact checking

Gesetzgebung:

normattiva.it (Sammlung der italienischen Gesetzgebung von 1861 bis heute).

augusto.agid.gov.it (Sammlung der Gazzetta Ufficiale von 1861 bis 1946).

Wirtschaft:

seriestoriche.istat.it (statistische Daten von 1861 bis heute).

Gesundheitswesen:

politichesanitarie.it

Mafia:

centroimpastato.com

legislature.camera.it/_bicamerali/antimafia/sportello/collegamenti.html (Verzeichnis der Websites zu Mafia und Antimafia, zusammengestellt von der Antimafia-Parlamentskommission).

Naturkatastrophen:

protezionecivile.gov.it

storing.ingv.it (Seiten des Nationalen Instituts für Geologie und Vulkanologie).

Soziale Sicherung:

inps.it

Gesamtverzeichnis Verlag Edition AV

Anarchie ♦ Theorie ♦ Pädagogik ♦ Literatur ♦ Lyrik ♦ Theater ♦ Geschichte

Werner Abel & Enrico Hilbert ♦ Sie werden nicht durchkommen ♦ Deutsche an der Seite der Republik und der sozialen Revolution ♦ Band 1 ♦ 978-3-86841-112-6 ♦ 45,00 €

Werner Abel, Enrico Hilbert & Harald Wittstock ♦ Sie werden nicht durchkommen ♦ Deutsche an der Seite der Republik und der sozialen Revolution ♦ Band 2 ♦ Bilder und Materialien ♦ 978-3-86841-113-3 ♦ 24,50 €

Werner Abel ♦ Mit Salut und Händedruck ♦ Militärzensur der Internationalen Brigaden in Spanien ♦ Band 1 Dokumente ♦ 978-3-86841-165 ♦ 18,00 €

Gwendolyn von Ambesser ♦ Die Ratten betreten das sinkende Schiff ♦ Das absurde Leben des jüdischen Schauspielers Leo Reuss ♦ 978-3-936049-47-3 ♦ 18,00 €

Gwendolyn von Ambesser ♦ Schaubudenzauber ♦ Geschichten und Geschichte eines legendären Kabaretts ♦ 978-3-936949-68-8 ♦ Preis 18,00 €

Gwendolyn von Ambesser ♦ Schauspieler fasst man nicht an! ♦ Eine Axel von Ambesser Biographie ♦ 978-3-86841-045-7 ♦ Preis 19,90 €

Allan Antliff ♦ Anarchie und Kunst ♦ Von der Pariser Kommune bis zum Fall der Berliner Mauer ♦ ISBN 978-3-86841-052-5 ♦ 18,00 €

Yair Auron ♦ Der Schmerz des Wissens ♦ Die Holocaust- und Genozid-Problematik im Unterricht ♦ ISBN 978-3-936049-55-8 ♦ 18,00 €

Autorinnenkollektiv ♦ Das Frauenkommunebuch ♦ Alltag zwischen Partriarchat und Utopie ♦ ISBN 978-3-86841-227-3 ♦ 24,50€

Franz Barwich ♦ Das ist Syndikalismus ♦ Die Arbeiterbörsen des Syndikalismus ♦ ISBN 978-3-936049-38-1 ♦ 11,00 €

Günther Baumgartner & Dietrich Grund ♦ Die bayerische Revolution 1918/19 in Stadt und Land ♦ Band 1 Oberbayern ♦ ISBN 978-3-86841-212-3 ♦ 49,80 €

Anna-Maria Benz ♦ Freiheit oder Tod ♦ Harriet Tubman ♦ Afroamerikanische Freiheitskämpferin ♦ ISBN 978-3-86841-022-8 ♦ 18,00 €

Alexander Berkman ♦ Der bolschewistische Mythos. Tagebuch aus der russischen Revolution 1920 – 1922. ♦ ISBN 978-3-936049-31-2 ♦ 17,00 €

Wolfram Beyer (Hg.) ♦ Internationale der Kriegsdienstgegner/innen ♦ Beiträge zur Geschichte. Pazifismus – Antimilitarismus – Gewaltfreiheit ♦ ISBN 978-3-86841-187-4 ♦ 14,00 €

Bilkis Brahe ♦ Tragödien sind albern ♦ Frida Kahlo (1907-1954), eine mexikanische Malerin ♦ ISBN 978-3-936049-80-0 ♦ 16,00 €

RAlf Burnicki ♦ Lichtaspirin ♦ Anarchopoetry ♦ ISBN 978-3-86841-102-7 ♦ 12,00 €

Ralf Burnicki ♦ Anarchismus & Konsens. Gegen Repräsentation und Mehrheitsprinzip: Strukturen einer nichthierarchischen Demokratie ♦ ISBN 978-3-936049-08-4 ♦ 16,00 €

Ralf Burnicki ♦ Die Straßenreiniger von Teheran ♦ Lyrik ♦ ISBN 978-3-936049-41-1 ♦ 9,80 €

Ralf Burnicki ♦ Zahnweiß ♦ Kaufhaus-Poetry ♦ ISBN 978-3-936049-78-7 ♦ 9,80 €

Ralf Burnicki & Findus ♦ Hoch lebe sie – die Anarchie! ♦ Anarcho-Poetry ♦ ISBN 978-3-86841-102-7 ♦ 9,80 €

Rolf Cantzen ♦ Mordskarma ♦ Krimi ♦ ISBN 978-3-86841-103-4 ♦ 16,00 €

Cornelius Castoriadis ♦ Autonomie oder Barbarei ♦ Ausgewählte Schriften, Band 1 ♦ ISBN 978-3-936049-67-1 ♦ 17,00 €

Cornelius Castoriadis ♦ Vom Sozialismus zur autonomen Gesellschaft ♦ Über den Inhalt des Sozialismus ♦ Ausgewählte Schriften ♦ Band 2.1. ♦ ISBN 978-3-936049-88-6 ♦ 17,00 €

Cornelius Castoriadis ♦ Vom Sozialismus zur autonomen Gesellschaft ♦ Gesellschaftskritik und Politik nach Marx ♦ Ausgewählte Schriften ♦ Band 2.2. ♦ ISBN 978-3-86841-002-0 ♦ 17,00 €

Cornelius Castoriadis ♦ Das imaginäre Element und die menschliche Schöpfung ♦ Ausgewählte Schriften ♦ Band 3 ♦ ISBN 978-3-86841-035-8 ♦ 17,00 €

Cornelius Castoriadis ♦ Philosophie, Demokratie, Poiesis ♦ Ausgewählte Schriften ♦ Band 4. ♦ ISBN 978-3-86841-063-1 ♦ 17,00 €

Cornelius Castoriadis ♦ Psychische Monade und autonomes Subjekt ♦ Ausgewählte Schriften ♦ Band 5 ♦ ISBN 978-3-86841-081-5 ♦ 17,00 €

Cornelius Castoriadis ♦ Kapitalismus als imaginäre Institution ♦ Ausgewählte Schriften ♦ Band 6 ♦ ISBN 978-3-86841-094-5 ♦ 17,00 €

Cornelius Castoriadis ♦ Durchs Labyrinth ♦ Ausgewählte Schriften ♦ Band 8 ♦ ISBN 978-3-86841-231-4 ♦ 17,00 €

Cornelius Castoriadis ♦ Ungarn 56 – Die ungarische Revolution ♦ Ausgewählte Schriften ♦ Band 7 ♦ ISBN 978-3-86841-178-8 ♦ 16,00 €

Cornelius Castoriadis ♦ Fenster zum Choas ♦ Ausgewählte Schriften ♦ Band 9 ♦ ISBN 978-3-86841-261-1 ♦ 17,00 €

Roman Danyluk ♦ Unter sticht Opber ♦ Eine sozialgeschichte der bayerischen Revolution ♦ ISBN 978-3-86841-265-9 ♦ 24,50 €

Roman Danyluk ♦ Freiheit und Gerechtigkeit ♦ Die Geschichte der Ukraine aus libertärer Sicht ♦ ISBN 978-3-86841-029-7 ♦ 11,00 €

Roman Danyluk ♦ Befreiung und soziale Emanzipation ♦ Rätebewegung, Arbeiterautonomie und Syndikalismus ♦ ISBN 978-3-86841-065-5 ♦ 18,00 €

Roman Danyluk ♦ Partisanen und Milizen ♦ Zum Verhältnis von Gewalt und Emanzipation ♦ ISBN 978-3-86841-100-3 ♦ 18,00 €

Roman Danyluk ♦ Kiew: Unabhängigkeitsplatz ♦ Verlauf und Hintergründe der Bewegung auf dem Majdan ♦ ISBN 978-3-86841-105-6 ♦ 14,00 €

Roman Danyluk ♦ Blues der Städte ♦ Die Bewegung 2. Juni – eine sozialrevolutionäre Geschichte ♦ ISBN 978-3-86841-226-0 ♦ 20,00 €

Hans Jürgen Degen ♦ Die Wiederkehr der Anarchisten ♦ Anarchistische Versuche 1945-1970 ♦ ISBN 978-3-86841-015-0 ♦ 24,50 €

Pierre Dietz ♦ Briefe aus der Deportation ♦ Französischer Widerstand und der Weg nach Auschwitz ♦ ISBN 978-3-86841-042-6 ♦ 16,00 €

Jane Doe ♦ Die andere Farm der Tiere ♦ Roman ♦ ISBN 978-3-936049-94-7 ♦ 16,00 €

Helge Döhring ♦ Die Anarchistische Vereinigung 1923-1933♦ ISBN 978-3-86841-208-6 ♦ 20,00 €

Helge Döhring ♦ Anarchisten auf Sinnsuche♦ ISBN 978-3-86841-191-1 ♦ 20,00 €

Helge Döhring ♦ Organisierter Anarchismus in Deutschland 1919 bis 1933♦ ISBN 978-3-86841-192-8 ♦ 20,00 €

Helge Döhring♦ Anarcho-Syndikalismus ♦ Einführung in die Theorie und Geschichte einer internationalen sozialistischen Arbeiterbewegung ♦ 978-3-86841-143-0 ♦ 16,00 €

Helge Döhring ♦ Syndikalismus in Deutschland 1914-1918 ♦ „Im Herzen der Bestie"♦ ISBN 978-3-86841-083-9♦ 17,00 €

Helge Döhring ♦ Syndikalismus im „Ländle" ♦ Die Freie Arbeiter-Union Deutschlands (FAUD) in Würtemberg 1918 – 1933) ♦ ISBN 978-3-936049-59-6 ♦ 16,00 €

Helge Döhring ♦ Damit in Bayern Frühling werde! ♦ Die syndikalistische Arbeiterbewegung in Südbayern von 1914 bis 1933 ♦ ISBN 978-3-936049-84-8 ♦ 17,00 €

Helge Döhring & Martin Veith ♦ Eine Revolution für die Anarchie ♦ Zur Geschichte der Anarcho-Syndikalistischen Jugend & Aus den Trümmern empor ♦ Anarcho-Syndikalismus in Württemberg ♦ ISBN 978-3-86841-005-1 ♦ 22,00 €

Helge Döhring (Hg.) ♦ Generalstreik ♦ Streiktheorien und -diskussionen innerhalb der deutschen Sozialdemokratie vor 1914 ♦ ISBN 978-3-86841-019-8 ♦ 14,00 €

Helge Döhring ♦ Schwarze Scharen ♦ Die anarcho-syndikalistische Arbeiterwehr (1929 – 1933) ♦ ISBN 978-3-86841-054-9 ♦ 14,90 €

Helge Döhring ♦ Mutige Kämpfergestalten ♦ Syndikalismus in Schlesien 1918 – 1930 ♦ ISBN 978-3-86841-064-8 ♦ 12,00 €

Sam Dolgoff ♦ Anarchistische Fragmente ♦ Memoiren eines amerikanischen Anarchosyndikalisten ♦ ISBN 978-3-86841-501 ♦ 16,00 €

Wolfgang Eckhardt ♦ Von der Dresdner Mairevolte zur Ersten Internationalen ♦ Untersuchungen zu Leben und Werk Michail Bakunins ♦ ISBN 978-3-936049-53-4 ♦ 14,00 €

Sarah Endsee ♦ Der Tag dazwischen ♦ Kriminalroman ♦ 978-3-86841-148-5 ♦ 18,00 €

Michael Englishman♦ laut und klar ♦ Aus der Asche des Holocaust ♦ 978-3-86841-147-8 ♦ 14,00 €

Sébastien Faure ♦ Die Anarchistische Synthese und andere Texte ♦Herausgegeben, bearbeitet und mit Annotationen versehen von Jochen Knoblauch ♦ ISBN 978-3-936049-85-5 ♦ 10,00 €

FAU-Bremen ♦ Die CNT als Vortrupp des internationalen Anarcho-Syndikalismus ♦ Die Spanische Revolution 1936 – Nachbetrachtung und Biographien ♦ 978-3-936049-69-5 ♦ 14,00 €

Luigi Fabbri♦ Die präventive Konterrevolution ♦ Reflexion über den Faschismus ♦ ISBN 978-3-86841-140-9 ♦ 18,00 €

Bernd Feininger & Wilhelm Schwendeman ♦ Nicht Lese-Wort, sondern Lebens-Wort ♦ ISBN 978-3-86841-248-2 ♦ 16,00 €

Lutz Finkeldey ♦ Denkwerkzeuge zum soziokulturellen Verstehen ♦ ISBN 978-3-86841-099-0 ♦ 12,00 €

Lutz Finkeldey ♦ Im Kino der Gesellschaft ♦ Eine soziologische Skizze zwischen Wirklichkeit und Wahrheit ♦ ISBN 978-3-86841-154-6 ♦ 18,00 €

Lutz Finkeldey ♦ Zum Beispiel ♦ Biographisches Verstehen in soziokulturellen Lebenswelten ♦ ISBN 978-3-86841-204-8 ♦ 17,00 €

Lutz Finkeldey ♦ Schokolade für alle ♦ Wie Verblendung das Paradies zerstört ♦ ISBN 978-3-86841-230-7 ♦ 18,00 €

Francisco Ferrer ♦ Die Moderne Schule ♦ Herausgegeben und kommentiert von Ulrich Klemm ♦ ISBN 978-3-936049-21-3 ♦ 17,50 €

Ursula Frost, Johannes Waßmer & Hans-Joachim Werner (Hgg.) ♦ Dialog und Konflikt ♦ Das dialogische Prinzip in Philosophie, Religion und Gesellschaft ♦ ISBN 978-3-86841-205 ♦ 19,90 €

Louis Gill♦ George Orwell ♦ Vom Spanischen Bürgerkrieg zu 1984 ♦ ISBN 978-3-86841-066-2 ♦ 16,00 €

Günter Gerstenberg ♦ Räte in München ♦ Anmerkungen zum Umsturz und zu den Räterepubliken 1918/19 ♦ ISBN 978-3-86841-225-3♦ 19,90 €

Günter Gerstenberg ♦ Der kurze Traum vom Frieden ♦ Ein Beitrag zur Vorgeschichte des Umsturzes in München 1918 ♦ ISBN 978-3-86841-189-8 ♦ 24,50 €

Günter Gerstenberg & Cornelia Naumann♦ Steckbriefe gegen gegen Eisner, Kurt und Genossen wegen Landesverrates ♦ Ein Lesebuch über Münchner Revolutionärinnen und Revolutionäre im Januar 1918 ♦ ISBN 978-3-86841-173-7 ♦ 24,90 €

Eveline Goodman-Thau ♦ Vom Archiv zur Arche ♦ Geschichte als Zeugnis ♦ ISBN 978-3-86841-222-2 ♦ 20,00 €

William Godwin ♦ Caleb Williams oder Die Dinge, wie sie sind ♦ Historischer Roman (Libertäre Bibliothek 1) ♦ ISBN 978-3-936049-86-2 ♦ 19,00 €

Moritz Grasenack♦ Spitznamen in Montevarese ♦ Eine interdisziplinäre Untersuchung im Spannungsfeld von Autorität, Gewalt und Rebellion in Namensgebung und Alltag eines kalabresischen Dorfes ♦ ISBN 978-3-86841-084-6 ♦ 24,50 €

Moritz Grasenack (Hg.) ♦ Die libertäre Psychotherapie von Friedrich Liebling ♦ Eine Einführung in seine Großgruppentherapie anhand wortgetreuer Abschriften von Therapiesitzungen ♦ Mit Original-Tondokument und Video auf CD-ROM ♦ISBN 978-3-936049-51-0 ♦ 24,90 €

Marijana Gršak, Ulrike Reimann & Kathrin Franke ♦ Frauen und Frauenorganisationen im Widerstand ♦ In Kroatien, Bosnien und Serbien ♦ ISBN 978-3-936049-57-2 ♦ 17,00 €

Stefan Gurtner ♦ Die Straßenkinder von Tres Soles ♦ Von zerstörten Kindheiten, Selbstorganisation und einem Theater der Unterdrückten in Bolivien ♦ inkl. einer DVD ♦ 978-3-936049-79-4 ♦ 18,00 €

Stefan Gurtner ♦ Das grüne Weizenkorn ♦ Eine Parabel aus Bolivien ♦ Jugendbuch ♦ ISBN 978-3-936049-40-4 ♦ 11,80 €

Stefan Gurtner ♦ Die Abenteuer des Soldaten Milchgesicht ♦ Historischer Roman ♦ ISBN 978-3-936049-62-6 ♦ 14,00 €

Stefan Gurtner ♦ Der verkaufte Fluss ♦ Freilichtspiel ♦ ISBN 978-3-86841-018-1 ♦ 11,80 €

Stefan Gurtner ♦ Isudoras unglaubliche Geschichte ♦ Roman♦ ISBN 978-3-86841-193-5 ♦ 24,50 €

Stefan Gurtner ♦ Guttentag ♦ Das Leben des jüdischen Verlegers Werner Guttentag zwischen Deutschland und Bolivien ♦ ISBN 978-3-86841-069-3 ♦ 24,50 €

Frank Harris ♦ Die Bombe ♦ Roman ♦ ISBN 978-3-86841-053-2 ♦ 14,00 €

Wolfgnang Haug ♦ Theodor Plievier ♦ ISBN 978-3-86841-220-8 ♦ 24,50 €

Wolfgang Haug & Michael Wilk ♦ Herrschaftsfrei statt populistisch ♦ Aspekte anarchistischer Gesellschaftskritik ♦ ISBN 978-3-86841-207-9 ♦ 12,00 €

Gorden Hill ♦ Fünf Jahrhunderte indigener Widerstand ♦ Roman ♦ ISBN 978-3-86841-011-2 ♦ 9,80 €

Gorden Hill ♦ Indigener Widerstand ♦ Comic ♦ ISBN 978-3-86841-085-3, ♦ 14,00 €

Gorden Hill ♦ Antikapitalistischer Widerstand ♦ Comic ♦ ISBN 978-3-86841-104-1, ♦ 14,00 €

Andreas W. Hohmann (Hg.) ♦ ehern, tapfer, vergessen. ♦ Die unbekannte Internationale♦ ISBN 978-3-86841-093-8♦ 18,00 €

Andreas W. Hohmann & Jürgen Mümken (Hgg.) ♦ Kischenew. Das Pogrom 1903 ♦ ISBN 978-3-86841-123-2♦ 16,00 €

Mathieu Houle-Courcelles ♦ Auf den Spuren des Anarchismus in Quebec (1860-1960) ♦ ISBN 978-3-86841-051-8 ♦ 16,00 €

Maria Regina Jünemann ♦ Die Anarchistin ♦ Historischer Roman ♦ ISBN 978-3-936049-92-3 ♦ 14,00 €

Oskar Kanehl ♦ Kein Mensch hat das Recht, für Ruhe und Ordnung zu sorgen ♦ herausgegeben von Wolfgang Haug ♦ 978-3-86841-146-1 ♦ 18,00 €

Lajos Kassak ♦ Ein Menschenleben ♦ Roman ♦ ISBN 978-3-86841-232-1 ♦ 18,00 €

Ernst Kaufmann ♦ Anderswo weit ♦ Erzählungen ♦ ISBN 978-3-86841-262-8 ♦ 17,90 €

Ernst Kaufmann ♦ Wiener Herz am Sternenbanner ♦ Bruno Granichstaedten ♦ Stationen eines Lebens ♦ ISBN 978-3-86841-096-9 ♦ 18,90 €

Fred Kautz ♦ Die Holocaust-Forschung im Sperrfeuer der Flakhelfer ♦ Vom befangenen Blick deutscher Historiker aus der Kriegsgeneration ♦ ISBN 978-3-936049-09-1 ♦ 14,00 €

Philippe Kellermann (Hg.) ♦ Anarchistische Bolschewismuskritik ♦ 1918-1922 ♦ ISBN 978-3-86841-184-3 ♦ 17,00

Philippe Kellermann (Hg.) ♦ Die Verfolgung des Anarchismus in Sowjetrussland ♦ 1918-1933 ♦ ISBN 978-3-86841-199-7 ♦ 17,00 €

Philippe Kellermann ♦ Marxistische Geschichtslosigkeit ♦ Von Verdrängung, Unwissenheit und Denunziation: Die (Nicht-)Rezeption des Anarchismus im zeitgenössischen Marxismus ♦ ISBN 978-3-86841-060-0 ♦ 19,50 €

Philippe Kellermann ♦ Anarchismusreflexionen ♦ Zur kritischen Sichtung des anarchistischen Erbes ♦ ISBN 978-3-86841-082-2 ♦ 17,00 €

Philippe Kellermann (Hg.) ♦ Anarchismus und Geschlechterverhältnis ♦ Band 1 ♦ 978-3-86841-139-3 ♦ 16,00 €

David Kessel ♦ Außenseitergedichte ♦ Lyrik ♦ ISBN 978-3-936049-77-0 ♦ 9,80 €

Michaela Kilian ♦ Keine Freiheit ohne Gleichheit ♦ Louise Michel (1830 – 1905), Anarchistin, Schriftstellerin, Ethnologin, libertäre Pädagogin ♦ 978-3-936049-93-0 ♦ 17,00 €

Michaela Kilian ♦ Entlarvte Illusionen ♦ Marina Iwanowna Zwetajewa (1892 – 1941) ♦ 978-3-86841-044-0 ♦ 19,50 €

Ulrich Klemm ♦ Bildung ohne Zwang ♦ Texte zur Geschichte der anarchistischen Pädagogik ♦ 978-3-86841-037-2 ♦ 16,00 €

Ulrich Klemm ♦ Mythos Schule ♦ Warum Bildung entschult und entstaatlicht werden muss ♦ Eine Streitschrift ♦ 978-3-86841-003-7 ♦ 11,80 €

Ulrich Klemm ♦ Anarchisten als Pädagogen ♦ Profile libertärer Pädagogik ♦ ISBN 978-3-936049-05-3 ♦ 9,00 €

Ulrich Klemm ♦ Freiheit & Anarchie ♦ Eine Einführung in den Anarchismus ♦ ISBN 978-3-936049-49-7 ♦ 9,80 €

Jochen Knoblauch ♦ Marx vs. Stirner ♦ Oder: Ein Versuch über dieses & jenes ♦ ISBN 978-3-86841-120-1 ♦ 14,00 €

Rachel Kochawi ♦ Die Blut-Braut ♦ Eine politische Liebesgeschichte ♦ Roman ♦ ISBN 978-3-936049-89-3 ♦ 16,00 €

Rachel Kochawi ♦ Nakajima ♦ Eine Erzählung ♦ inkl. DVD „Das 23. Jahr" ♦ ISBN 978-3-86841-007-5 ♦ 16,00 €

Rachel Kochawi ♦ Das Brot der Armut ♦ Die Geschichte eines versteckten jüdischen Kindes ♦ ISBN 978-3-86841-034+1 ♦ 18,00 €

Peter Kropotkin ♦ Worte eines Rebellen ♦ ISBN 978-3-86841-254-3 ♦ 20,00 €

Gustav Landauer ♦ Internationalismus ♦ Ausgewählte Schriften ♦ Band 1 Herausgegeben von Siegbert Wolf ♦ ISBN 978-3-936049-89-3 ♦ 18,00 €

Gustav Landauer ♦ Anarchismus ♦ Ausgewählte Schriften ♦ Band 2 ♦ ISBN 978-3-86841-012-9 ♦ 18,00 €

Gustav Landauer ♦ Antipolitik ♦ Ausgewählte Schriften ♦ Band 3.1 ♦ ISBN 978-3-86841-31-0 ♦ 18,00 €

Gustav Landauer ♦ Antipolitik ♦ Ausgewählte Schriften ♦ Band 3.2 ♦ ISBN 978-3-86841-36-5 ♦ 18,00 €

Gustav Landauer ♦ Nation, Krieg und Revolution ♦ Ausgewählte Schriften ♦ Band 4 ♦ ISBN 978-3-86841-046-4 ♦ 18,00 €

Gustav Landauer ♦ Philosophie und Judentum ♦ Ausgewählte Schriften ♦ Band 5 ♦ ISBN 978-3-86841-068-6 ♦ 22,00 €

Gustav Landauer ♦ Literatur ♦ Ausgewählte Schriften ♦ Band 6.1 ♦ ISBN 978-3-86841-090-7 ♦ 18,00 €

Gustav Landauer ♦ Literatur ♦ Ausgewählte Schriften ♦ Band 6.2 ♦ ISBN 978-3-86841-091-4 ♦ 18,00 €

Gustav Landauer ♦ Skepsis und Mystik ♦ Ausgewählte Schriften ♦ Band 7 ♦ ISBN 978-3-86841-059-4 ♦ 18,00 €

Gustav Landauer ♦ Wortartist ♦ Ausgewählte Schriften ♦ Band 8 ♦ ISBN 978-3-86841-101-0 ♦ 18,00 €

Gustav Landauer ♦ Aufruf zum Sozialismus♦ Ausgewählte Schriften ♦ Band 11 ♦ ISBN 978-3-86841-133-1 ♦ 18,00 €

Gustav Landauer ♦ Friedrich Hölderlin in seinen Gedichten ♦ Ausgewählte Schriften ♦ Band 12 ♦ ISBN 978-3-86841-152-2 ♦ 18,00 €

Gustav Landauer ♦ Die Revolution ♦ Ausgewählte Schriften ♦ Band 13 ♦ ISBN 978-3-86841-168-3 ♦ 18,00 €

Gustav Landauer ♦ Ein Weg zur Befreiung der Arbeiter-Klasse ♦ Ausgewählte Schriften ♦ Band 14 ♦ ISBN 978-3-86841-194-2 ♦ 18,00 €

Gustav Landauer ♦ Meister Eckharts. Mystische Schriften ♦ Ausgewählte Schriften ♦ Band 15 ♦ ISBN 978-3-86841-203-9 ♦ 18,00 €

Tilman Leder♦ Die Politik eines „Antipolitikers" ♦ Eine politische Biographie Gustav Landauers ♦ ISBN 978-3-86841-098-3 ♦ 49,90 €

Reiner Lehmann♦ Wider die Dummheit ♦ ISBN 978-3-86841-126-3 ♦ 10,00 €

Samuel Lewin ♦ Dämonen des Blutes ♦ Eine Vision ♦ ISBN 978-3-86841-079-2 ♦ 12,00 €

Albert Londres ♦ Die Flucht aus der Hölle ♦ ISBN 978-3-86841-038-9 ♦ 12,00

Miriam Magall ♦ Kindheit in Ägypten ♦ Roman ♦ ISBN 978-3-86841-111-9 ♦ 18,00 €

Miriam Magall ♦ Auf dem Obasute-Yama ♦ oder: Verwirf' mich nicht in meinem Alter!♦ Roman ♦ ISBN 978-3-86841-097-6 ♦ 19,50 €

Miriam Magall ♦ O, Deutschland! Deine Dichter und Denker ♦ Wie deutsche Schriftsteller, Politiker und Kirchen Juden und Israel heute sehen ♦ ISBN 978-3-86841-150-8 ♦ 18,00 €

Subcomandante Marcos ♦ Der Kalender des Widerstandes. Zur Geschichte und Gegenwart Mexikos von unten ♦ ISBN 978-3-936049-24-4 ♦ 13,00 €

Mathias Mendyka ♦ Libertäre Schulkritik und anarchistische Pädagogik ♦ ISBN 978-3-86841-155-3 ♦ 14,00 €

Mujeres Libres ♦ Libertäre Kämpferinnen ♦ ISBN 978-3-86841-221-5 ♦ 17,00

Andreas Losch, Thomas Reichert, Johannes Waßmer (Hgg.) ♦ Alles in der Schrift ist echte Gesprochenheit ♦ Martin Buber-Studien ♦ Band 2 ♦ ISBN 978-3-86841-117-1 ♦ 19,90 €

Mick Lowe ♦ Der alte Provo-Trick ♦ Roman ♦ ISBN 978-3-86841-233-8 ♦ 18,00 €

Orlando Mardones ♦ Mensch, du lebst noch? ♦ ISBN 978-3-86841-241-3 ♦ 14,00 €

Jürgen Mümken ♦ Freiheit, Individualität & Subjektivität. ♦ Staat und Subjekt in der Postmoderne aus anarchistischer Perspektive. ♦ ISBN 978-3-936049-12-1 ♦ 17,00 €

Jürgen Mümken ♦ Anarchosyndikalismus an der Fulda. ♦ ISBN 978-3-936049-36-7. ♦ 11,80 €

Jürgen Mümken (Hg.) ♦ Anarchismus in der Postmoderne ♦ Beiträge zur anarchistischen Theorie und Praxis ♦ ISBN 978-3-936049-37-4 ♦ 11,80 €

Jürgen Mümken ♦ Kapitalismus und Wohnen ♦ Ein Beitrag zu Geschichte der Wohnungspolitik im Spiegel kapitalistischer Entwicklungspolitik und sozialer Kämpfe ♦ ISBN 978-3-936049-64-0 ♦ 22,00 €

Jürgen Mümken ♦ Die Ordnung des Raumes ♦ Foucault, Bio-Macht und die Transformation des Raumes in der Moderne ♦ ISBN 978-3-86841-070-9 ♦ 16,00 €

Jürgen Mümken / Siegbert Wolf ♦ „Antisemit, das geht nicht unter Menschen" ♦ Anarchistische Positionen zu Antisemitismus, Zionismus und Israel♦ Band 1: Von Proudhon bis zur Staatsgründung♦ ISBN 978-3-86841-088-4 ♦ 18,00 €

Jürgen Mümken / Siegbert Wolf ♦ „Antisemit, das geht nicht unter Menschen" ♦ Anarchistische Positionen zu Antisemitismus, Zionismus und Israel♦ Band 2: Von der Staatsgründung bis heute ♦ ISBN 978-3-86841-118-8 ♦ 18,00 €

Aleksander Nakoff ♦ Knast, Lager, Verbannung ♦ ISBN 978-3-86841-234-5 ♦ 14,00 €

Cornelia Naumann ♦ Ich hoffe noch, dass aller Menschen Glück nahe sein muss ♦ Fragmente eines revolutionären Lebens ♦ ISBN 978-3-86841-190-4 ♦ 19,90 €

Ernest Nyborg ♦ Lena Halberg – Paria 97 ♦ Thriller ♦ ISBN 978-3-86841-125-6 ♦ 14,50 €

Ernest Nyborg ♦ Lena Halberg – New York 01 ♦ Thriller ♦ ISBN 978-3-86841-128-7 ♦ 14,50 €

Ernest Nyborg ♦ Lena Halberg – London 05 ♦ Thriller ♦ ISBN 978-3-86841-130-0 ♦ 14,50 €

Ernest Nyborg ♦ Lena Halberg – Der Cellist ♦ Thriller ♦ ISBN 978-3-86841-210-9 ♦ 14,50 €

Abel Paz & die Spanische Revolution ♦ Bernd Drücke, Luz Kerkeling, Martin Baxmeyer (Hgg.) ♦ Interviews und Vorschläge ♦ 978-3-936049-33-6 ♦ 11,00 €

Abel Paz ♦ Durruti ♦ Leben und Tode des spanischen Anarchisten ♦ ISBN 978-3-86841-256-7 ♦ 39,90 €

Abel Paz ♦ Feigenkakteen und Skorpione ♦ Eine Biographie (1921 – 1936) ♦ 978-3-936049-87-9 ♦ 14,00 €

Abel Paz ♦ Anarchist mit Don Quichottes Idealen ♦ Innenansichten aus der Spanischen Revolution ♦ Eine Biographie (1926 – 1939) ♦ 978-3-936049-97-8 ♦ 16,00 €

Abel Paz ♦ Im Nebel der Niederlage ♦ Vertreibung und Flucht ♦ Eine Biographie (1939 – 1942) ♦ 978-3-86841-016-7 ♦ 16,00 €

Abel Paz ♦ Am Fuß der Mauer ♦ Widerstand und Gefängnis ♦ Eine Biographie (1942 – 1954) ♦ 978-3-86841-033-4 ♦ 19,50 €

Alfons Paquet ♦ Kamerad Fleming ♦ Ein Roman über die Ferrer-Unruhen ♦ ISBN 978-3-936049-32-9 ♦ 17,00 €

Anna Piccardi♦ KOntrapunkt 44 ♦ Erzählung ♦ ISBN 978-3-86841-279-6 ♦ 14,00 €

Oliver Piecha ♦ Roaring Frankfurt ♦ Ein kleines Panorama der Frankfurter Vergnügungsindustrie in der Weimarer Republik ♦ ISBN 978-3-936049-48-0 ♦ 17,00 €

Pierre J. Proudhon ♦ Die Bekenntnisse eines Revolutionärs. ♦ ISBN 978-3-9806407-4-9 ♦ 12,45 €

Èmile Pouget ♦ Die Revolution ist Alltagssache ♦ Schriften zur Theorie und Praxis des revolutionären Syndikalismus ♦ ISBN 978-3-86841-105-8 ♦ 18,00 €

Jean-Bernard Pouy ♦ Mord im Paradis der Nackten ♦ Krimi ♦ ISBN 978-3-86841-017-4 ♦ 16,00 €

Manja Präkels ♦ Tresenlieder ♦ Gedichte ♦ ISBN 978-3-936049-23-7 ♦ 10,80 €

Michel Ragon ♦ Das Gedächtnis der Besiegten ♦ Roman ♦ ISBN 978-3-936049-66-4 ♦ 24,80 €

Michel Ragon ♦ Georges & Louise ♦ Der Vendeer und die Anarchistin ♦ Roman ♦ ISBN 978-3-86841-001-3 ♦ 16,00 €

Heinz Ratz ♦ Die Riesen von Guntz und andere ♦ Märchen ♦ ISBN 978-3-86841-263-5 ♦ 18,00 €

Heinz Ratz ♦ Taumel ist mein Leben ♦ Gedichte ♦ ISBN 978-3-86841-181-2 ♦ 10,00 €

Heinz Ratz ♦ Der Mann, der stehen blieb ♦ 30 monströse Geschichten ♦ ISBN 978- 3-936049-45-9 ♦ 18,00 €

Heinz Ratz ♦ Tourgeschichten ♦ ISBN 978-3-936049-74-9 ♦ 16,00 €

Heinz Ratz ♦ ...um da zu sein für Deine Widerstände ♦ Ein lyrisches Trotz-, Trost-, Liebes- und Beziehungskarusell ♦ 978-3-86841-028-0 ♦ 12,00 €

Heinz Ratz ♦ Die Rabenstadt ♦ Ein Poem ♦ ISBN 978-3-936049-27-5 ♦ 11,80 €

Heinz Ratz ♦ Apokalyptische Lieder ♦ Gedichte ♦ ISBN 978-3-936049-22-0 ♦ 11,00 €

Heinz Ratz ♦ Hitlers letzte Rede ♦ Satire ♦ ISBN 978-3-936049-17-6 ♦ 9,00 €

Elisée Reclus ♦ Geschichte eines Berges ♦ Prosa ♦ ISBN 978-3-86841-087-7 ♦ 16,00 €

Ela Rojas ♦ Einer dieser chilenischen Tage ♦ Roman ♦ ISBN 978-3-86841-032-7 ♦ 14,00 €

Thomas Reichert, Meike Siegfried, Johannes Waßmer (Hgg.) ♦ Martin Buber: Neu gelesen ♦ Band 1 ♦ ISBN 978-3-86841-075-4 ♦ 19,90 €

Günter Rücker ♦ Das Karbit-Kommando ♦ Edelweißpiraten gegen Miesmolche ♦ Comic ♦ ISBN 978-3-86841-142-3 ♦ 14,00 €

Han Ryner ♦ Nelti ♦ Roman ♦ ISBN 978-3-86841-006-8 ♦ 14,00 €

Andrea Staid ♦ Aditi del popolo ♦ ISBN 978-3-86841-240-6♦ 16,00 €

Renate Sattler ♦ Risse im Gesicht ♦ Roman ♦ ISBN 978-3-86841-157-7 ♦ 16,00 €

Renate Sattler ♦ Kanadischer Sommer ♦ Roman ♦ ISBN 978-3-86841-195-9 ♦ 16,00 €

Renate Sattler ♦ MUschelgewand♦ Roman ♦ ISBN 978-3-86841-251-2 ♦ 18,00 €

Walter Schiffer & Thomas Reichert ♦ Rückbesinnung und Umkehr ♦ Zur Bedeutung der jüdischen Tradition bei Martin Buber und Aharon Appelfeld ♦ ISBN 978-3-86841-086-0 ♦ 11,80 €

Walter Schiffer ♦ Das Andenken verlängern ♦ Grabsteininschriften der jüdischen Displaced Persons auf dem Zentralfriedhof in Bergen-Belsen ♦ ISBN 978-3-86841-185-0 ♦ 24,50 €

Walter Schiffer ♦ Nicht vergessen ♦ Grabsteininschriften auf dem Gelände des ehemaligen KZ Bergen-Belsen ♦ ISBN 978-3-86841-247-5 ♦ 24,50 €

Birgit Schmidt ♦ Das höchste Ehrgeizideal war, für die Freiheit gehängt zu werden ♦ Russische Revolutionärinnen ♦ ISBN 978-3-86841-013-6 ♦ 11,80 €

Birgit Schmidt ♦ Andere Wege: Zwischen Surrealismus, Avantgarde und Rebellion ♦ Künstlerinnen und Wissenschaftlerinnen in Mexiko ♦ ISBN 978-3-86841-041-9 ♦ 11,80 €

Birgit Schmidt ♦ Wer war Ruth Oesterreich? ♦ Auf den Spuren einer vergessenen Sozialistin ♦ ISBN 978-3-86841-058-7 ♦ 11,80 €

Birgit Schmidt ♦ Ich bin kein Theoretiker, aber ich verstehe den Sozialismus anders ♦ Leben, Arbeit und Revolte des rumänischen Schriftstellers Panait Istrati ♦ ISBN 978-3-86841-216-1 ♦ 14,00 €

Helga und Wilfried Schwarz ♦ Die Träume der Märtyrer ♦ Menschenschicksale in Ungarn und Amerika ♦ ISBN 978-3-86841-239-0 ♦ 19,90 €

Birgit Seemann ♦ Mit den Besiegten ♦ Hedwig Lachmann (1865-1918), Deutsch-jüdische Schriftstellerin und Antimilitaristin ♦ ISBN 978-3-86841-073-0 ♦ 16,00 €

Birgit Seemann ♦ Ein „FEATHER WEIGHT CHAMPION CASSIUS CLAY". ♦ Eleonore Sterling (1925–1968). ♦ Deutsch-jüdische Kämpferin gegen Antisemitismus und Rechtsextremismus ♦ ISBN 978-3-86841-078-5 ♦ 18,00 €

Massoud Shirbarghan ♦ Die Nacht der Heuschrecken ♦ Roman aus Afghanistan ♦ ISBN 978-3-936049-30-5 ♦ 11,80 €

Nivi Shinar-Zamir ♦ ABC der Demokratie ♦ Demokratie-Erziehung für Kinder vom Kindergarten bis zur 6. Klasse ♦ 978-3-936049-61-9 ♦ 29,80 €

Augustin Souchy ♦ Vorsicht Anarchist ♦ Ein Leben für die Freiheit ♦ ISBN 978-3-86841-255-0 ♦ 20,00 €

Augustin Souchy ♦ Bei den Landarbeitern von Aragon ♦ Der freiheitliche Kommunismus in den befreiten Gebieten ♦ ISBN 978-3-86841-067-9 ♦ 11,00 €

Augustin Souchy ♦ Die tragische Woche im Mai 1937 ♦ ISBN 978-3-86841-164-5 ♦ 16,00 €

Augustin Souchy ♦ Anarchosyndikalistische Kritik an den Bolschewiki ♦ ISBN 978-3-86841-196-6 ♦ 16,00 €

Sulamith Sparre ♦ Eine Frau jenseits des Schweigens ♦ Die Komponistin Fanny Mendelssohn-Hensel ♦ ISBN 978-3-936049-60-2 ♦ 12,00 €

Sulamith Sparre ♦ Denken hat kein Geschlecht ♦ Mary Wollstonecraft (1759 – 1797), Menschenrechtlerin ♦ ISBN 978-3-93604-70-1 ♦ 17,00 €

Sulamith Sparre ♦ Rahel Levin Varnhagen ♦ Salonière, Aufklärerin, Selbstdenkerin, romantische Individualistin, Jüdin ♦ ISBN 978-3-93604-76-3 ♦ 16,00 €

Sulamith Sparre ♦ Das Herz eines Caesar im Busen einer Frau ♦ Artemisia Gentileschi (1593-1654), Malerin ♦ ISBN 978-3-86841-000-6 ♦ 16,00 €

Sulamith Sparre ♦ Aber Göttlich und Außerordentlich reimt sich ♦ Bettine von Arnim (1785 – 1859), Muse, Schriftstellerin, politische Publizistin ♦ ISBN 978-3-86841-009-9 ♦ 17,00 €

Sulamith Sparre ♦ Man sagt, ich sei ein Egoist. Ich bin eine Kämpferin ♦ Dame Ethel Mary Smyth (1858-1944), Komponistin, Dirigentin, Schriftstellerin, Suffragette ♦ ISBN 978-3-86841-038-9 ♦ 17,00 €

Sulamith Sparre ♦ Hier bin ich, die Wegweiserin ♦ Flora Tristan (1803-1844), Sozialistin, Feministin, Schriftstellerin ♦ ISBN 978-3-86841-074-7 ♦ 19,50 €

Sulamith Sparre ♦ La Liberté – die Freiheit ist eine Frau ♦ Der Kampf der Frauen um ihre Bürger- und Menschenrechte in der Französischen Revolution ♦ ISBN 978-3-86841-163-8 ♦ 24,50 €

Sulamith Sparre ♦ Es gibt ein Gedicht, das ist ein Ungedicht ♦ Netti Boleslaw und Tuvia Rübner: Schreiben im Schatten von Auschwitz ♦ ISBN 978-3-86841-188-1 ♦ 16,00 €

Sulamith Sparre ♦ Fremde der Heimat ♦ Sprachzertrümmerung und Welterschaffung in der Dichtung Paul Celans und Tuvia Rübners ♦ ISBN 978-3-86841-197-3 ♦ 16,00 €

Sulamith Sparre ♦ Hannah Shenesh ♦ ISBN 978-3-86841-264-2 ♦ 18,00 €

Oliver Steinke ♦ Füchse der Ramblas ♦ Historischer Roman ♦ ISBN 978-3-936049-46-6 ♦ 14,00 €

Horst Stowasser ♦ Projekt A ♦ ISBN 978-3-86841-221,6 ♦ 18,00 €

Valentin Tschepego (Hg.) ♦ Machno – Zeugnisse einer Bewegung ♦ Von Freund und Feind ♦ ISBN 978-3-86841-095-1 ♦ 11,90 €

Valentin Tschepego (Hg.) ♦ Machno – Zeugnisse einer Bewegung ♦ Aus Machnos Feder ♦ ISBN 978-3-86841-159-1 ♦ 12,00 €

Leo Tolstoi ♦ Libertäre Volksbildung ♦ Herausgegeben und kommentiert von Ulrich Klemm ♦ ISBN 978-3-936049-35-0 ♦ 14,00 €

Rubén Trejo ♦ Magonismus ♦ Utopie und Praxis in der Mexikanischen Revolution 1910 – 1913 ♦ ISBN 978-3-936049-65-7 ♦ 17,00 €

Martin Veith ♦ Unbeugsam ♦ Ein Pionier des rumänischen Anarchismus – Panait Musoiu ♦ ISBN 978-3-86841-076-1 ♦ 19,90 €

Rodrigo Vescovi ♦ Edelmütige Banditen ♦ Comic ♦ ISBN 978-3-86841-181-2 ♦ 19,90 €

Kurt Wafner ♦ Ausgeschert aus Reih' und Glied ♦ Mein Leben als Bücherfreund und Anarchist ♦ Autobiographie ♦ ISBN 978-3-9806407-8-7 ♦ 14,90 €

Kurt Wafner ♦ Ich bin Klabund. Macht Gebrauch davon! ♦ Biographie ♦ ISBN 978-3-936049-19-0 ♦ 10,80 €

Ruth Weiss ♦ Der Judenweg ♦ Roman ♦ ISBN 978-3-86841-218-5 ♦ 16,00 €

Ruth Weiss ♦ Der Aufstieg ♦ Roman ♦ ISBN 978-3-86841-169-0 ♦ 16,00 €

Ruth Weiss ♦ Der Niedergang ♦ Roman ♦ ISBN 978-3-86841-170-6 ♦ 16,00 €

Ruth Weiss ♦ Schwere Prüfung ♦ Roman ♦ ISBN 978-3-86841-171-3 ♦ 16,00 €

Ruth Weiss ♦ Nachspiel ♦ Roman ♦ ISBN 978-3-86841-172-0 ♦ 16,00 €

Ruth Weiss ♦ Wege im harten Gras ♦ Erinnerungen an Deutschland, Südafrika und England ♦ ISBN 978-3-86841-162-1 ♦ 18,00 €

Ruth Weiss ♦ Der spitze Hut ♦ Roman ♦ ISBN 978-3-86841-259-8 ♦ 16,00 €

Hand-Joachim Werner ♦ Verbunden im Gegenüber ♦ Martin Buber und der Umgang mit Konflikten ♦ ISBN 978-3-86841-236-9 ♦ 19,90 €

Boff Whalley ♦ Anmerkungen* ♦ zu Chumbawamba und mehr ♦ ISBN 9787-3-86841-021-1 ♦ 18,00 €

Michael Wilk & Bernd Sahler (Hgg.) ♦ Strategische Einbindung ♦ Von Mediationen, Schlichtungen, runden Tischen ... und wie Protestbewegungen manipuliert werden ♦ Beiträge wider die Beteiligung ♦ ISBN 9787-3-86841-095-2 ♦ 14,00 €

David H. T. Wong ♦ Flucht zum Goldenen Berg ♦ Comic ♦ ISBN 978-3-86841-144-7 ♦ 19,90 €

Lily Zográfou ♦ Beruf: Porni [Hure] ♦ Kurzgeschichten ♦ ISBN 9787-3-936049-71-0 ♦ 16,00 €

Lily Zográfou ♦ Deine Frau, die Schlampe ♦ Roman ♦ ISBN 9787-3-936049-83-1 ♦ 16,00 €

Lily Zográfou ♦ Ein Aschenputtel mit fünfzig ♦ Roman ♦ ISBN 9787-3-86841-014-3 ♦ 14,00 €